Karl Alman
Wolfgang Lüth

Genehmigte Lizenzausgabe für Karl Müller Verlag, Erlangen

Umschlaggestaltung: Andreas Dorn
Titelfoto (U-Boot): Eckard Wetzel

ISBN 3-86070-854-6

1 2 3 4 5 3 2 1 00 9

Karl Alman

Wolfgang Lüth

Der erfolgreichste U-Boot-Kommandant des Zweiten Weltkrieges

Mit vier Booten 609 Tage in See

KARL MÜLLER VERLAG

Inhalt

Vorwort

Als der Unterzeichnete einige Jahre nach Ende des Zweiten Weltkrieges den ehemaligen U-Boot-Kommandanten Albrecht Brandi in Dortmund aufsuchte, um diesen über U-Bootfahrt und U-Bootfahrer zu befragen, da fiel sofort der Name WOLFGANG LÜTH.

»Er war einer der Großen! Wie er mit seinem 'Einbaum' Erfolge erzielte, das war phänomenal. Daß er mit den größten Booten umzugehen verstand, das zeigten seine beiden erfolgreichen Fahrten auf U 181 in die Weiten des Pazifiks.«

In den folgenden Jahren verdichtete sich der Wunsch des Autors, Leben und Einsatz dieses Mannes darzustellen. Erst nach Durchsicht aller Kriegstagebücher der vier Lüth-Boote und einem Aufenthalt in der Marineschule zu Mürwik, deren letzter Kommandeur Lüth war, wurde dieses Werk in Angriff genommen. Nur so war es möglich, dem Kommandanten, Kameraden und Menschen Lüth gerecht zu werden.

Dutzende Offiziere, Fähnriche und Oberfähnriche sind an Bord durch Lüths Hände gegangen. In Flensburg-Mürwik lehrte er U-Bootstaktik ebenso wie Menschenführung auf U-Booten, und jeder, der ihn kennenlernte, wußte: »Dem Manne kann ich mich anvertrauen!«

»Lüth war von mir zum Befehlshaber der U-Boote vorgesehen«, bekundete Großadmiral a.D. Dönitz. »Er besaß das Zeug dazu, unsere stolze Waffe zu führen.«

Wolfgang Lüth überstand den Krieg, er kam von 16 Feindfahrten zurück, die ihn auf vier Booten über 600 Tage in See sahen. Ein tragischer Unglücksfall forderte wenige Tage nach Kriegsende sein Leben.

Weder bei den alten U-Bootfahrern noch bei den jungen U-Boot-Soldaten der Bundesmarine ist er vergessen. Zwölf Jahre war er Soldat, beinahe die Hälfte dieser Zeit im Kriege, in dem er seine Männer zu beispiellosen Erfolgen führte.

Wenn wir an dieser Stelle dem verdienten Soldaten und Menschen Lüth eine Würdigung widmen, so gilt diese — und das wäre ganz in seinem Sinne — gleichzeitig auch jenen 30 000 U-Boot-Soldaten, die im Einsatz den Tod fanden. Sie alle waren Glieder jener Gemeinschaft, — dieser Band of brothers — in die ihr freier Entschluß sie gestellt hatte: der ehemaligen deutschen U-Boot-Waffe.

Dortmund, im Sommer 1988 — Karl Alman

Kapitän zur See Wolfgang Lüth

Der Lebenslauf eines U-Boot-Fahrers

Wolfgang Lüth wurde am 15. Oktober 1913 in Riga geboren. Dort besuchte er auch das Naturwissenschaftliche Gymnasium und schrieb sich nach dem Abitur als Jurastudent in das Herder-Institut ein. Drei Semester lang studierte Lüth Jura, doch sein heimlicher Wunsch war es, zur See zu fahren.
Als seine Eltern ihm den Weg freigaben, meldete er sich im Frühjahr 1933 zur Reichsmarine, um am 1. April 1933 als Seekadett seinen Dienst anzutreten.
Nach der Grundausbildung im Infanteriedienst wurde der angehende Seekadett Lüth auf das Segelschulschiff »Gorch Fock« kommandiert, wo er offiziell zum Seekadetten befördert wurde.
Mit dem Kreuzer »Karlsruhe« unternahm er im Jahre 1934/35 gemeinsam mit seinem Fähnrichs-Jahrgang die obligatorische Weltfahrt. Kpt.z.S. Lütjens war Kommandant dieses Schulkreuzers. Kommandant des Schwesternschiffes »Emden« war der seinerzeitige Fregattenkapitän Dönitz, den Lüth das erstemal zu Gesicht bekam, als sich die beiden Schulkreuzer, die gleichzeitig auf Weltreise waren, in Vigo trafen, um von hier aus gemeinsam die Heimreise nach Deutschland anzutreten, wo sie im Juli 1935 eintrafen.
Bereits zu dieser Zeit stand Lüths Entschluß fest, zur U-Bootwaffe zu gehen. Doch davor hatte das Reglement noch die Vorbereitungen zur Seeoffiziers-Hauptprüfung gesetzt, die er nach dem dazu

notwendigen Lehrgang auf der Marineschule Flensburg-Mürwik erfolgreich ablegte.
Am 1. Oktober 1936 erfolgte Lüths Beförderung zum Leutnant zur See. Ein Jahr darauf meldete er sich zur U-Bootwaffe, deren legendärer Ruf bereits zu dieser Zeit gefestigt war. Seine Beförderung zum Oberleutnant zur See am 1. Juni 1938 erlebte er schon als Kommandantenschüler.
Als I. Wachoffizier fuhr Lüth auf U 38 unter Kptlt. Liebe, einem jener wenigen Kommandanten der ersten Stunde, dem die jungen Seeoffiziere sehr viel verdankten.

Liebe hatte auf der ersten U-Boots-Schule in Kiel seine Ausbildung erhalten und war auf U 2 der erste Lehrer junger Kommandantenschüler der Jahre 1936 und 1937. Am 24. Oktober 1938 hatte er U 38 in Dienst gestellt, und Lüth war als Wachoffizier auf dieses Boot eingestiegen, um wenig später U 13 als stellvertretender Kommandant zu führen.
Im Oktober 1939 übernahm Oblt. z. See Lüth U 9 als Kommandant. Es war das Traditionsboot jenes U 9 des Ersten Weltkrieges, mit dem Kptlt. Otto Weddigen binnen eines Monats vier englische Kreuzer mit insgesamt 43.950 tons vernichtete, davon »Aboukir«, »Cressy« und »Hogue« binnen zweieinviertel Stunden.
Das neue Traditionsboot mit der Nummer U 9 war am 21. August 1935 durch Kptlt. Looff in Dienst gestellt worden. Es trug als Traditionsabzeichen das Eiserne Kreuz in einem Rahmen am Turm. Als Looff Flottillenchef der 1. U-Flottille »Weddigen« wurde, übernahm Kptlt. Mathes dieses Boot, das er bis zum Sommer 1939 führte, ehe er es an Kptlt. M. Schulze übergab. Aus dessen Hand kam es schließlich im Oktober 1939 unter das Kommando von Oblt. z. See Lüth.
Aufgrund eines Befehls des BdU hatte Kptlt. Schulze mit Kriegsbeginn das Eiserne Kreuz aus dem Rahmen lösen müssen, als auch auf den übrigen Booten die taktischen Nummern abgenommen wurden.
Wolfgang Lüth war sich der geschichtlichen Bedeutung dieses Bootes bewußt. Er strebte an, es so oft wie möglich zum Einsatz zu bringen und mit ihm Erfolge zu erringen. Aber er wollte nicht, wie Weddigen, Opfer seines eigenen Draufgängertums werden und damit Boot und Besatzung aufs Spiel setzen.
Weddigen hatte dies anders gehalten. Zwar war er nicht mit U 9 gefallen, dieses Boot erlebte das Kriegsende und wurde am 26. November 1918 an England ausgeliefert, aber mit U 29, seinem zwei-

ten Boot, war er bei einem Angriff gegen englische Kriegsschiffe, offenbar unter Erfolgszwang stehend, diesem zum Opfer gefallen. Weddigen war mit seinem neuen Boot U 29 am 18. März 1915 in der Nordsee beim Angriff auf britische Kriegsschiffe zu nahe an das Linienschiff »Dreadnought« herangegangen, um zum sicheren tödlichen Schuß zu kommen. Dabei wurde sein Sehrohr von den Ausgucks des Schlachtschiffes gesichtet. Die »Dreadnought« drehte auf das deutsche U-Boot ein und rammte es. Der Schlachtschiffsteven schnitt das Boot in zwei Stücke, die auf 58.20 Grad Nord und 00.57 Grad Ost sanken.
Lüth nahm sich selber das Versprechen ab, zuerst die Sicherheit des Bootes und seiner Besatzung in sein Kalkül über jeden Angriff einzubeziehen und sich nie dazu verleiten zu lassen, diese Fakten des Überlebens außer Acht zu lassen.
So wurde er zu dem Kommandanten, der schließlich auf vier verschiedenen Booten während 16 Feindfahrten mit über 609 Seetagen der höchstausgezeichnete Soldat der gesamten Kriegsmarine wurde, um schließlich Lehrer und sodann bis Kriegsschluß Leiter der Marineschule Flensburg-Mürwik zu werden.

Sein tragischer Tod nach Kriegsschluß und die Tatsache, daß die Besatzungsmacht dem Antrag auf ein Staatsbegräbnis für Wolfgang Lüth zustimmte, lassen erkennen, daß dieser Seeoffizier nicht nur unter U-Boots-Fahrern geachtet und respektiert wurde, sondern daß er bei allen seefahrenden Nationen und auch beim Gegner des Zweiten Weltkrieges einen großen Namen hatte.
Mit U 9 erzielte Lüth auf sechs Feindfahrten die ersten Erfolge, aus denen der gewonnene Zweikampf mit dem französischen U-Boot »Iris« besonders herausragte.
Während der beiden Fahrten auf U 138 versenkte er unter anderen großen Schiffen den britischen Tanker »New Sevilla« mit 13 801 BRT und den 10 138 BRT großen britischen Dampfer »City of Simla«.
Während seiner Feindfahrten mit U 43 setzte der Kommandant seine Erfolgsserien fort, um mit der Indienststellung von U 181 am 9. Mai 1943 ein Boot des Typs IX D-2 zu übernehmen und dieses auf zwei Fahrten erfolgreich in fernen Gewässern zu führen. Nach der ersten 129 Tage währenden Feindfahrt mit einer Versenkungszahl von 11 Schiffen zurückgekehrt, erhielt Lüth, noch in See stehend, am 13. November 1942 das 142. Eichenlaub zum Ritterkreuz des Eisernen Kreuzes. Das Ritterkreuz war ihm bereits am 24. Oktober 1940 verliehen worden.

Am 23. März 1943 ging es mit U 181 zur zweiten Fernfahrt ankerauf. Ziel dieser Feindfahrt war der Indische Ozean. 206 Tage blieb das Boot in See, überstand unzählige Fliegerbombenangriffe und Wasserbombenverfolgungen und schoß, vom 11. April beginnend bis zum 11. August 1943, 10 Schiffe in Grund. Am 1. April 1943 war ihm, in See stehend, seine Beförderung zum Korvettenkapitän übermittelt worden. Am 15. April 1943, vier Tage nach der Versenkung des britischen Dampfers »Empire Whimbrel«, erhielt er als 29. deutscher Soldat die Schwerter zum Ritterkreuz mit Eichenlaub, denen am 9. August 1943 noch die Brillanten zum Ritterkreuz mit Eichenlaub und Schwertern folgten.

Kommandeur der Marineschule Mürwik

Wolfgang Lüth übernahm am 15. Januar 1944, nach einer langen Vortragsreise und einem Heimaturlaub, auf dem die Strapazen dieser zweitlängsten Feindfahrt des Zweiten Weltkrieges auskuriert wurden, die 22. U-Flottille in Gotenhafen als Chef. Seine Beförderung zum Fregattenkapitän erfolgte am 1. August 1944. Danach diente er auf besonderen Wunsch von GA Dönitz als Abteilungsleiter auf der Marineschule Flensburg-Mürwik. Am 1. September erfolgten seine Beförderung außer der Reihe zum Kapitän zur See und zwei Wochen darauf die Ernennung zum Kommandeur der Marineschule. Damit war er der erste Kommandeur dieser traditionellen Schule, der nicht die Admiralsstreifen trug.

Dennoch wurde er von allen Offizieren voll respektiert. Sein wacher Intellekt ließ ihn mit allen Schwierigkeiten fertig werden, und seine sichere und kluge Hand in der Menschenführung, die sich im Dienst an Bord in der engen Röhre eines U-Bootes in den 206 Seetagen seiner letzten Feindfahrt noch gefestigt hatte, wenn dies überhaupt möglich war, zeigte ihn als ideale Besetzung dieser wichtigen Position des Chefs der Ausbildung aller Marineoffiziere. Daß er zum gesuchten Referenten wurde, ist von verschiedenen Seiten besonders erwähnt worden. Er wußte anschaulich und für jeden mit Gewinn über U-Boot-Fragen zu sprechen. Seien es nun Fähnriche oder Admirale, Gefreite oder Generale, Wolfgang Lüth stellte sich auf jede Zuhörergruppe ein.
Seine besondere Arbeit galt der Erstellung eines »Wegweisers für den künftigen Marineoffizier«. Mit diesem Werk wollte er den jungen Fähnrichen einen gültigen Leitfaden an die Hand geben, der sie befähigte, rasch und sicher Seeoffizier zu werden und die Spielregeln der Menschenführung beherrschen zu lernen.
Seine Ernennung zum Kommandeur der Marineschule Mürwik am 18. September 1944 war für alle Mitglieder des Schulverbandes eine Überraschung. Lüth war zu diesem Zeitpunkt erst 31 Jahre alt, das war ein absoluter Rekord.
Mit dieser Ernennung wollte Großadmiral Karl Dönitz dem jungen Offizier, in dem er alle Tugenden eines deutschen Seeoffiziers vereinigt sah, den Weg in die Führungsspitze der deutschen Marine ebnen. Tiefer im Hintergrund aber stand die weitere Absicht des OB der Kriegsmarine, Lüth danach auch zum Führer und Befehlshaber der U-Boote zu ernennen.
Wolfgang Lüth, das sagen alle, die in den letzten Monaten des Zweiten Weltkrieges durch seine Schule gingen, war kein bequemer Kommandeur. Er führte mit aller Strenge, ja Härte, weil er nur zu gut wußte, daß ein einziges Versäumnis während der Zeit der Ausbildung auf den Offizier **und** seine ihm später anvertrauten Soldaten zurückschlagen werde. Der Offizier der Zukunft, das war Wolfgang Lüth, der sich intensiv mit dem »totalen U-Boot« befaßte, klar geworden, sah sich vor Aufgaben gestellt, die nur bei bestmöglicher Ausbildung und Führung erfüllt werden konnten.

Als Großadmiral Karl Dönitz als letztes deutsches Staatsoberhaupt aus dem Hauptquartier der U-Boot-Führung in Plön nach Flensburg verlegte, ließ Kpt. z. S. Lüth sein Standortgebäude räumen, um dem Großadmiral und seinem Stab Platz zu machen. Als Kommandeur war er für die Sicherheit im gesamten Komplex der Marineschule und für die Unversehrtheit der Reichsregierung verantwortlich. Das »Wach-Bataillon Dönitz«, das den Wachdienst auf dem Gelände der Marineschule versah, wurde von Korvettenkapitän Peter Erich Cremer geführt, der als Kommandant auf U 333 am 5. Juni 1942 das Ritterkreuz erhalten hatte. Mit seinem 400 Mann starken Wach-Bataillon gelang es »Ali Wrack«, wie Cremer wegen seiner dreimaligen Havarien mit Gegnern auf See genannt wurde, alle Störungen fernzuhalten.

Der Tod schlägt zu

Auch nachdem die Engländer am 5. Mai 1945 Flensburg besetzt hatten, änderte sich nichts am Tagesablauf der Marineschule. Hier durften die deutschen Soldaten und Offiziere nach wie vor ihre Waffen tragen. Kapitän zur See Lüth erhielt die Ermächtigung, die Schule gegen jeden Eindringling zu verteidigen. Den Engländern war zu Ohren gekommen, daß im Raume Flensburg eingesetzte Fremdarbeiter die Schule überfallen wollten, sobald die Soldaten abgezogen worden seien.

Kpt.z.S. Lüth ließ an allen Grenzen des abgeschirmten Gebietes Warntafeln aufstellen, nach welchen jeder Besucher der Schule durch das Haupttor einzutreten habe. Wer von anderer Stelle in das Gebäude eindringe, auf den werde ohne Anruf scharf geschossen. Dies war die Warnung für alle Außenstehenden. Für die Wachen im Schulbereich aber erteilte Wolfgang Lüth den Befehl:

»Jeder Posten hat bei Auftauchen eines Menschen nach einmaligem Anruf 'Parole' sofort zu schießen, wenn dieser Anruf nicht mit der Parole des Tages beantwortet wird.«

Dieser Befehl wurde dem »Wach-Bataillon Dönitz« verlesen und erklärt, daß sich jeder wachegehende Soldat genau an diese Regelung zu halten habe.
Die am Abend des 13. Mai 1945 gültige Parole hieß »Tannenberg«. Der Wachhabende vom Dienst für die kommende Nacht zum 14. Mai war Maschinenmaat Karl Franz. Als dieser die ersten Posten kontrollierte, die um 20.00 Uhr ihre Wache antraten, war auch der Matrose Gottlob dabei.
Jeder der Posten wußte, was zu tun war, jeder Mann innerhalb des Geländes der Marineschule kannte die Parole. Wenn nach dem Reglement verfahren wurde, konnte nichts passieren.
Gottlob und seine Kameraden drehten ihre Runden. Nichts geschah während dieser ersten Wache. Um 00.00 Uhr kam Gottlob mit seiner zweiten Wache an die Reihe. Es war eine stürmische Nacht: Das Heulen des aufkommenden Windes übertönte fast alle anderen Geräusche.
Wie üblich kontrollierte Maschinenmaat Franz die Posten. Er wußte, daß der Kommandant immer wieder unverhofft auftauchte, um sich von der Wachsamkeit seiner Männer zu überzeugen. Deshalb schärfte Franz den Posten ein, besonders wachsam zu sein. Wolfgang Lüth hatte verlauten lassen, daß jeder, der sich eines Wachvergehens schuldig mache, streng bestraft werde. Schließlich waren sie für die Schule und insbesondere für die Sicherheit der Reichsregierung verantwortlich.
Maschinenmaat Franz erreichte jene Posten, die auf der Straße um die Sportschule herum Dienst taten, und alle meldeten: »Auf Wache keine besonderen Vorkommnisse!«

Franz schärfte allen noch einmal ein: »Paßt auf, Lüth kommt gleich vorbei!« Er hatte gehört, daß er noch im Regierungsgebäude sei.
Wenige Minuten später tauchte Lüth auf, der noch an einer Besprechung im Regierungsgebäude teilgenommen hatte. Mit hochgeschlagenem Mantelkragen kam er direkt auf den Wachhabenden zu. Franz meldete dem Kommandeur, Lüth dankte, erwiderte die Ehrenbezeigung des Wachhabenden und ging weiter. Maschinenmaat Franz blickte dem Kommandeur einige Sekunden nach, ehe er sich umwandte, um die nächsten Posten zu inspizieren. Plötzlich hörte er, daß einer der Posten hinter ihm »Halt!« rief und Sekunden darauf noch einmal: »Halt, wer da? Parole!« Und schließlich noch ein drittesmal, diesmal leiser, verzerrt: »Halt!«
Unmittelbar darauf krachte ein Karabinerschuß durch die Nacht. Sofort rannte Franz in die Richtung des Abschusses. »Was ist

los?« rief er, noch bevor er den Schauplatz dieses nächtlichen Ereignisses erreichte.
»Ich habe geschossen!« meldete der Posten, den er vorhin verlassen hatte. Es war der Matrose Mathias Gottlob. Dieser deutete mit der Hand nach vorn. »Dort!« sagte er nur. Der Maschinenmaat eilte auf die Stelle zu. Als er plötzlich eine Mütze erkannte, blieb er stehen und hob sie auf. Eisiger Schreck durchzuckte ihn, denn er hielt die Mütze des Kommandeurs in der Hand.
Franz machte noch zwei, drei Schritte, dann sah er die niedergestreckte Gestalt am Boden. Franz kniete neben der Gestalt nieder, versuchte, das Gesicht zu erkennen, das im Schatten lag. Er tastete am Ledermantel entlang und hatte Gewißheit. Als er das Gesicht des Niedergestreckten berührte, griffen seine Finger in Blut. Die beiden anderen Posten dieses Sektors kamen mit schußbereiten Waffen angerannt. Franz drehte sich zu dem Posten um, der geschossen hatte. Matrose Gottlob stand noch immer so da, wie er ihn verlassen hatte, das Gewehr am Lauf in der Linken haltend.
»Ich habe gar nicht gezielt«, sagte er stockend. »Mein Gott - - - mein Gott« fuhr er entsetzt fort.
Wolfgang Lüth wurde ins Wachgebäude geschafft und der Stabsarzt der Wache gerufen. Dieser konnte nur noch den Tod des Kommandeurs feststellen. »Tod durch Kopfschuß« trug er in den Totenschein ein.
Der Wachhabende Offizier vom Dienst ließ sich sofort mit Großadmiral Dönitz verbinden. Der Adjutant des Großadmirals Fregattenkapitän Lüdde-Neurath, der das Gespräch annahm, wollte nicht glauben, was ihm da per Telefon mitgeteilt wurde. Er hoffte zunächst, daß dies nur ein böser Scherz sein könne, daß sich alles aufklären würde.
Lüdde-Neurath weckte Lüths Bruder Joachim, der im Arbeitszimmer des Kapitäns schlief. Joachim Lüth ging zunächst auch von einem üblen Scherz aus, denn wie konnte es geschehen, daß jemand fünf Tage nach der bedingungslosen Kapitulation der deutschen Wehrmacht erschossen wurde? Ihm blieb es überlassen, der Frau seines Bruders und den vier Kindern Lüths die Todesnachricht zu überbringen.

Inzwischen wurde der Matrose Gottlob durch den Offizier der Wache vernommen. Der Wachhabende Maschinenmaat Franz war ebenfalls zum Verhör befohlen. Was der Offizier hörte, war glaubwürdig und erschütternd zugleich. Dreimal hatte der Posten den vermeintlichen Eindringling angerufen und keine Antwort erhalten. Er war der Überzeugung, daß es sich nur um einen Fremden han-

deln könne, der möglicherweise ein Attentat auf die Schule oder die Reichsregierung verüben wollte.
Gottlob meldete: »Als ich dreimal rief und keine Antwort erhielt, bekam ich Angst, daß es ein Fremder sein könnte. Da drückte ich ab. Ich habe gar nicht gezielt, sondern das Gewehr in der Hüfte gehalten.«
Der Kommandeur der Marineschule Flensburg-Mürwik war erschossen worden, weil einer seiner Untergebenen seinen Befehl befolgt hatte.
Obgleich der Tatbestand durch Maschinenmaat Franz bestätigt wurde, befahl Großadmiral Dönitz das Zusammentreten eines Kriegsgerichts, weil er die lückenlose Aufklärung gesichert wissen wollte. Dieses trat unter dem Vorsitz des Marinekriegsrichters des Standortes zusammen. Vier Offiziere vernahmen noch einmal den Hergang dieses erschütternden Geschehens. Dann ließ sich Großadmiral Dönitz noch einmal von Gottlob berichten. Dönitz glaubte dem 18jährigen rückhaltlos. Die vier Offiziere und der Richter waren ebenfalls von der Unschuld des Postens überzeugt. Nach 20-minütiger Verhandlung gaben sie das Ergebnis dieser Untersuchung bekannt:
»Der Matrose Mathias Gottlob hat in Ausübung seines Dienstes den Standortbefehl befolgt und diesen richtig ausgeführt. Er hat als Posten im Dienst seine Pflicht getan und geschossen, nachdem er auf dreimaligen Anruf keine Antwort erhielt. Er trägt keine Schuld am Tode des Kapitäns zur See Wolfgang Lüth.«
Großadmiral Dönitz ließ beim britischen Standortkommandanten von Flensburg, Colonel Roberts, um die Erlaubnis für ein Staatsbegräbnis nachsuchen. Diese wurde erteilt.
Am 16. Mai 1945 fand die Trauerfeier für Wolfgang Lüth statt. Der offene Sarg des toten U-Boot-Kommandanten wurde in der Aula der Marineschule aufgebahrt. Sechs U-Boot-Kameraden, alle mit dem Ritterkreuz ausgezeichnet, hielten in Unifom mit gezogenem Degen die Ehrenwache.

Großadmiral Dönitz hielt die Trauerrede. Dann wurde der Sarg von Fähnrichen der Marineschule aus der Aula zum Friedhof der Gemeinde Adelby geleitet.
Korvettenkapitän Peter Cremer kommandierte den Ehrensalut. Zum letzten Male wurde für einen gefallenen Offizier der deutschen Wehrmacht der Salut am offenen Grabe geschossen.
Im Schlußwort seines Werkes »Zehn Jahre und zwanzig Tage« schrieb Karl Dönitz über dieses Ereignis:
»Kapitän zur See Wolfgang Lüth, einer der erfolgreichsten U-Boot-

Kommandanten und einer der beiden einzigen Soldaten der Kriegsmarine, denen die höchste deutsche Tapferkeitsauszeichnung, das Ritterkreuz des Eisernen Kreuzes mit Eichenlaub, Schwertern und Brillanten verliehen worden war, kam am 14. Mai 1945, wenige Tage, nachdem unsere Kapitulation den Krieg beendet hatte, in Mürwik bei Flensburg durch einen tragischen Unglücksfall ums Leben.
In der Aula der Marineschule nahmen wir, die in Flensburg versammelten Offiziere der Kriegsmarine, an seinem Sarge von ihm Abschied. Es war wie ein Symbol.«
Ein Symbol **und** zugleich Anerkennung der Leistungen und Gesinnung dieses Kommandanten wurde auch 30 Jahre später im Mai 1975 gesetzt, als die Bundesmarine dem Kapitän zur See Lüth in Mürwik einen Gedenkstein setzte und die Zeitschrift »Bundesmarine« in einem Gedenkartikel schrieb:
»Wolfgang Lüth ist auch heute unvergessen!«
Folgen wir dem Einsatz dieses Marineoffiziers. Lassen wir alle 16 Feindfahrten wiedererstehen, in denen er und seine Besatzungen auf insgesamt vier Booten in 609 Tagen und Nächten der See und dem Feind getrotzt und mit letztem Einsatz gekämpft haben.

Für Wolfgang Lüth:

Wiking, du Kühner, wo ist dein Grab?
Wo sank dein grüner Lorbeer hinab?
Wo ist die Stätte von Wogenschnee?
Verweht — dein Bette tief unter der See?

Mit U 9 auf Feindfahrten

Die erste Feindfahrt: Eine Woche im Eis

Am Dienstag, dem 16. Januar 1940, lief U 9 um 22.00 Uhr zur ersten Feindfahrt unter seinem neuen Kommandanten, Oblt. z.S. Wolfgang Lüth, aus. Der Weg durch den Kaiser-Wilhelm-Kanal verlief reibungslos. Der folgende Tag sah das Boot mit Schlepperhilfe auf dem Wege durch die Elbe. Lüth blickte bedenklich auf die treibenden Eisschollen, die sich am Außenkörper des Bootes rieben.
»Sieht nicht gut aus, Wiebe!« sagte er.
»Hoffentlich kommen wir durch«, entgegnete der L. I., der kurz nach oben gekommen war.
Um 12.00 Uhr steckte U 9 auf der Höhe von Cuxhaven im Treibeis fest und tauchte um 14.50 Uhr. Hierbei mußte Oblt. (Ing.) Wiebe feststellen, daß die Entlüftung I nicht aufging. Das Boot mußte den Marsch ins Operationsgebiet unterbrechen.
Am Donnerstag, dem 18. Januar, lief U 9 in Richtung England, nachdem es um 7.30 Uhr bis in 45 m Tiefe getaucht war und einige Seemeilen im Unterwassermarsch zurückgelegt hatte.
Um 21.30 Uhr sichtete die Brückenwache ein Schiff. Wolfgang Lüth, der auf den Turm gerufen wurde, übernahm die Führung des Bootes, während der I. WO als Torpedowaffen-Offizier hinter der zur Brücke emporgereichten und auf der dortige Halterung aufgesetzten U-Boots-Zieloptik stand, die mit der Rechenanlage im Turm verbunden war.
Das Schiff von geschätzten 3-4000 BRT lief gut ins Visier. Als die

Zielanlage »Hartlage« meldete, fiel der erste Torpedoschuß, den Lüth im ersten Angriff mit U 9 schießen ließ. Als die Torpedolaufzeit vorüber war, befahl Lüth sogleich den zweiten Anlauf. Dieser erste scharfe Torpedoschuß mit U 9, seinem ersten eigenen Boot, war vorbeigeschossen worden.

Das Boot drehte erneut zum Angriff ein. Nunmehr erkannte Lüth, daß das Schiff doch kleiner sein mußte als er vorhin angenommen hatte. U 9 lief in der dunklen Nacht näher an das Fahrzeug heran. Als es auf einer Distanz von 500 m in günstiger Lage zum Gegner lief, verließ um 23.50 Uhr der zweite Einzelschuß das Rohr II des Bootes.
Diesmal war es ein Treffer, der mittschiffs am gegnerischen Schiff emporstob. Flammen schlugen aus dem Leck heraus, das der detonierende Aal in die Bordwand gerissen hatte. Schlagartig verlangsamte das Schiff seine Fahrt und sackte binnen weniger Minuten weg.
Lüth hatte den schwedischen Dampfer »Flandria« mit 1179 BRT auf 54.00 Grad Nord und 03.40 Grad Ost versenkt.
Das Boot lief ab und stieß wenig später auf einen zweiten Dampfer. Eine Stunde nach Mitternacht war U 9 nahe genug herangekommen, aber dieses Schiff legte plötzlich einen scharfen Zack ein, und Lüth mußte das Boot erneut vorsetzen, was auch binnen einer halben Stunde gelang.
Um 1.45 Uhr fiel der Schuß aus kurzer Distanz. Rotlohend stob die Treffersäule mittschiffs empor. Wieder war es ein Schwede, der 1188 BRT große Dampfer »Patria«, der sich wenige Minuten nach dem Treffer auf den Bug stellte und steil vorlastig in die Tiefe rauschte.
Rasselnd drehten die Schrauben des Dampfers leer, ehe sie vom hinabstoßenden Schiffskörper ins Wasser hinuntergezogen wurden. Damit waren von diesem »Einbaum« zwei Schiffe vernichtet worden. U 9 marschierte nun nach Helgoland. Wegen des sehr starken Seegangs, der den Turm immer wieder überspülte, mußte Lüth das Boot schließlich auf Grund legen lassen, da keine Wache gegangen werden konnte und ein Waffeneinsatz ebenfalls unmöglich war.
Während des Aufgrundliegens stellten sich einige Mängel ein, die bedenklich waren. Die Taucher-Rettungsboje war feucht, die CO_2-Entwicklung stieg auf 4 Prozent an. Die Rettungsboje wurde als unbrauchbar über Bord geworfen.
Am frühen Morgen des 20. Januar versuchte Lüth, zunächst getaucht fahrend, Helgoland zu erreichen. Nachdem sich der See-

gang etwas verringert hatte, ließ er im Überwassermarsch weiterlaufen. U 9 lief gegen 18.00 Uhr in Helgoland ein und machte im Hansatief fest. Die gesamte Besatzung »riggte« sich landfein auf und ging mit dem Kommandanten, allen Offizieren und dem Helgoländer Standort-Oberstabsarzt Dr. Biedermann zum Essen. Danach unternahmen sie einen Einkaufsbummel auf der Insel, in deren Geschäften es noch einige gute Dinge zu kaufen gab. Bei Tante Lotte verlebten die Offiziere noch einen angenehmen Abend in guter Gastlichkeit.
Am nächsten Morgen lief U 9 aus, um über eine große Strecke der Fahrt im Eisgeleit nach Wilhelmshaven zu marschieren. Als es dort festmachte, war die erste Feindfahrt, die nur sieben Tage gedauert hatte, beendet.
Für einen Teil der Besatzung hatte der Kommandant Kurzurlaub erwirkt, denn es sollte schon sehr bald wieder hinausgehen. Jedes verfügbare Boot, selbst die Einbäume, sollte und mußte auslaufen, um die geringen Einsatzzahlen der U-Boot-Waffe optimal zu nutzen.

Die zweite Feindfahrt: Minenlegen vor der Haustür des Gegners

Am Montag, dem 5. Februar 1940, legte U 9 zu seiner zweiten Feindfahrt unter Oblt. z. S. Wolfgang Lüth ab. Es lief um 12.00 Uhr aus, passierte die Schleuse Brunsbüttel und marschierte zunächst in Richtung Helgoland, wo es um 18.30 Uhr festmachte.

Am Abend ging es — wie immer — zu Mutter Jansen, einer guten Adresse für alle U-Boots-Männer, die Helgoland als Zwischenziel ansteuerten. Beim Verholen an den richtigen Liegeplatz geriet plötzlich eine Trosse in die Backbordschraube des Bootes. Oblt. (Ing.) Wiebe ließ sofort stoppen. Der Taucher wurde verständigt, und nachdem am nächsten Morgen Treiböl und Trinkwasser übernommen worden waren, war auch der Taucher zur Stelle. Dieser tauchte ab und löste die Stahltrosse aus der Schraube. Sie hatte sich in zehn Törns um die Backbordschraube gewickelt. Zum Glück war die Schraube klar geblieben. Hier wurden die Minen übernommen, die das Boot vor der Haustür des Gegners legen sollte.
Als U 9 um 15.30 Uhr aus Helgoland auslief, stellte der Leitende Ingenieur rasch fest, daß das Boot nicht richtig eingesteuert war. Es hatte 400 Liter Untertrieb. Dieses Mißgeschick wurde schnell behoben, nachdem das Boot wieder eingelaufen war.
Der Trinkwasserverbrauch des 5. bis 6. Februar betrug 40 Liter. Am 7. Februar wurde Treibstoff gebunkert, und zwar achtern 11 700 und vorn 8600 Liter. Hinzu kamen achtern 380 und vorn 650 Liter Schmieröl, während die beiden Bunker an Steuerbord und Backbord je 170 und 163 Liter Schmieröl aufnahmen.
Um 9.10 Uhr wurde das Boot auf Grund gelegt und erst um 15.00 Uhr wieder vom Grund gelöst. Diese Übung zum Einfahren und zur Vertrautmachung der gesamten Besatzung mit dem Boot und mit ihren Aufgaben, ließ Lüth, einer der jüngeren, aber nicht weniger gewieften Kommandanten, um 16.33 Uhr wiederholen. Um 18.21 Uhr wurde das Boot erneut vom Grund gelöst und zunächst durch den LI Wiebe auf Sehrohrtiefe eingesteuert. Nach einem Rundblick des Kommandanten kehrte U 9 an die Wasseroberfläche zurück. Während der Zeit des Aufgrundliegens wurden neun Kalipatronen und 40 Kilogramm Sauerstoff verbraucht.

Auch der vierte Tag dieser zweiten Feindfahrt wurde von Lüth zu weiteren Alarmtauchübungen genutzt, weil er noch immer nicht mit dem Ablauf und der Schnelligkeit des Tauchvorganges zufrieden war. Da aber von dieser Aktion das Schicksal des Bootes abhängen konnte, kannte der Balte Lüth kein Pardon. Das erste Alarmtauchen begann um 7.42 Uhr. Sofort ging es wieder an die Wasseroberfläche zurück, und um 7.55 Uhr erscholl der zweite Alarmruf, und abermals stieß das Boot in die Tiefe. Erst nachdem es um 8.06 Uhr beim dritten Versuch hundertprozentig klappte, war der Kommandant mit der Leistung der Besatzung zufrieden. Für Lüth war es höchstes Gebot, die Besatzung so sicher wie möglich

zu führen, und dazu gehörte nach seinem Verständnis die bestmögliche Handhabung des Bootes, um es in Krisensituationen so rasch wie möglich unter Wasser zu bringen. Wolfgang Lüth war in dieser Hinsicht ganz besonders »pingelig«, was allerdings allen vier Booten, die er während seines Einsatzes an insgesamt weit über 600 Seetagen führte, einige Male das »Ersäuftwerden« ersparte.
Bereits um 7.42 Uhr stellte der LI des Bootes fest, daß die Entlüftung der Tauchzelle 3 sich nicht ganz öffnen ließ, wodurch das Boot eine Vorlastigkeit von 25 Grad erhielt. Um 9.00 Uhr wurde die Luftreinigung angestellt und das Boot gut durchgelüftet. Die Reparatur an der Entlüftung der Tauchzelle wurde durchgeführt, sie dauerte 70 Minuten. Anschließend brachte der LI das Boot um 11.10 Uhr noch einmal mit Alarmtauchen unter Wasser und legte es in 39,5 Meter Wassertiefe auf Grund.
Erst um 16.00 Uhr erteilte Lüth seinem LI den Befehl, auf 20 Meter aufzutauchen. Der Sauerstoffzusatz wurde abgestellt, und kurz darauf kehrte das Boot an die Wasseroberfläche zurück. Diesmal waren neun Kalipatronen, aber nur 20 Kilogramm Sauerstoff verbraucht worden.
Am 9. Februar 1940 um 8.41 Uhr wiederholte sich das Schauspiel des Alarmtauchens, und um 9.11 Uhr wurde das Boot in 35 Metern Wassertiefe auf Grund gelegt. Als um 13.00 Uhr Wasserbomben gehorcht wurden, befahl Lüth, den Kreiselkompaß und die Lüftung abzustellen, um einem sich nähernden Feind keine Möglichkeit zur Ortung des Bootes zu geben.
Erst um 14.00 Uhr wurden der »Kreisel« und die Lüftung wieder eingestellt, und um 15.30 Uhr ließ Lüth das Boot auf 14 Meter gehen und in Sehrohrtiefe einpendeln. Der Kommandant nahm einen Rundblick und fuhr das Boot nun, in Sehrohrtiefe getaucht, mit Kurs auf das vorgesehene Operationsgebiet, in dessen Bereich die mitgeführten Minen gelegt werden sollten. Um 18.01 Uhr gab Lüth den Befehl zum Auftauchen. Die Brückenwache zog auf, und um 18.17 Uhr war es der Kommandant selber, der einen Dampferpulk sichtete. Es waren fünf kleine Schiffe, die anscheinend als Bewacher eingesetzt waren.

Diesmal wurde es ein echtes Alarmtauchen, und zu Lüths eigener Genugtuung gelang dies in Rekordzeit. Das Boot legte sich in 30 m Wassertiefe auf Grund. Das Nachladen von drei TMB-Minen und das Verbringen eines Torpedos mittschiffs in die Reservelagerung erfolgten in Rekordzeit. Von 2.54 Uhr des 10. Februar bis 3.57 Uhr

wurde die Arbeit des Legens der drei Minen in den vorgeschriebenen Positionen durchgeführt.
Um 4.00 Uhr trat U 9 nach Erledigung seiner Aufgabe den Rückmarsch an. Um 7.45 Uhr folgte ein weiteres Alarmtauchen vor Bewachern. Ab 8.15 Uhr lag U 9 wieder auf Grund. Die Wassertiefe betrug hier nur 25 Meter. Falls sie entdeckt und mit Wasserbomben belegt würden, konnte dies den Untergang des Bootes bedeuten. Lüth ließ alle Geräte abstellen, die Besatzung auf Ruhestation gehen und durch Kalipatronen atmen.
Die Luftreinigung wurde eingeschaltet, und erst um 19.20 Uhr löste sich das Boot wieder vom Grund und wurde durch Karl-Heinz- Wiebe in Sehrohrtiefe eingesteuert. Die See war leer; davon konnte sich Lüth mit einem raschen Rundblick überzeugen. Erst jetzt befahl er die Brückenwache in den Turm und ließ auftauchen. Als der LI sein »Boot ist durch« gemeldet hatte, schraubte der Kommandant das Turmluk auf und glitt auf den Turm. Ein schneller Rundblick überzeugte ihn noch einmal von der Sicherheit auf See, ehe er die Brückenwache aufziehen ließ.
U 9 stampfte mit großer Fahrt beider Dieselmotoren durch die grobe See. Gegen 8.00 Uhr wurden drei Dampfer gesichtet. U 9 hängte sich am Rande der Sichtweite dran. Einer der Dampfer verließ eine Stunde nach Sichtung den kleinen Pulk und lief ab. Die beiden anderen Dampfer setzten ihre Fahrt in der alten Generalrichtung fort. Gegen 17.30 Uhr hatte das Boot, nunmehr getaucht laufend, herangeschlossen. Einer der Bugaale lag schußbereit. Die Mündungsklappe des Rohrs I war geöffnet, das Rohr bewässert. Das Boot glitt näher an den Gegner heran. Der Zielgeber meldete »Hartlage!« Um 18.20 Uhr fiel der Schuß. Der Torpedo hatte die Distanz zum Schiff in 48 Sekunden zurückgelegt. Er traf es Achterkante Brücke, und mit einem mächtigen, haushohen Wasserschwall stoben gleichzeitig Flammen in die Höhe.
»Wir haben ihn mittschiffs getroffen. Dampfer sinkt schnell« berichtete Lüth der Besatzung. Dann vernahmen alle Männer im Boot ein Krachen und Reißen. In zwei Teile zerbrochen, sackte der estnische Dampfer »Linda« auf Tiefe. Lüth erblickte wenig später zwei Rettungsflöße und darauf einige Männer der Besatzung des gesunkenen Dampfers.
Die »Linda« hatte 1213 BRT und sank auf 58.51 Nord und 01.54 Ost. Damit hatte der kleine Einbaum U 9 unter Lüth sein drittes Schiff versenkt.

Im 18.24 Uhr war von dem Dampfer nichts mehr zu sehen. Das Boot lief ab, und sein Kommandant ließ um 19.00 Uhr auftauchen.

Am folgenden Tage, es war Montag, der 12. Februar, erfolgte um 8.10 Uhr ein weiteres Alarmtauchen zur Übung. Um 9.00 Uhr wurde die Luftreinigung eingeschaltet und ab 10.45 Uhr der Sauerstoffzusatz für 15 Mann eingestellt. In Unterwasserfahrt, mit beiden E-Maschinen halbe Fahrt laufend, bewegte sich U 9 vorwärts. Erst um 18.03 Uhr befahl Lüth, auf Sehrohrtiefe aufzutauchen. Nach einem Rundblick, der die See frei zeigte, tauchte das Boot auf und lief über Wasser mit kleiner Marschfahrt weiter.
Die Nachricht, die am Mittwoch um 12.30 Uhr vom Deutschlandsender ausgestrahlt wurde, zeigte der Crew, daß der versenkte Dampfer 1875 BRT gehabt hatte. Dies war ein Irrtum Lüths, denn die Meldung bezog sich nicht auf seinen Dampfer, sondern auf den am selben Tage von U 50 unter Bauer versenkten schwedischen Dampfer »Orania«.
Um 15.16 Uhr mußte das Boot mit Alarmtauchen vor Flugzeugen in die Tiefe. Die vielfachen Übungen hatten die Tauchzeiten in Rekordnähe gebracht. Es erfolgten keine Bombenwürfe. Im Unterwassermarsch mit großer Fahrt beider E-Maschinen lief das Boot auf Gegenkurs weiter. Um 17.35 Uhr kehrte es nach dem obligatorischen Rundblick durch das Sehrohr an die Wasseroberfläche zurück und klotzte, mit beiden Dieseln große Fahrt, nach Helgoland, wo es um 4.00 Uhr einlief.
Am nächsten Morgen lief U 9 um 8.30 Uhr aus dem U-Boot-Hafen von Helgoland aus. Es erreichte, gegen das sich bildende Treibeis ankämpfend, um 11.30 Uhr das Leuchtfeuer »Fritz«, wo das Boot im Eis liegenblieb und auf das Herankommen der »Schlesien« warten mußte. Als aber das Boot, im Eis eingeklemmt, in Richtung Langeooge abgetrieben wurde und diese Abdrift recht stark war, beriet sich Lüth mit dem LI Wiebe und dem Maschinen-Obermaaten, wie sie sich am besten, und ohne Gefahr für das Boot, aus dem Eis lösen könnten.
Oblt. (Ing.) Wiebe schlug vor, durch Fluten des Bootes und Rückwärtslaufen das Eis für einen Anlauf des Bootes aufzubrechen. Lüth stimmte zu. Es krachte und dröhnte, als das Boot sich mit kleiner Fahrt zurück freimachte. Dann heulten die beiden Jumbos auf, und mit AK voraus, unter stärkster Belastung der Drucklager und der beiden Dieselmotoren, brach sich U 9 den Weg frei. Bei dem Versuch, auf den Sperrbrecher »Schlesien« zuzulaufen und sich an dessen Backbordseite längsseits zu legen, schoben sich dicke, wuchtige Eisschollen auf Vor- und Achterschiff des U-Bootes. Als sie es fast geschafft hatten und Lüth durch gefühlvolle Ruderbefehle das Anlegen einleitete, brach mit einem lauten Krachen die Ankerkette des Sperrbrechers. Da dessen zweiter Anker bereits

unklar war und seine Maschinen ebenfalls den Geist aufgegeben hatten, trieben die »Schlesien« und U 9 direkt auf Feuerschiff »Fritz« zu. Zum Glück für alle Beteiligten, trieb das Feuerschiff ebenfalls, so daß sie nicht auflaufen konnten.
Oblt.z.S. Lüth gab über Funk bekannt, daß er wieder nach Helgoland zurücklaufen werde. Er erhielt den Einlaufbefehl und marschierte zur Insel zurück, wo das Boot heil ankam und an der vorgeschriebenen Pier im Tiefwasserhafen festmachte.
Der 11. und 12. Tag dieser Feindfahrt sahen U 9 in Helgoland festliegend. An ein Auslaufen war bei den herrschenden Eisverhältnissen nicht zu denken. Erst am Morgen des 17. Februar um 8.00 Uhr legte das Boot ab und lief aus, um in den Heimathafen Wilhelmshaven zurückzumarschieren.

Die dritte Feindfahrt — Hartes Brot der U-Boot-Fahrt

Am 14. März 1940 verließ U 9 gleichzeitig mit U 7, U 20, U 24, U 56, U 57 und U 59 um 14.15 Uhr Wilhelmshaven, passierte um 15.25 Uhr die Schleuse Brunsbüttel und lief im Überwassermarsch in sein neues Operationsgebiet. Der Marsch nach Weg »Blau« begann am 15. März um 5.30 Uhr mit dem Tauchen und Einsteuern des Bootes. Um 6.01 Uhr war das Einsteuern beendet, und U 9 legte sich in 21 m Wassertiefe auf Grund. Von 11.30 Uhr bis 13.00 Uhr stand es in Sehrohrtiefe auf 14 Metern Tiefe, um den fälligen FT-Spruch abzusetzen, wozu ja die Antenne freikommen mußte. Erst um 19.48 Uhr erfolgte das Auftauchen. Es zeigte sich, daß das

Hauptauspuff-Ventil nicht dichthielt. Die Reparaturarbeiten gingen zügig voran, und bald konnte dem Kommandanten U 9 wieder klargemeldet werden.
Im Überwassermarsch steuerte das Boot in Richtung Operationsgebiet. Am Morgen des 16. März wurde um 5.32 Uhr erneut getaucht und das Boot auf Grund gelegt. Die Wassertiefe betrug hier nur 20 Meter. Die Lüftung wurde um 7.10 Uhr angestellt, und um 7.55 Uhr hatte das Boot zwar dreieinhalb Tonnen Untertrieb, wurde aber dennoch durch die stark gehende Dünung ständig hochgeworfen. Um 15.30 Uhr befahl Lüth, auf 15 Meter zu gehen. Dann wurde das Boot von Oblt. (Ing.) Wiebe auf Sehrohrtiefe eingesteuert und gefahren.
Bereits um 16.20 Uhr befahl Lüth, wieder in den Keller zu gehen. In 23 Metern Tiefe erreichte das Boot den Boden der See. Zwei Stunden blieb es auf Grund liegen, dann wurde es vom LI aus der Ruheposition gelöst, auf Sehrohrtiefe gebracht und vom Kommandanten weitergefahren, ehe um 20.00 Uhr das Kommando »Auftauchen« erscholl. Der Zentralmaat meldete dem LI, daß der Verdichter unklar sei.
Der vierte Tag dieser Feindfahrt sah ebenfalls eine Reihe von Tauch- und Auftauchmanövern. Um 20.08 Uhr kehrte das Boot an die Wasseroberfläche zurück und marschierte suchend durch die wie leergefegte See.
Der 18. März 1940 sah U 9 bereits auf dem Rückmarsch. Ab 6.00 Uhr wurde das Boot im Unterwassermarsch gefahren. Dieser Tag verlief ebenfalls in geisttötender Eintönigkeit. Erst am 19. März gab es gegen 16.00 Uhr Alarm. Ein Segler kam in Sicht, dem das Boot auswich. Der um 19.15 Uhr gesichtete, treibende Fesselballon wurde, wie Lüth ins KTB eintrug, zur Übung mit dem MG und einem Karabiner 98 beschossen. Die Bemerkung Lüths dazu: »Die Schüsse lagen zwar gut, reichten aber nicht bis dorthin.«
In der Nacht des 20. März tauchten plötzlich zwei Flugzeuge direkt über dem Boot auf. Diese sichteten U 9 nicht, sondern flogen unbeirrt weiter und verschwanden im nächtlichen Düster an Backbord voraus.
Gegen 8.00 Uhr wurde Feuerschiff »Fritz« passiert, und um 12.00 Uhr machte das Boot beim Sperrbrecher »Donau« fest.

Die vierte Feindfahrt — U 9 bei Weserübung

Am Donnnerstag, dem 4. April, legte U 9 zu seiner vierten Feindfahrt ab, die sehr rasch und jählings unterbrochen wurde, als ein Tampen in die Steuerbordschraube geriet. Das Boot mußte aus dem Auslaufverband ausscheren und schlich, mit der Backbordmaschine kleine Fahrt machend, zum Taucherprahm hinüber. Der Taucher ging sofort an die Arbeit, und zwei Stunden später erfolgte die Klarmeldung der Steuerbordschraube einschließlich ihres Einbaues. Um 10.30 Uhr jedoch befand sich das Boot bereits in der I. Einfahrt zur Schleuse Brunsbüttel.

Beim Ablegen aus der Schleuse berührte das Steuerbord-Tiefenruder die Schleusenwand, ohne beschädigt zu werden. Dem nun hinter dem auslaufenden Verband herfahrenden Boot wurde ein Räumboot als Flakschutz zur Verfügung gestellt. Um 14.00 Uhr kamen plötzlich aus dichtem Nebel hart an Steuerbord zwei Vorpostenboote heraus. Für Wolfgang Lüth blieb nur noch **eine** Chance, eine Kollision mit den beiden, in Kiellinie laufenden Booten zu vermeiden. Er mußte durch die Lücke zwischen ihnen hindurchlaufen. Er gab die notwendigen Ruderbefehle, und mit AK und einem großen, von der Bugwelle aufgetürmten Schnauzbart, glitt U 9 genau durch die etwa 300 Meter breite Lücke zwischen den Booten hindurch. Verstohlen wischte sich der Kommandant den Schweiß von der Stirn. Das war eine jener Situationen, die der Oberleutnant zur See als Reaktionstests bezeichnete. Daß er bestanden hatte, bewies ihm das erleichterte Ausatmen der Wachgänger auf dem Turm.

Der Steuerbordmotor qualmte wenig später trotz Frühzündung schwarz. Die Maschinenmaaten gingen an die Arbeit. Sie gehörten zu den wenigen, nie genannten »Unterirdischen«, die durch ihren unermüdlichen Einsatz eine reibungslose Feindfahrt sicherstellten.

Bald konnten sie den Jumbo wieder klarmelden. Der nächste Tag dieser Feindfahrt brachte nichts außer notwendiger Routine und ständiger Erprobungen der Geräte und Waffen. Erst am Abend des dritten Tages mußte das Boot vor Fischkuttern mit Alarmtauchen in den Keller, um nicht von ihnen gesehen und über Funk gemeldet zu werden. Als U 9 um 21.45 Uhr an die Wasseroberfläche zurückkehrte, bemerkte Lüth, der als erster auf die Brücke gesprungen war, um das Boot herum vier Dampfer. Zehn Ballastgewichte zu jeweils 25 Kilogramm mußten über Bord geworfen werden, da die Reglerführung zu gering war.

Ein Angriff war nicht möglich. Das Boot setzte den Marsch fort und wurde durch Flugzeuge am folgenden Morgen um 9.07 Uhr unter Wasser gedrückt. Von nun an lief es bis 19.45 Uhr mit einer E-Maschine kleine Fahrt unter Wasser weiter. Nach 10 Stunden und 38 Minuten Unterwasserfahrt ließ Lüth um 19.45 Uhr auftauchen.
Gegen 3.00 Uhr des 8. April wurde der Kommandant auf den Turm gerufen. Als Lüth nach einem Warnruf in den Turm aufgeentert war, deutete der II. WO, der die Wache ging, nach Steuerbord voraus. Das Glas vor die Augen hebend, sah Lüth, was die hellen, winzigen Punkte bedeuteten. Sie hatten einen voll erleuchteten US-Dampfer vor den Rohren, der jedoch nicht angegriffen werden durfte.
Im Angriffs-Planquadrat stand das Boot anschließend, nach Schiffen suchend, auf und ab. Als um 11.39 Uhr Flugzeuge an Backbord in Sicht kamen, mußte wieder mit Alarmtauchen ausgewichen werden. Es wurden nicht weniger als 17 Fliegerbomben gezählt, die im Wasser detonierten. Ob sie ihnen galten, schien Lüth nicht so sicher, denn die Einschlagstellen lagen weit ab von der Tauchstelle.
Um 22.15 Uhr, kurz nach dem Wiederauftauchen, wurden an Backbord zwei Dampfer gesichtet, die jedoch zu weit abstanden.
Dreimal mußte am nächsten Tage vor überraschend erscheinenden Fliegern getaucht werden. Die enorm schnelle Reaktion der gesamten Besatzung auf die Alarmrufe zeigte, daß die dauernden Übungen des Kommandanten doch ihre Früchte trugen, sonst hätten sie unter Umständen bereits jetzt eine Ladung Fliegerbomben auf den Kopf bekommen.
Nach dem Auftauchen um 12.45 Uhr wurde eine Sondermeldung des Deutschlandsenders aufgenommen, die den Männern von U 9 sagte, daß die deutschen Truppen in Dänemark und Norwegen einmarschiert waren. Um 16.59 Uhr folgte der nächste Fliegeralarm, und um 18.28 Uhr tauchte U 9 an die Wasseroberfläche zurück.
Die Gespräche, sowohl im Bugraum als auch in der Offiziersmesse, kreisten alle um die Sondermeldung, und man war sich darüber im klaren, daß dies eine schwere Sache für die Kameraden von den Großkampfschiffen und Zerstörern sein würde, die aufgeboten waren, um die Gebirgsjäger nach Narvik zu schaffen, von denen sie

munkeln gehört hatten, bevor sie aus Wilhelmshaven ausgelaufen waren.
Am Mittwoch, dem 10. April, wurde der Geburtstag des Leitenden Ingenieurs Karl-Heinz Wiebe gefeiert. Vom I. WO erhielt Wiebe ein Stück Kuchen und einen Likör. Der Kommandant ließ seinen Leitenden um 7.00 Uhr mit einem kleinen Ständchen wecken, das der Funkenpuster per Schallplatte intonieren mußte. Daß die Flugzeuge, die wenig später das Boot erneut zum Tauchen zwangen, nur zur Geburtstagsparade erschienen seien, darauf wollte sich Lüth nicht verlassen. Er befahl Alarmtauchen, und so hatte Geburtstagskind Wiebe wieder genügend zu tun, um das Boot so schnell und so gut wie möglich in den Keller zu bekommen.
Beim Mittagessen erhielt Karl-Heinz Wiebe von seinem Kommandanten eine Flasche Bier. Das war etwas ganz Besonderes, denn Lüth hatte an und für sich nichts für Alkohol an Bord übrig. Aber bei Geburtstagen machte er schon 'mal eine Ausnahme, wohl wissend, daß man sich mit einer Flasche Bier nicht sinnlos betrinken konnte.

Am 11. April mußte das Boot zweimal in Unterwasserfahrt, insgesamt sechs Stunden und zwei Minuten, fahren. Die zwischenzeitlichen Ausgucksversuche, nachdem Geräusche im Horchgerät gemeldet worden waren, zeigten, daß es sich lediglich um kleine Fischdampfer handelte, denen ausgewichen wurde. Am nächsten Tage mußte das Boot zweimal gegen Mittag und ein drittes Mal um 15.15 Uhr vor Flugzeugen in die bergende See untertauchen. Um 16.05 Uhr ging es zum Torpedolüften hinunter. Nachdem diese Arbeit ausgeführt war, tauchte U 9 um 20.30 Uhr wieder auf.
Um 6.45 Uhr des 11. April erscholl dann nach langer, vergeblicher Zeit des Wartens wieder der Ruf »Dampfer an Steuerbord voraus in Sicht!«
Das Boot konnte die Jagd auf diesen Dampfer nicht aufnehmen, da es in den folgenden Stunden viermal vor Flugzeugen wegtauchen mußte. In diesen küstennahen Gewässern vor England war es außerordentlich schwierig, zum Schuß zu kommen, ohne gestört zu werden. Bei jeder Flugzeugmeldung war die Besatzung froh, sich unter Wasser verholen zu können, weil ein Obenbleiben gleichbedeutend mit dem Ende des Bootes sein würde.
U 9, das mit den anderen Booten in einem Sicherheitsstreifen lief, um feindliche Schiffe, die nun ebenfalls nach Norwegen unterwegs und zum Teil bereits in die Fjorde eingedrungen waren, zu vernichten, kam nicht zum Schuß. Ebenso erging es einer Reihe anderer Boote. Jene aber, die auf große Ziele, schwere Transporter,

Kreuzer und Schlachtschiffe zum Schuß kamen, erlebten, daß alle Torpedos, aus sicherster Position geschossen, ihre Ziele nicht erreichten. Das, was sich dann als Torpedokatastrophe vor Norwegen entwickelte und möglicherweise einen entscheidenden Erfolg gegen Englands Hochseeflotte verhinderte, und dem Krieg eine entscheidende Wendung hätte geben können, war auf U 9 nicht derart spürbar wie auf anderen Booten.
Das Boot mußte auch am 14. April viermal vor Flugzeugen in den Keller, und als es gegen 13.00 Uhr auftauchte, erhielt es wenige Minuten darauf einen FT-Spruch des BdU, in Bergen Vorräte zu ergänzen.
Von U 7 unter Oblt.z.S. Opitz, der mit zwölf Mann seiner Besatzung den alten Leuchtturm auf der Insel Marstein besetzt hielt, wurde das Boot beim Passieren angerufen. Lüth grüßte zurück, und nach kurzem Erfahrungsaustausch war U 9 vorbeigelaufen.
Gegen 16.00 Uhr lief das Boot in Bergen ein. Hier zeigte sich der völlig überraschten Brückenwache eine Unmenge an Dampfern. Lüth zählte etwa 100. Ein Haus und einer der Dampfer brannten. Die Qualmwolke stand schräg über den Objekten und wurde vom leichten Wind zur Seite geweht. Dann explodierte der Dampfer in einer Reihe wuchtiger Eruptionen, mit denen seine Munition hochging, die er geladen hatte.
Dies waren die Folgen eines britischen Luftangriffs, der kurze Zeit vorher gegen Bergen geflogen worden war. In Bergen traf die Besatzung von U 9 auch einige Männer der Besatzung des Leichten Kreuzers »Königsberg«. Dieser gehörte zur Kriegsschiffsgruppe 3 — Bergen — und hatte unter dem Kommando von Kpt.z.S. Ruhfus gestanden. Der Leichte Kreuzer war bei einem Angriff des 10. April, der von 15 Skua-Sturzkampffliegern der Squadrons 800 und 803 der RAF geflogen wurde, durch mehrere Volltreffer versenkt worden.

Die Besatzung erfuhr nun auch mehr über das Schicksal jener zehn Zerstörer der Kriegsschiffsgruppe 1 — Narvik —, die unter Kommodore Bonte bei schwerem Sturm Truppen der 3. Gebirgs-Division unter Generalmajor Dietl zum Erzhafen von Narvik gekarrt hatten. Dieser Verband hatte zunächst den Westfjord angesteuert und, nach Passieren der Insel Barö, den Ofotfjord erreicht. Der Spitzenzerstörer »Bernd von Arnim — BA« war bis auf wenige hundert Meter an den Hafen von Narvik, dem Ziel dieser Truppentransportbewegung, herangekommen und stand plötzlich mitten im Hafen. Sein Kommandant, KKpt. Rechel, sah in der Runde norwegische, dänische und deutsche Dampfer, als er im dichten Schneetreiben

auf die Pier zuhielt. Alle Zerstörer waren klar zum Gefecht. Rechel bekam die Postpier auf eine Distanz von 90 Metern in Sicht, und dann sah er, daß das an Backbord querab liegende, norwegische Küstenpanzerschiff »Norge« seine beiden Türme auf »Bernd von Arnim« zuschwenkte. Der Zerstörer legte an, und die ersten deutschen Soldaten, eine Stoßtrupp-Kompanie unter Hptm. Salzer, sprangen an Land.
In diesem Moment eröffnete die »Norge« das Feuer aus den beiden 21-cm-Türmen und mit den 15-cm-Batterien aus einer Distanz von 500 Metern. KKpt. Rechel hatte Feuereröffnung befohlen. Als er die »Norge« gut ins Schußfeld der Torpedorohre hineinlaufen sah, befahl er, die Torpedos zu schießen. Sieben Aale liefen auf die »Norge« zu, ein einziger traf das Küstenpanzerschiff achtern 30. Das Schiff drehte sich einmal um seine eigene Achse und war bereits eine Minute nach dem Treffer gesunken.
Dies waren die ersten scharfen Schüsse der deutschen Zerstörer im Narviker Hafen. Von nun an war es Schlag auf Schlag gegangen.
In zwei langen und erbittert geführten Gefechten waren sämtliche zehn deutsche Zerstörer entweder versenkt worden oder mußten sich nach Aufbrauch der Munition und schweren Schäden selbst versenken. Ihr Gegner in den Fjorden war eine englische Kampfgruppe unter Admiral Withworth und dessen 21. Zerstörer-Flottille unter Captain Warburton-Lee. Zwei deutsche Zerstörer sanken bereits während des ersten Gefechtes. Die übrigen acht gingen im Gefecht des 13. April vor Narvik in den verschiedenen Fjordarmen verloren. Der letzte war »Erich Giese« unter KKpt. Karl Smidt, der bis zu seinem Untergang und zum Aufbrauch der letzten Granaten feuerte, ehe er auf tiefem Wasser im Ofotfjord sank.
Die Einzelheiten dieses größten Zerstörergefechtes des Zweiten Weltkrieges erfuhr die Besatzung von U 9, während das Boot in Bergen festlag und die Ergänzung mit Wasser, Proviant und Treibstoff vorantrieb.
Die Besatzung der versenkten »Königsberg« wurde auf mehrere Schiffe verteilt. Die Artilleristen des Leichten Kreuzers hatten die norwegischen Batterien besetzt.
Mit seinem Boot lief Oblt.z.S. Lüth nach der Versorgung zur Ausrüstungsstelle. Dort wurden Proviant, Schokolade, Rauchwaren und Strümpfe in Empfang genommen. Die Versorgungsstellen wollten diese Dinge nicht einmal bezahlt haben.
Um 19.00 Uhr lief U 9 nach beendeter Ergänzung wieder aus Bergen aus, ohne daß alle Güter verstaut waren, denn jeden Augenblick konnte ein neuer starker Fliegerangriff erfolgen und das Boot hilf-

los an der Versorgungspier liegend erwischen. Erst als um 22.00 Uhr alles, was noch in der Zentrale herumstand, ins Boot gebracht und verstaut worden war, atmete Wolfgang Lüth auf. Das war noch einmal gut gegangen.
Am folgenden Tage mußte das Boot wegen der vielen Flieger ständig unter Wasser fahren. Um 12.48 Uhr kam ein Schiff in Sicht. Es zeigte sich wenig später, daß sie einen Zerstörer vor die Rohre bekommen hatten. Der Doppelschuß, den Lüth im Unterwasserangriff schießen konnte, traf einen Dampfer. Vor einem mit AK in Lage Null anlaufenden Thunderbolt-Zerstörer ging es anschließend mit Alarmtauchen in die Tiefe. Der Treffer auf den Dampfer wurde vom Gegner nicht bestätigt, da das Schiff nicht gesunken war. Auch nach dem Kriege konnte der Name dieses Schiffes nicht eruiert werden.
Um 13.29 Uhr ließ Lüth nach einem sichernden Rundblick durch das Sehrohr auftauchen. Sekunden später erscholl der nächste Alarmruf, als ein weiterer Zerstörer in Lage Null auf das Boot zulief und einen breiten »Schnauzbart« vor sich herschob, der anzeigte, daß er, mit AK vorpreschend, einen Rammversuch unternehmen wollte. Es gelang der trainierten Besatzung, das Boot rechtzeitig auf Tiefe zu bekommen.
Als der Zerstörer das Boot überlief, hatte dieses bereits 45 Meter Tauchtiefe erreicht. Der Zerstörer verfügte offenbar nicht über Asdic, denn es wurden keine Ortungsgeräusche gehört. Er warf keine Wasserbomben.
Nach dem neuerlichen Auftauchen um 13.50 Uhr war nichts mehr von dem Zerstörer zu entdecken. Das Boot setzte die Suche nach Schiffen fort.
Um 16.28 Uhr kam ein einzeln laufender Dampfer in Sicht. Lüth setzte das Boot vor. Der Schuß auf diesen Gegner fiel aus geschätzten 3000 Metern Distanz, und der Aal detonierte als Nahtreffer vor Erreichen des Schiffes.
Um 20.30 Uhr ließ Lüth auftauchen. Ein Maschinenschaden, der kurz darauf am Backborddiesel auftrat, wurde in acht Stunden und 50 Minuten bei Unterwasserfahrt repariert.

Die sehr hellen Nächte zwangen das Boot, auch am Tage unter Wasser zu marschieren. So wurde der 16. April, der 13. Tag dieser Feindfahrt, überwiegend unter Wasser verbracht. In Sehrohrtiefe eingependelt, wurden die georteten Geräusche verifiziert. Es waren meistenteils schnell laufende Zerstörer.
Aufgrund eines von der Operationsabteilung getasteten BdU-Befehls lief U 9 am 17. April in die Frohavet-Einfahrt nach Drontheim

Die erste deutsche U-Flottille im Jahre 1935 (das 3. Boot von links ist U 9).

Die Großadmiralflagge (1939)

Die U-Boot-Frontspange.

Das U-Boot-Kriegsabzeichen.

hinein. Um 5.24 Uhr wurde an Backbord querab U 60 gesichtet. Es erfolgte ES-Austausch. Um 7.00 Uhr kam ein weiteres U-Boot in 180 Grad Bootspeilung in Sicht. Dies mußte U 14 sein, das in diesem Raum operieren sollte.
Die für Bergen bestimmte Gruppe 3 mit den Booten U 9, U 14, U 56, U 60 und U 62 war offenbar gleichzeitig in diesen neuen Raum verschoben worden.
Um 7.50 Uhr ließ der Kommandant tauchen, um die Torpedos zu warten. Nachdem das Boot um 12.05 Uhr an die Wasseroberfläche zurückgekehrt war, ließ Lüth den Luftreiniger einschalten und das Boot tüchtig durchblasen. Zwei Stunden später wurde es abermals unter Wasser gedrückt. U 9 stand mitten im Operationsgebiet und erlebte nach dem Wiederauftauchen in der kommenden Nacht besondere Helligkeit. Es war acht Stunden und 37 Minuten unter Wasser gelaufen, ehe es wieder an die Oberfläche der See zurückkehren konnte.
Um 5.30 Uhr des 18. April wurde abermals zur Unterwasserfahrt getaucht. Es war sechseinhalb Stunden später, als Lüth dem LI Weisung gab, aufzutauchen. U 9 lief nun an Drontheim vorbei in den Hafen ein. Es war 13.12 Uhr, als U 14 unter Oblt.z.S. Wohlfarth U 9 passierte. Beide Kommandanten kannten sich sehr gut, nach kurzem Informationsaustausch mit der Flüstertüte erfuhr Lüth, daß U 14 die von U 9 verlassene Position vor Bergen besetzen sollte.
U 9 wurde um 21.20 Uhr vom B.d.U. dazu aufgefordert, den Rückmarsch anzutreten. So sah der 19. April U 9 auf dem Wege nach Kiel. Als gegen 11.40 Uhr zwei Rauchwolken in 153 Grad auf Südkurs gesichtet wurden, hielt das Boot darauf zu, und Lüth sichtete um 11.53 Uhr zwei Kreuzermasten in 183 Grad Bootspeilung. Er nahm sofort die Verfolgung auf. Hier bot sich noch einmal eine schwache Chance, zum Schuß zu kommen.
Der Kreuzer schien einer des Typs der Arethusa-Klasse zu sein. Als der Kreuzer um 13.25 Uhr wegzackte und die Masten rasch hinter der Kimm verschwanden, verlor das Boot die Fühlung. Um 22.08 Uhr wurde ein U-Boot gehorcht. Aber die Geräusche deuteten darauf hin, daß es weitab stehen mußte. Außerdem handelte es sich wahrscheinlich um ein deutsches Boot.
Am anderen Tage, um 11.55 Uhr, wurden Schraubengeräusche eines großen Schiffes in 270 Grad gehorcht. U 9 operierte darauf zu, da der Dampfer sich näherte. Es tauchte um 12.34 Uhr auf und mußte genau eine Minute später, als zwei Zerstörer in Sicht kamen, mit Alarmtauchen wieder unter Wasser verschwinden. Lüth ließ einen Torpedo schießen. Der polnische Zerstörer »Gorm« entging durch Frühzündung des Aals seiner Vernichtung. Der Unterwasser-

marsch wurde bis 23.00 Uhr fortgesetzt. Das Boot hatte zu dieser Zeit bereits die Höhe von Cuxhaven erreicht.

Am 24.4.1940, dem 21. Tag dieser Feindfahrt, lief U 9 um 1.30 Uhr aus der Brunsbütteler Schleuse aus. Es war 7.15 Uhr, als es in die Holtenauer Schleuse einlief. Damit war auch diese vierte Feindfahrt zu Ende.
Bei der ersten Besprechung im Stabsgebäude der 1. U-Flottille »Weddigen« erfuhr Wolfgang Lüth, daß auf seiner am 9. Februar bei der 4 m-Marke 330° Tarbett Ness Moray-Fjord gelegten Minensperre der 5995 BRT große britische Tanker »San Tiburcio« aufgelaufen und gesunken war. Das war ein erster größerer Erfolg, den das Boot auf sein Konto verbuchen konnte. Immerhin waren die beiden bestätigten Versenkungen auch nicht zu verachten, wenn man bedenkt, daß diese »Einbäume« knappe 200 tons verdrängten.

Die fünfte Feindfahrt mit U 9 — U-Boot »Doris« versenkt

Am Sonntag, dem 5. Mai 1940, legte U 9 um 17.55 Uhr von der Tirpitzmole in Kiel ab und lief um 18.10 Uhr in die Holtenauer Schleuse ein. Der Kanalmarsch gestaltete sich normal, so daß um 23.50 Uhr die Brunsbütteler Schleuse erreicht wurde.
17 Minuten nach Mitternacht legte das Boot von der Schleuse ab. Beim Längsseitsgehen an den Sperrbrecher wurde dieser ge-

rammt, was ein Donnerwetter des Kommandanten heraufbeschwor. Das Boot erhielt sehr schnell Schlagseite, die schließlich mit 40 Grad beängstigend wurde.
Auf die sofortige Frage des Kommandanten nach einem Wassereinbruch oder anderen Schäden kamen die beruhigenden Meldungen von den Stationen, daß alles klar sei, bis auf das Rohr I, das unklar und voll Wasser gelaufen war.
Um 8.10 Uhr des 6. Mai machte U 9, mit kleiner Fahrt laufend und durch Ballastverlagerung einigermaßen wieder in Trimm gebracht, in Helgoland fest. Der Taucher wurde herbeibeordert und mußte die verbogene Mündungsklappe von Rohr I wieder klarieren. Mehrere weitere Schäden, die inzwischen festgestellt worden waren, wurden in Rekordzeit beseitigt, so daß um 18.10 Uhr die Reparatur beendet war, U 9 ablegen und den Marsch in sein vorgesehenes Operationsgebiet antreten konnte.
Am nächsten Tag passierte dann der zweite große Zwischenfall, und es bedurfte eines »ganz dicken Daumens«, der dazwischengehalten wurde, wie Sailors zu bemerken pflegten, wenn etwas auf Kippe stand, um weiteres Unheil und möglicherweise den Verlust des Bootes zu verhindern. Der III. WO, ein Obersteuermann, hatte von sich aus den zu laufenden Kurs geändert, und als dies ruchbar wurde und Lüth nachsah, stellte er fest, daß U 9 mitten im Minenwarngebiet marschierte. Jeden Augenblick konnte das Boot auf eine Mine laufen und in die Luft geblasen werden. Mit größter Vorsicht wurde manövriert. Die Brückenwächter waren gehalten, besonders scharf Ausguck zu halten, um eventuellen Treibminen ausweichen zu können.
Als schließlich das Minenwarngebiet passiert war, atmeten alle auf. Sie hatten gewissermaßen auf den Zehenspitzen gestanden und jeden Augenblick das Donnern einer Mine befürchtet.
Gegen 22.29 Uhr wurden im gesamten Seeraum um Terschelling englische und französische Fischereifahrzeuge entdeckt, denen im Unterwassermarsch ausgewichen wurde. Der vierte Tag dieser fünften Feindfahrt präsentierte U 9 eine dritte Gefahrenquelle. Diesmal jedoch war sie nicht durch menschliches Versagen heraufbeschworen worden.
Oberleutnant z.S. Gramitzki, der I. WO des Bootes, meldete um 23.50 Uhr:

»An Kommandant von Brücke: Schatten an Steuerbord querab!«
Wolfgang Lüth enterte auf den Turm seines Bootes, und Gramitzki meldete: »Steuerbord querab: ein U-Boot, mitten in dem Pulk der beleuchteten Fischereifahrzeuge!»

»Dann ist es ein feindliches«, meinte Lüth, denn sonst würde es sich nicht zwischen den Fischerbooten bewegen.
Das feindliche Boot lief abgeblendet, und Lüth gab den Befehl, zunächst auf dieses Boot zuzulaufen, denn noch immer war nicht mit Sicherheit auszuschließen, daß es nicht doch ein deutsches Boot war.
»Auf Gefechtsstationen!« befahl er gleichzeitig. Die Torpedos in den drei Torpedorohren lagen schußbereit. Das Boot mußte mitten durch ein grünschimmerndes Meeresleuchten hindurch. Hier der Bericht des Kommandanten über diese gespenstischen Minuten eines Zweikampfes zweier gleichwertiger Gegner:
»Wir gehen auf höhere Fahrt, um vor dem Gegner in Schußposition zu kommen. Hoffentlich sieht er unsere Bugwelle nicht. Plötzlich zeigt uns der Gegner sein Heck. Er ist ein ganz zäher Brocken. Wieder hinterherlaufen. Dieses U-Boot scheint im Seegebiet um Terschellig Patrouille zu fahren.
Eine Stunde drehen wir uns bereits umeinander herum. Dann aber haben wir es! Eben hat das Boot seinen Kurs abermals geändert. Wir laufen jetzt mit E-Maschinenkraft, damit unsere Bugsee nicht so deutlich zu sehen ist. Auch unsere Silhouette ist so schmal wie möglich. Der Vorhaltewinkel ist nach Gefühl eingestellt — quasi über den Daumen gepeilt. Ich gebe Feuererlaubnis. Gramitzki hinter der UZO zielt ruhig.
»Rohr I fertig! — Rohr I - - - - los!«
Wie ein weißer Strich eilt der Torpedo auf den Gegner zu.
An der Blasenbahn ist seine Laufbahn genau zu erkennen. Das Meeresleuchten ist schuld daran, daß wir alles so gut sehen können und der Gegner natürlich auch.
»Beide E-Maschinen stoppen!«
Damit wir nicht zu nahe herankommen, habe ich diesen Befehl gegeben. Es gilt, nicht entdeckt zu werden.
»Verflixt!« ruft Gramitzki, »der Aal scheint vorn vorbeizulaufen.«
»Nein«, antworte ich, »jetzt habe ich Angst, daß er achtern vorbeiläuft!«

Doch da! Getroffen!
Eine Feuersäule steigt mittschiffs vom Unterseeboot in die Höhe. Haushoch, masthoch und jetzt mindestens 100 Meter hoch. Ein grausiges Schauspiel, das von brüllenden Detonationen begleitet wird. Die Torpedos des Gegners fliegen in die Luft und mit ihnen Teile dieses auseinanderberstenden, in seine Einzelteile zerlegten Bootes.

»Wahrschau, Sprengstücke!« ruft einer der Brückenwächter. Das feindliche U-Boot ist plötzlich verschwunden.
Wir fahren zur Untergangsstelle, um Schiffbrüchige zu retten. Nichts ist mehr von dem U-Boot zu sehen, außer einem riesigen Ölfleck.
»Arme Kerle!« sagt Gramitzki, »sind ja auch U-Boot-Fahrer!« »Doris« unter Commander Favrent, das am frühen Morgen des 9. Mai 1940 um 00.13 Uhr auf 53,40 Grad Nord und 04,-- Grad Ost für immer auf Tiefe ging, war ein mittleres französisches Boot mit 552 tons.

Den ganzen Tag marschierte U 9 nun durch die See, wich Fischereifahrzeugen aus und ging einmal mit Alarmtauchen in den Keller, als an Steuerbord querab Flugzeuge gesichtet wurden, deren Kurs vor dem Boot herführte.
Der 10. Mai begann um 5.40 Uhr mit einigen Fliegerbomben, denen das Boot aber entkam, indem es binnen kürzester Zeit unter Wasser war, mit Hartruder Steuerbord aus dem gelaufenen Kurs ausscherte, so daß die Bomben zu weit nach links fielen.
Wenige Stunden später erfuhr die Besatzung über den Rundfunk vom Einmarsch der deutschen Truppen in Holland. Die Westoffensive hatte begonnen. Um 10.20 Uhr wurde ein Dampfer gesichtet, der eine Kanone auf dem Achterdeck stehen hatte. Er wurde nicht angegriffen, da er zu weit abstand. Um 12.45 Uhr legte der LI das Boot auf Grund, ehe es nach einigen Stunden der Ruhezeit auf Sehrohrtiefe auftauchte und dann — als die Luft rein war — die Wasseroberfläche durchbrach.
Mit mittlerer Marschfahrt ging es weiter. Der Alarmruf: »Kommandant auf den Turm!« ließ Lüth um 15.00 Uhr nach oben klettern.
»Tanker, Herr Oberleutnant!« meldete der Wachoffizier.
»Da müssen wir hinterher! Der sieht wie ein guter 5000-Tonner aus!« meinte Lüth, ehe er »Beide Maschinen AK voraus« befahl.
Stärker wurde das Jicheln der beiden Jumbos, und schneller und schneller werdend, versuchte U 9 den beim Eindrehen zum Schuß notwendigen Verlauf herauszudampfen. Als dies erreicht war, ging das Boot auf Sehrohrtiefe hinunter und drehte zum Gegner ein. Plötzlich hatte das Boot bei 12,8 Meter Wassertiefe Grundberührung. Es wurde auf 10 Meter hochgeworfen. Der ganze Turm kam frei, und der Schuß auf diesen Gegner fiel aus.
Sekunden später sichtete der Kommandant einen Zerstörer und das Sehrohr weiterdrehend konnte er noch insgesamt fünf dieser gefährlichen »U-Boot-Killer« ausmachen.
Für das Boot bedeutete dies, daß der Angriff damit beendet war. U

9 ging, als die Untiefe passiert war, tiefer hinunter und legte sich in 30 m Wassertiefe auf Grund.
Es war 22.18 Uhr, als sich das Boot auf einen Befehl von Wolfgang Lüth hin vom Grund löste und, langsam höhersteigend, in Sehrohrtiefe eingesteuert wurde. Das Horchschapp hatte Schraubengeräusche von Dampfern gemeldet. Der erste Rundblick zeigte dem Kommandanten, daß die See nach allen Himmelsrichtungen hin »voller Dampfer« war, wie Lüth im KTB bemerkte.
In der Nähe konnte er zwei Zerstörer sichten. Dies hinderte ihn jedoch nicht daran, die sich ihm hier bietende große Chance zu nutzen. Er visierte den zunächst stehenden Dampfer an. Um 00.49 Uhr des 11. Mai fiel der Einzelschuß aus Rohr I. Bereits nach 31 Sekunden Laufzeit, was dem Kommandanten zeigte, daß der Dampfer bedeutend kleiner war, als er geschätzt hatte, stieg eine feuerdurchmischte Wassersäule mittschiffs am Gegner empor. Eine dumpfe Detonation hallte ins Boot hinein. Lüth sah eine schwarze Qualmwolke aufsteigen. Sekunden später sackte das Schiff bereits tiefer, und einige Minuten darauf war es von der Wasseroberfläche verschwunden. Es war der estnische Dampfer »Viiu« mit 1908 BRT, der hier nahe der Westhinder Buoy auf Tiefe gegangen war.

Scheinwerfer der Zerstörer leuchteten über die See hinweg, um den Gegner zu sichten. Das Boot drehte seitlich ab, und nach der vollzogenen Kursänderung kam an Steuerbord voraus ein dritter Zerstörer in Sicht. Um 03.09 Uhr tauchte das Boot und legte sich, nachdem es weit genug abgelaufen war, um 05.24 Uhr auf Grund. Die Wassertiefe betrug hier nur 24 Meter. Da das Boot auf unebenem Grund landete und dadurch eine erhebliche Schieflage erhielt, mußte es noch wegen der starken Strömung auf ebeneren Grund verholt werden.
Die Zerstörer schienen nichts gemerkt zu haben, denn ihre Schraubengeräusche näherten sich nicht. Zwei der drei Zerstörer wanderten langsam aus.
Nach dem Auftauchen um 09.30 Uhr wurden binnen der nächsten 60 Minuten zwei Dampfer und drei Frachter gesichtet. Im Unterwassermarsch kam das Boot an einen der Frachter heran und auf diesen zum Schuß. Der Torpedo ging vorbei.
Von diesem Zeitpunkt an wurden dauernd Dampfer gesichtet. Dann geschah eine besondere Sichtung. Nach den Bemerkungen des Kommandanten im KTB waren dies: »Ein Küstenpanzerschiff, das ein U-Boot im Schlepp hatte.« Doch sehr bald stellte sich heraus, daß es ein Minensuchboot war, von dem das U-Boot geschleppt wurde.

Lüth befahl aufzutauchen, während der Kommandant auf dem Sattelsitz des Sehrohrs hockte und darauf wartete, dieses auszufahren, sobald der LI das Boot auf Sehrohrtiefe eingesteuert hatte. Lüth hörte bereits mit bloßem Ohr Schraubengeräusche. Er ließ den »Spargel« ausfahren und sah direkt vor sich den Dampferbug, der sich zügig heranschob.
»Schnell runtergehen!«, rief er dem LI zu. »Ein Dampfer ist über dem Boot!« Als der Dampfer das Boot überlief, zeigte das Tiefenmanometer 20 Meter Wassertiefe an. Es war noch einmal gut gegangen. Einige Sekunden später und der Dampfer hätte U 9 den Turm abgerissen.
Eine halbe Stunde darauf wurden ein Dampfer und ein Torpedoboot gesichtet, als das Boot nach der Meldung aus dem Horchraum auf Sehrohrtiefe aufgetaucht war.
»Wir nehmen das Torpedoboot«, meinte Lüth lakonisch, »das steht näher.« Doch unmittelbar darauf zackte das Torpedoboot weg. »Nun auf den Dampfer!« schaltete der Kommandant sofort.
Eine kleine Ruderkorrektur ließ das Boot herumgehen. Der Dampfer lief ins Visier. Der Torpedomaat stand hinter dem Rohr III, und Lüth dirigierte das Boot noch näher an diesen Gegner heran. Um 14.20 Uhr fiel der Schuß. Der Aal lief 55 Sekunden, ehe die Sprengfontäne seiner Detonation mittschiffs am Dampfer emporstieg. Bis dahin hatte Lüth auf dem Heck dieses Dampfers eine Kanone entdeckt.

Die »Tringa«, ein britischer Dampfer mit 1930 BRT, sank auf 51.21 Grad Nord und 02.25 Grad Ost. Das Torpedoboot, das Lüth nun im Auge behielt, lief nicht zur Hilfeleistung an das sinkende Schiff heran, sondern drehte ab und verschwand mit Höchstfahrt aus der gefährlichen Nähe des Unterwassergegners.
Bei 19 Metern Wassertiefe berührte das Boot zum zweiten Mal auf dieser Feindfahrt den Grund. Wiebe steuerte es auf 18 Meter Tiefe ein, und U 9 drehte weg, um seine Suche fortzusetzen. Es blieb lange unter Wasser, der höchste CO_2-Gehalt im Boot betrug 3,5 Prozent.
Der achte Tag dieser Feindfahrt war Pfingstsonntag, der 12. Mai 1940. Noch einmal kam das Boot auf einen Dampfer zum Schuß, und nachdem dieser letzte Torpedo vorbeigegangen war, befahl Lüth, den Rückmarsch anzutreten.
Im Einsatzgebiet befanden sich noch immer viele Dampfer, und über FT-Kurzspruch meldete Lüth dies dem B.d.U., damit dieser anderen Booten auch eine Chance gab, hier zum Erfolg zu gelangen. An Land waren Scheinwerferleuchten und Abschußblitze feindli-

cher Flak zu sehen. Offenbar war dort die deutsche Luftwaffe wirksam. Um 3.57 Uhr ging U 9 auf Tiefe und lief bis 22.50 Uhr insgesamt 19 Stunden unter Wasser auf Heimatkurs. Am Pfingstmontag wurde um 1.19 Uhr eine Treibmine nur 80 Meter an Steuerbord querab gesichtet. Um 5.14 Uhr tauchte das Boot abermals, stieg um 12.26 Uhr an die Wasseroberfläche zurück, um zweiundzwanzig Minuten später von Flugzeugen unter Wasser gedrückt zu werden.
Auf dem Heimmarsch wurde äußerste Kraft gelaufen. Als der Zylinderkopf des Zylinders Nr. 5 Backbord blies, weil er schief aufgesetzt war, mußte das Boot zur Behebung dieses Schadens auf Grund gelegt werden.
Es stellte sich heraus, daß die Dichtungsflächen nicht parallel lagen. Die Reparatur war um 23.08 Uhr beendet. Das Boot tauchte nach einem Sicherungsrundblick des Kommandanten auf und setzte den Weitermarsch nach Hause fort.
In den frühen Morgenstunden des 15. Mai ging es nicht weniger als dreimal vor Feindfliegern in den Keller. Beim vierten Mal wäre es mit Sicherheit zu spät gewesen, aber der ES-Austausch zeigte, daß es diesmal deutsche Maschinen waren.
»Schwein gehabt!« notierte der LI des Bootes Karl-Heinz Wiebe in sein persönliches Tagebuch.
Um 2.30 Uhr sicherte einer der Wachgänger auf der Brücke von U 9 in letzter Sekunde eine Torpedolaufbahn. In dem Augenblick, als er die Meldung rief, brauste die Blasenbahn direkt auf den Bug zu und — unterlief das Boot, um an der anderen Seite wieder sichtbar zu werden und in der Ferne zu verschwinden. Von einem Feind, der diesen Torpedo geschossen haben könnte, war nichts zu sehen. Es mußte ein U-Boot gewesen sein.
»Hundertprozentiger Ausguck!«, befahl Lüth und ließ die Zwozentimeter und das MG besetzen.
Vier Minuten nach der ersten flitzte eine zweite Torpedo-Blasenbahn direkt auf das Boot zu. Wieder war der Aal erst unmittelbar vor dem Boot zu sehen. Diesmal mußte der U-Boot-Kommandant, der diese Schüsse abfeuern ließ, den Aal flacher eingestellt haben. Die Blasenbahn deutete genau auf den Turm und unterlief das Boot in Höhe des Turmes. Als die Blasenbahn auf der anderen Seite wieder sichtbar wurde, stießen die Brückenwärter die Luft aus, die sie angehalten hatten.
»Das ging alles so schnell«, meldete der II. WO dem Kommandanten, der auf den Turm geeilt war, als das Boot mit großer Fahrt weiterlief, »daß wir nicht einmal Zeit hatten, Angst zu haben.«

Das feindliche U-Boot hatte zweimal die Chance gehabt, U 9 zu ver-

nichten, und beide Male hatte es mit der gleichen Tiefeneinstellung geschossen. Wieder einmal hatte »Rasmus seinen dicksten Daumen dazwischengehalten.«
Um 8.23 Uhr machte U 9 in Helgoland fest. Von Mutter Jansen aus konnten die Sailors ihre »Einlaufmeldung nach Hause« an ihre Familienangehörigen durchtelefonieren und einen kleinen Urlaub in Aussicht stellen. Allerdings sollte es diesmal in dieser Hinsicht ganz anders als geplant kommen.
Mit U 7, das nur eine Stunde nach U 9 eingelaufen war, und das auch auf dieser Feindfahrt keinen Erfolg erzielen konnte, wurde Helgoland um 14.10 Uhr verlassen. Um 19.30 Uhr machte das Boot in der Brunsbütteler Schleuse fest und erreichte um 20.20 Uhr den Stützpunkt Wilhelmshaven.
Hier tauchte völlig überraschend für die Besatzung der Befehlshaber der U-Boote auf. Oblt. (Ing) Wiebe notierte darüber in sein KTB: »Der BdU erschien persönlich und begrüßte uns. Er war sehr erfreut über unseren Erfolg und äußerte, daß wir uns erst einmal ausschlafen sollten.
Doch der Erfolg mußte bei den Freunden gefeiert werden.«
Als die ersten Wogen der Begeisterung bereits hochgingen, tauchte plötzlich Wolfgang Lüth bei den Feiernden auf. »Alles mal herhören!« rief er durch den kleinen Saal. Es war genau 21.00 Uhr, als er der staunenden Besatzung verkündete: »Morgen früh seeklar! Es geht wieder nach England. Der BdU braucht unser Boot!«
Zum ersten und möglicherweise auch zum einzigen Mal sollte ein von Feindfahrt heimkehrender Einbaum binnen 24 Stunden wieder auslaufen. Dies bedeutete, daß vom frühen Morgen des 16. Mai an alles auf dem Posten stehen mußte, um das Boot für die neue Feindfahrt ausrüsten zu können.
Am ganzen nächsten Vormittag herrschte ein hektisches Durcheinander. Er erschien der Besatzung als ein halbes Wunder, daß um 13.20 Uhr ihr Boot zum Auslaufen bereit war. Um 14.45 Uhr trat die Besatzung vor dem BdU an. Konteradmiral Dönitz erklärte ihnen, warum er sie draußen benötigte, und die Männer um Wolfgang Lüth wußten, daß dieser rasche sechste Einsatz notwendig war, sonst würden sie nicht so schnell wieder hinausgeschickt werden.

Die sechste Feindfahrt — Von Zerstörern gejagt

Um 15.00 Uhr dieses 16. Mai 1940 legte U 9 vom U-Boot-Stützpunkt ab. Die Besatzung, die nicht an den Maschinen benötigt wurde, stand mit Front nach Steuerbord an Oberdeck angetreten. Die Männer sahen ihren Befehlshaber, und dann bemerkten sie plötzlich, daß Dönitz seine Mütze abgenommen hatte. So etwas war noch niemals vorher passiert. Was sollte dies bedeuten? Sicher war es ein besonderer Gruß und eine besondere Anerkennung für diese gute Leistung und für den Willen der Besatzung, es sofort wieder zu versuchen.

Karl-Heinz Wiebe dazu in seinem KTB: »Es hat Dönitz bestimmt imponiert, daß wir nach 19 Stunden wieder seeklar waren. Ob er wohl fürchtete, daß er uns nicht mehr wiedersieht?

Einen Transporter müssen wir noch bringen, dann gibt es für den Kommandanten den Halsorden und für uns die EKs.« Um 13.30 Uhr traf sich U 9 mit U 7 in der III. Einfahrt. Sie waren tatsächlich die einzigen Boote, die zu neuer Feindfahrt zur Verfügung standen.

Am 17. Mai gab es keine besonderen Ereignisse zu melden, doch am 18. Mai hatte der I. WO, Oblt. z.S. Gramitzki, Geburtstag.

Nach einigen Erprobungen und Nachtrimmen des Bootes ließ Wolfgang Lüth U 9 auf Grund legen. Es gab einen Geburtstagskuchen und auch für Gramitzki eine Flasche Bier. Dieser Samstag verlief ebenfalls ohne besondere Ereignisse.

Spannend wurde es dann am 19. Mai. Es war Muttertag, und am Nachmittag um 16.40 Uhr kamen an Backbord voraus zwei Dampfer in Sicht. Bis 16.45 Uhr versuchte Lüth, wenigstens auf einen davon zum Schuß zu kommen, doch beide Dampfer waren sehr schnelle Vertreter, die dem Boot davonliefen. Der Kommandant mußte die Jagd aufgeben.

Kurz nach Mitternacht des nächsten Tages meldete die Brückenwache um 0.20 Uhr zwei Schatten an Steuerbord voraus. Als Lüth auf die Brücke kam, wurden wenig später drei weitere Schiffsschatten gesichtet. Es waren — das stellte sich heraus, als sie daraufzuhielten — drei Schiffe und zwei Zerstörer. Das Boot kam nicht an diese Schiffe heran, da die Zerstörer dazwischen liefen. Es

konnte den notwendigen Vorlauf nicht erreichen. Lüth befahl zu tauchen. Um 2.45 Uhr ging es mit Alarmtauchen in den Keller. Da das Wasser hier sehr flach war und eine starke Strömung ging, war das Boot kaum auf Sehrohrtiefe zu halten, deshalb wurde um 4.00 Uhr Grund angesteuert.
Fünfeinhalb Stunden später ließ Lüth anblasen und befahl dem LI, das Boot auf Sehrohrtiefe einzusteuern. Nach einem sorgfältigen Rundblick stellte Lüth fünf bis sieben Zerstörer in der Runde fest. Im Unterwassermarsch und in sicherer Distanz zu diesen Geleitfahrzeugen wurde die Dampferlinie beobachtet. Nach Einfall der Dunkelheit ließ Lüth auftauchen, und eine halbe Stunde vor Mitternacht sichtete der Bootsmannsmaat der Wache in 280 Grad einen großen Schatten. Um 23.41 Uhr ging U 9 mit Alarmtauchen in die Tiefe. Kurz vor Mitternacht kehrte das Boot an die Wasseroberfläche zurück.
Acht Minuten war der 21. Mai erst alt, als ein Wasserflugzeug direkt über dem Boot gesichtet wurde. Offenbar hatte es sie nicht gesehen, denn es warf keine Bomben. U 9 ging mit Alarmtauchen in die Tiefe. Nach einem sichernden Rundblick mußte das Boot auf Sehrohrtiefe getaucht weiterlaufen, weil bei dem sichernden Rundblick vor dem Auftauchen ein S-Boot gesehen wurde. Um 2.50 Uhr wurden weitere S-Boote gesichtet, und erst um 3.10 Uhr konnte das Boot an die Wasseroberfläche zurückkehren. Bereits nach kurzer Marschfahrt wurde der Steuerborddiesel heiß und war damit unklar. Das Boot tauchte abermals und wurde vom LI sicher auf Grund gelegt. Die »Unterirdischen« an den »Jumbos« gingen nun an die Arbeit und machten den Diesel wieder einsatzklar.

Am frühen Morgen des nächsten Tages mußte U 9 um 4.37 Uhr vor einem plötzlich aus dem Dunkel auftauchenden U-Boot mit Alarmtauchen hinuntergehen. (Es war, wie sich sehr bald herausstellte, U 62 gewesen, das auf U 9 drei vergebliche Angriffe gefahren hatte). U 9 legte sich auf Grund, tauchte im Verlaufe des Tages noch mehrfach auf und ging dann wieder in die bergende Tiefe der See hinunter.
Am 23. Mai kam im Sehrohr U 43 in Sicht, das von Oberleutnant z.S. Michalowski gefahren wurde. Auf Sprachrohr-Reichweite ging U 9 nun heran. Der Kommandant von U 43 tauschte mit dem Kommandanten des Kameradenbootes Erfahrungen aus. Dann trennten sich die Boote wieder. Lüth hatte von Michalowski erfahren, daß auch U 60 unter Kptlt. Schewe im Kanal operiere und daß irgendwo in der Nähe noch U 13 unter Kptlt. Schulze herumschwimmen müs-

se. (U 13 wurde am 31. Mai nordwestlich von Newcastle durch den britischen Zerstörer »Weston« versenkt).
Um 12.15 Uhr wurde ein von zwei Schleppern auf den Haken genommener Dampfer gesichtet. Das Boot setzte sich bei Seegang Null vor, und um 12.45 Uhr gab Wolfgang Lüth den Befehl zum Torpedoschuß. Der Torpedo traf den 3256 BRT großen Dampfer »Sigurds Faulbaums«. Das Schiff sackte auf ebenem Kiel weg, und durch das Sehrohr sahen die Männer, die einen kurzen Blick auf diesen erledigten Gegner werfen konnten, daß die Besatzung auf die beiden Schlepper hinüberkletterte, die sich danach mit rascher Fahrt in Richtung England entfernten. Doch dieses Schiff sank nicht so schnell.
Die »Sigurds Faulbaums« war ein deutsches Schiff, das die Belgier bei Kriegsbeginn im Hafen von Antwerpen beschlagnahmt hatten. Wolfgang Lüth ließ das Schlauchboot klarmachen und ein Enterkommando übersetzen, in der Hoffnung etwas zu finden, das dieses Schiff als Transporter erkennen ließ. Vielleicht konnten auch wichtige Signalhandbücher oder ähnliches an Unterlagen gefunden werden. Doch dem war nicht so. Der Kapitän des Schiffes schien alles auf die Schlepper mitgenommen zu haben.
Als Versenkungsstandort wurden 51.29 Grad Nord und 02.38 Grad Ost eingetragen.
Vor Flugzeugen tauchte U 9 um 19.00 Uhr mit Alarmtauchen in die See hinunter und legte sich um 19.22 Uhr auf Grund. Nach dem Auftauchen um 22.30 Uhr wurde an Steuerbord ein abfliegendes Flugzeug gesichtet, das sie nicht daran hinderte, über Wasser zu bleiben.
Um 2.15 Uhr des nächsten Tages sichtete die Brückenwache einen Schatten. Es war ein U-Boot, wie der auf den Turm gerufene Kommandant feststellen konnte. Wahrscheinlich handelte es sich um U 62. Um 4.25 Uhr ließ Lüth das Boot abermals auf Grund legen. An diesem Tage mußte U 9 noch mehrfach wegtauchen, denn der Kanal war ein Seegebiet, das beinahe ununterbrochen von Feindflugzeugen abgeflogen wurde, die sich auf jedes Zeichen eines U-Bootes stürzten und es mit Bomben oder Bordwaffen beharkten.
Um 1.45 Uhr des 25. Mai wurde an Backbord eine Treibmine gesichtet, die aber weit genug abstand und keinerlei Gefahr bedeutete. Der Alarmruf um 3.00 Uhr »Kommandant auf den Turm« ließ Wolfgang Lüth sofort aufentern. Es waren zwei Zerstörer, die auf Parallelkurs zum Boot liefen.

»Rohre I und II klar zum Überwasserschuß: — UZO auf den Turm!« befahl der Kommandant, während der I. WO als Torpedowaffen-Of-

fizier seinen Platz hinter der U-Boots-Zieloptik einnahm, um zu schießen.
»Mündungsklappe von Rohr I geht nicht auf« meldete der Torpedomaat aus dem Bugraum.
Langsam wanderten die Zerstörer auf das U-Boot ein. Lüth ließ vorfluten, um im Notfall so schnell wie möglich von der Wasseroberfläche verschwinden zu können. Bis auf 1000 Meter kam der zunächst stehende Zerstörer an U 9 heran. Um 3.18 Uhr drehte einer der Zerstörer scharf ein und jagte mit aufstiebendem Schnauzbart in Lage Null auf das Boot zu.
»Alarm: — Schnelltauchen!«
Die Brückenwächter verschwanden dicht hintereinander durch das Turmluk ins Boot. Als letzter schwang sich Lüth hindurch, drehte das Luk dicht und rief sein »Luk ist zu!«
Wiebe ließ das Boot steil vorlastig hinuntergehen. Sie waren bereits auf 30 Meter, und Lüth hatte schon eine Kursänderung durchgegeben, als um 3.25 Uhr die ersten fünf Wasserbomben auseinanderkrachten. Sie lagen zu weit ab, um das Boot ernsthaft zu beschädigen. Die Zerstörer suchten. Im Horchschapp konnten ihre Schraubengeräusche deutlich gehört werden. Zum Glück für die Besatzung von U 9 hatten beide kein Asdic-Gerät an Bord.
Lüth gab seine Ruderbefehle. Knapp und klar kamen sie und wurden sofort ausgeführt.
So entging das Boot auch jenen sechs Wasserbomben, die um 3.40 Uhr achtern in sicherer Distanz auseinanderbarsten.
Erst der dritte Anlauf eines Zerstörers und die von diesem um 4.30 Uhr geworfenen fünf Wasserbomben verursachten einige Schäden. Ein Wasserstandsglas zersprang, eines der vielen Ventile machte Wasser, und eine Glühbirne fiel aus. Diese leichten Schäden wurden Sekunden nach ihrem Eintreten bereits wieder klargemeldet.
Dann herrschte plötzlich eine trügerische Stille. »Sie haben ihre Motoren ausgestellt und lauern auf uns«, argwöhnte Gramitzki. Und er sollte damit auch recht behalten, denn unvermittelt wurden die Schraubengeräusche kurze Zeit darauf wieder brüllend laut und kamen von achtern in Lage Null rasch näher.
»Dreimal AK!« befahl Lüth. Sekunden später: »Steuerbord 10!« Auch das U-Boot drehte nun auf, und genau um 7.00 Uhr krachten sechs Wasserbomben an Backbord dicht hinter dem Boot auseinander. Die Detonationswucht warf es aus dem Kurs. Schlagartig erlosch das Licht.
»Notbeleuchtung ein!« befahl Lüth. »Frage Schäden?« Es waren beträchtliche Schäden zu verzeichnen. Eine undichte Preßluftlei-

tung blies. Das Boot glitt in seiner Steuerborddrehung aus dem gelaufenen Kurs heraus und schlich dann, nach einem weiteren Befehl, mit geringster Fahrt zur Seite.

Um 7.15 Uhr ließ Lüth das Boot auf Grund gehen. Alle Geräte wurden ausgeschaltet. Der Gegner aber flitzte noch immer in der Gegend herum und warf in größeren Abständen bis 24.00 Uhr Wasserbomben, die zum Glück für U 9 weit genug entfernt hochgingen und keinerlei Schäden anrichteten.

Die Männer im Boot machten sich an die Beseitigung der Schäden. Nachdem diese behoben waren, ließ Lüth zu einem Rundblick auftauchen. Danach durchbrach U 9 die Wasseroberfläche und trat den Rückmarsch an. Ohne weitere Konfrontation mit einem Gegner lief es immer noch ziemlich beschädigt in den Stützpunkt ein. Damit war auch diese sechste Feindfahrt mit einem Erfolg beendet worden.

Als sich Wolfgang Lüth beim BdU meldete und seinen Bericht erstattete, erfuhr er, daß dies seine letzte Feindfahrt auf U 9 gewesen sei und daß er mit U 138 ein im Juni fertigwerdendes neues Boot in Dienst stellen sollte. Es war ebenfalls ein kleines Boot des Typs II D, aber Dönitz stellte dem erfolgreichen Kommandanten für sehr bald ein Boot des Typs IX A in Aussicht. Und zwar sollte er U 43 übernehmen, das unter Kapitänleutnant Ambrosius seit dem 26. August 1939 im Einsatz stand.

U 43 war ein großes Boot mit 1408 cbm Wasserverdrängung und sechs Torpedorohren, vier Bug- und zwei Heckrohren, das 22 Aale mitnehmen konnte und auf der Back eine anständige 10,5 cm-Kanone stehen hatte, mit der man auch richtig hinlangen konnte. Das Boot hatte eine Reichweite von 8100 Seemeilen. (Siehe Anlage: Die wichtigsten Kampfboot-Typen)

Wolfgang Lüth erhielt seine Beförderung zum Kapitänleutnant und wartete auf die Rückkehr von U 43 von der Feindfahrt.

Mit U 138 am Feind

Wie ein neues Boot kampfbereit gemacht wird

Am 27. Juni 1940 stellte Wolfgang Lüth das an der Blücherbrücke in Kiel liegende U 138 in Dienst und trat mit ihm zur 1. U-Flottille. Zunächst stand es allerdings zur Verfügung des U-Boot-Ausbildungskommandos Kiel, unter dessen Leitung vom 28. Juni bis zum 8. Juli die Erprobungen abliefen.
Damit hatte Oblt.z.S Lüth zwar ein neues Boot, doch auch dieses war nichts anderes als ein Einbaum, denn der Typ II D unterschied sich von U 9 lediglich dadurch, daß einmal die Elektromotoren für die Unterwasserfahrt stärker waren und 0,4 Knoten Mehrgeschwindigkeit unter Wasser erbrachten. Wichtig war allerdings, daß es dank seines höheren Treibstoff-Vorrates einen größeren Aktionsradius hatte. (Siehe Anlage: Lüths Boote: Technische Daten).
Mit einer völlig neuen Besatzung und diesem neuen Boot unternahm Lüth am 9. Juli den Marsch nach Swinemünde. Die unterwegs eingelegte, obligatorische AK-Probefahrt verlief ohne Schwierigkeiten, und am 10. Juli um 16.00 Uhr lief U 138 in Swinemünde ein, um drei Stunden später bereits wieder zum Weitermarsch nach Gotenhafen abzulegen. 22 Stunden darauf war Gotenhafen erreicht, wo bis zum 17. Juli die Torpedo-Erprobungen beim TEK vorgenommen wurden.
Die taktischen Übungen bei der 27. U-Flottille vom 18. bis zum 24. Juli wurden ebenso erfolgreich absolviert. Wolfgang Lüth hatte

aus den jungen Freiwilligen, die ihm als Besatzung zugeteilt worden waren, in kürzester Zeit eine aufeinander eingespielte Crew geformt.

Am Morgen des 25. Juli um 7.00 Uhr ging U 138 auf Rönne-Reede bei der »Wilhelm Bauer« längsseits, und Lüth stieg zu einer Übungsbesprechung über. Um 14.00 Uhr, nachdem der Kommandant von U 138 noch an Bord der »Wilhelm Bauer« zu Mittag gegessen hatte, machte U 138 seeklar und lief nach Danzig, wo am nächsten Morgen um 9.00 Uhr die Erprobungen bei der U-Boots-Ausbildungsgruppe 1 begannen. Diese forderten den am nächsten Tage erfolgenden Marsch nach Memel. Am Vormittag des 2. August lief U 138 in Memel ein, um vom selben Tage an bis zum 5. August bei der 25. U-Flottille und vom 6. bis zum 24. August bei der 24. U-Flottille den Abschnitt Torpedoschießen durchzuführen.
Damit war dieser wichtige Ausbildungsteil abgeschlossen, und U 138 machte um 22.00 Uhr des 27. August in Memel seeklar und marschierte anschließend nach Kiel, wo es nach dem Einlaufen um 18.00 Uhr an der Tirpitzmole festmachte.
Die erneute Werftliegezeit bei den Deutschen Werken dauerte bis zum 5. September. Der 6. September sah nach Ausmerzung aller erkannter Fehler und Mängel die abschließende Probefahrt mit dem Modelltorpedoschießen und der Entmagnetisierung des Bootes vor. Funkbeschickung, Meilenfahrt, Unterwasser-Schallerprobung folgten, und am 9. September wurde U 138 an der Tirpitzmole zur ersten Fernfahrt für fünf Wochen ausgerüstet. Um 19.00 Uhr des 10. September war U 138 seeklar und lief anschließend bis 20.30 Uhr zum Feuerschiff »F«. Eine halbe Stunde später erreichte das Boot auf »Punkt rot 1« Sperrbrecher 13 und stand mit diesem klar zum Geleit. Aber es sollte noch auf das Troßschiff »Uckermark« gewartet werden.
Ein FT-Spruch des BdU meldete wenig später: »Uckermark ist für den 11. September 1940, 6.00 Uhr, angemeldet. Für U 138: Warten befohlen.«
Lüth ließ das Boot um 22.00 Uhr am Heck des Sperrbrechers festmachen. Kurz nach Mitternacht erfuhr der Kommandant über Funk, daß englische Bomber im Anflug und teilweise bereits über Kiel gemeldet seien. Es erfolgte die sofortige Alarmierung der Besatzung, aber von diesen Flugzeugen war nichts zu sehen.
Auch die »Uckermark« zierte sich noch, wie einer der Männer meinte, der die Wache ging, denn sie traf erst um 11.00 Uhr auf dem Treffpunkt ein. Im Geleit des Sperrbrechers 13 marschierte U 138 mit der »Uckermark« durch den Großen Belt und das Kattegatt.

Oblt.z.S. Lüth als Kdt. Von U 138 nach der Verleihung des Ritterkreuzes am 24.10.1940.

Wachoffizier eines Bootes auf dem Turm. Auf der Zielsäule die UZO aufgesetzt.

Ein Geleitzug ist gesichtet: Die Boote schließen zum Rudelangriff heran.

Im Nachtangriff über Wasser getroffen.

Letztere wurde um 6.00 Uhr des 12. September vom Sperrbrecher 13 entlassen und durch zwei Torpedoboote weitergeleitet.
Bei Punkt »schwarz 25« wurde schließlich auch U 138 entlassen. Beide Torpedoboote marschierten mit der »Uckermark« mit Höchstfahrt weiter. Durch Morsespruch seines neuen Signalgasten ließ Wolfgang Lüth die Torpedoboote noch im Ablaufen anblinken und sie darum bitten, um 24.00 Uhr des Feuer Oksöy bei Kristiansand zu bestellen. Dorthin war der Kurs von U 138 gerichtet. Auf dem Marsch in dieses Gebiet sichtete der Backbordausguck nahe der Bordwand des Bootes plötzlich eine treibende Mine. Mit leichter Kurskorrektur wurde ihr ausgewichen. Ein kurzer Regenschauer ging nach 20.00 Uhr nieder. Der Wind kam aus West, und die See ging mit Stärken zwei bis drei. Die Sicht war schlecht, und Lüth schärfte der Brückenwache hundertprozentige Wachbereitschaft ein.

Nach der Koppelung, die der Kommandant gemeinsam mit dem Obersteuermann des Bootes um 24.00 Uhr vornahm, mußte das Boot nunmehr vor Kristiansand stehen. Die See ging nun bereits mit Stärke vier. Es regnete, und die diesige Luft machte die Sicht noch schlechter.
40 Minuten nach Mitternacht kam dann auf einer Distanz von vier Seemeilen das Feuer von Oksöy in Sicht. Mit leichter Fahrt und vorgeflutet lief U 138 in Richtung Kristiansand ein.
Oksöy-Feuer wurde um 1.37 Uhr querab einlaufend passiert. Schon konnte der auf dem Turm stehende Kommandant die Innenfeuer des Hafens sehen. Das Boot umlief die Insel Flekkeröy.
Um 3.24 Uhr wieder auslaufend, trat das Boot nunmehr den Marsch durch das Minenwarngebiet im Skagerrak an. Der Südwestwind hatte auf Stärke fünf aufgebrist, die See ging mit vier bis fünf. Nach Verlassen des Minenwarngebietes tauchte das Boot um 6.30 Uhr und marschierte weiter in die Nordsee hinein. Nach sechsstündigem Unterwassermarsch ließ Lüth zur Lufterneuerung nach oben gehen und 53 Minuten später um 13.23 Uhr abermals tauchen. Um 17.00 Uhr glitt U 138 zur Lufterneuerung an die Wasseroberfläche zurück und tauchte 35 Minuten später darauf abermals ab, um nach dem dritten Auftauchen an diesem Tage um 21.55 Uhr den Marsch ins Operationsgebiet im Überwassermarsch fortzusetzen.

Die vier ersten scharfen Torpedoschüsse

Im Regengebiet der nördlichen Nordsee mußte U 138 am Mittag des 14. September das erstemal vor einem feindlichen Flugzeug mit Alarmtauchen in den Keller. Nach dem Auftauchen ließ Lüth diesen Vorgang noch einmal üben, um in der folgenden hellen Mondnacht um 23.07 Uhr das vereinbarte Kurzsignal abzusetzen: »Habe 59 Grad Nord passiert.« Da das Signal nicht bestätigt wurde, ließ Lüth es um 21.00 Uhr des 15. September wiederholen: Da auch diesmal keine Bestätigung erfolgte, setzte der Funkenpuster um 13.42 Uhr folgenden FT-Spruch ab:
»Habe 60 Grad 50 Minuten passiert. — Da noch keine Bestätigung.«
Bei klarer Kimm kam an der Grenze der Sichtweite um 18.45 Uhr ein Flugzeug in Sicht. Lüth blieb oben, mußte aber vor einem zweiten Feindflugzeug, das um 19.26 Uhr von Steuerbord anflog, mit Alarmtauchen hinuntergehen. Diesmal klappte alles wie gewünscht, und der Kommandant sparte nicht mit Lob. Am Morgen des 16. September ließ Lüth zunächst getaucht weiterlaufen, um nicht von den Flugzeugen der feindlichen Morgenaufklärung gesichtet zu werden. Diesen Unterwassermarsch ließ er mit einer Reihe Tiefensteuerübungen durchführen.
Vom Mittag des 15. bis zum Mittag des 16. September hatte das Boot 202 sm über und 6 sm unter Wasser zurückgelegt. Nach einer weiteren Flugzeugsichtung ließ Lüth den Kurs des Bootes auf Cap Wrat ändern, so daß das Boot in der Nacht mit westlichem Kurs am Ausgang der Minch vorbeilaufen und bei Morgendämmerung bereits wieder außer Sicht der Hebriden sein würde.
Als um 17.00 Uhr zwei Dampfermastspitzen in 270 Grad Bootspeilung gemeldet wurden, ließ Lüth U 138 vorsetzen, um mit großer Fahrt an der Grenze der Sichtweite laufend einen zum Unterwasserangriff notwendigen Vorlauf herauszuholen. Aber bereits nach 60 Minuten mußte das Boot vor einem Flugzeug mit Alarmtauchen von der Wasseroberfläche verschwinden. Als es 25 Minuten später nach einem sichernden Rundblick aus Sehrohrtiefe wieder an die

Wasseroberfläche zurückkehrte, stand das Boot vor dem Dampfer mit Gegenkurs. Um 21.28 Uhr ließ Lüth wieder tauchen.
Der Kommandant von U 138 hatte während des Unterwassermarsches den Standort des Bootes zwischen den Shetland-Inseln und den Orkneys im Quadrat 1318 errechnen lassen. Zu dieser ersten großen Chance des neuen Bootes erklärte er:

»Ich will noch getaucht schießen, weil die letzten Vollmondnächte zu hell waren und einen Überwasserschuß nicht zuließen.«
Das Boot stand um 22.03 Uhr in günstiger Position. Lüth hatte alle Werte in den Torpedorechner gegeben. Dann erfolgte sein Befehl zum Einzelschuß aus Rohr 1. Mehr als einen Aal wollte er nicht anlegen, denn das Boot hatte nur fünf Torpedos mit.
Mit Lage 90, Fahrt des Gegners von 7 kn und aus einer Entfernung von 900 m schien der Schuß auf diesen Dampfer mit zwei Masten vorn, Schornstein und Brücke achtern, sicher.
Durch den Sehrohrausblick sah Lüth, daß der Dampfer kurz vor dem Schuß Laternen setzte. Durch dieses Licht war außer den Umrissen nichts mehr zu erkennen. »Er paßt in die große Vergrößerung des Sehrohres knapp einmal hinein. Ich glaubte, mit genügend mitgekoppelten Schußunterlagen geschossen zu haben. Aber dieser Torpedo ging vorbei.«
Um 22.33 Uhr ließ Lüth auftauchen, um U 138 noch einmal vorzusetzen und zu einem zweiten Schuß aus geringerer Distanz zu kommen. Der mit gesetzten Lichtern auf Kurs 180 Grad laufende Dampfer wurde bis 1.00 Uhr ausgedampft und zum Angriff aus 600 m angesetzt. Während dieser Angriff noch lief, stellte Lüth fest, daß der Dampfer — aus der Nähe gesehen — nur etwa 700 BRT haben konnte. Obgleich er nun fast gestoppt lag, verzichtete er auf den Torpedoschuß, weil ihm die Ausbeute zu gering erschien. Mit Kurs 270 Grad lief das Boot bis zur 200 m-Wassergrenze ab und überließ dieses Schiff, das offenbar liegengeblieben war, seinem Schicksal, um beim Hellwerden den Pentland-Firth anzusteuern.
Daß Lüth gut daran getan hatte, sollte sich wenig später erweisen. Zunächst aber war die Besatzung schockiert, daß ihr Kommandant eine sichere Versenkung, so gering sie auch sein mochte, ausschlug.
Als um 12.05 Uhr des 17. September aus Süden eine Rauchfahne gemeldet wurde, setzte sich U 138 mit südlichem Kurs vor. Um 14.15 Uhr kam Land in Sicht. Es war der Felsen von Sulisker. Das verfolgte Fahrzeug wurde als Fischdampfer erkannt, der mit stark wechselnden Kursen um Süd steuerte. Lüth ließ nach Westen zur offenen See hin ablaufen.

Wind und Seegang hatten sich bis zum Abend dieses Tages gesteigert. Mit Nordwestwinden um sieben bis acht, Seegang von sechs bis sieben und schlechter Sicht wurde das Boot arg durchgeschüttelt. Bis Mitternacht wurde es noch schlimmer, aber am anderen Morgen hatte sich der starke Wind etwas gelegt. Dennoch war durch diesen starken Seegang Schmutz in die Brennstoffaußenbunker der Diesel gelangt und hatte Brennstoffpumpe und Ventile verstopft. Lüth ließ zur Reparatur und Reinigung derselben tauchen. Eine Minute nach dem um 13.14 Uhr erfolgten Auftauchen sichtete der II. WO des Bootes »Rauchwolken in 100 Grad!« Lüth ließ darauf zuhalten, auch wenn die Diesel noch immer nicht in Ordnung waren und abwechselnd kurzzeitig ausfielen. Bis 16.00 Uhr war das Boot den Rauchfahnen noch immer nicht näher gekommen. Die Peilung stand. Schon kamen die St. Kilda-Felsen in Sicht, als eine zweite Rauchwolke im Süden gesichtet wurde, dessen verursachendes Fahrzeug sich ihnen auf Nordkurs näherte.

»Den nehmen wir«, entschied Lüth. Als das Boot aber um 20.00 Uhr in Schußposition kam und Lüth feststellte, daß es sich um einen kleinen Kolcher von höchstens 500 Tonnen handelte, ließ er abdrehen und um 20.51 Uhr auftauchen. Um Mitternacht hatte das Boot die Grenze des Operationsgebietes erreicht und setzte am 19. September den Marsch in die südostwärtige Ecke des Gebietes, in die Quadrate 5394 AM, 2927, 2723 und ins Quadrat 3968, fort. Wie festgestellt werden konnte, brannte das Feuer von Barra Head, das querab passiert wurde, normal.

Den ganzen 19. September hindurch geschah nichts. Lüths Sorge um Boot und Besatzung ließ ihn erneut Flut- Lenz- und Trimmversuche auf großen Tiefen üben. Ab 21.00 Uhr stand U 138 im Südosten dieses Operationsgebietes auf und ab.

Am Morgen des 20. September um 4.00 Uhr richtete Lüth die Kurse so ein, daß U 138 nur während der Dunkelheit innerhalb der 100 Meter-Grenze stand. Bei Tage sollte weiter abgelaufen werden, um mehr Raum zum Ausdampfen und Vorsetzen und bei eventueller Verfolgung tieferes Wasser zu haben.

Das Boot ging um 6.17 Uhr im Quadrat 5357 vor einem Zerstörerschatten mit Alarmtauchen in die Tiefe. Der 500 m achteraus stehende Zerstörer lief rasch heran. U 138 kam gegen die See anstehend schlecht herunter. Als das Turmluk dichtgedreht war und das Boot steil abkippte, waren die Zerstörerschraubengeräusche bereits sehr laut geworden. Auf 15 Meter Tiefe rasselte der Zerstörer über das Boot hinweg. Nur wenige Zentimeter fehlten, und er hätte dem Boot den Turm weggerissen. Da er kein Asdic hatte, konnte er

sie auch nicht orten. Wasserbomben fielen zum Glück nicht. Lüth sah die kreidebleichen Gesichter seiner Männer in der Zentrale. Er wollte fluchen oder irgend jemanden dafür verantwortlich machen, riß sich aber zusammen und schwieg. Erst als alles wieder ruhig war, bemerkte er trocken: »Das sollten wir noch ein wenig üben, damit uns der nächste nicht den Scheitel rasiert.«
Noch immer unter Wasser laufend, sichtete der Kommandant um 9.25 Uhr durch das ausgefahrene Sehrohr in 4000 Metern Distanz zwei große Passagierdampfer mit zwei Schornsteinen. In ihrer Nähe liefen zwei Bewacher.
»Wir greifen diese Dampfer an!« berichtete er der auf ihren Wachstationen stehenden Besatzung.
Mit Kurs 20 Grad lief U 138 in die Barra Passage hinein. Die beiden Dampfer waren außer Sicht gekommen, denn bei dem Seegang von 6 konnte auf 10,5 m Tauchtiefe im Sehrohr kaum mehr als die nächsten Wellenberge gesehen werden.
Lüth ließ auftauchen, und sofort kamen die beiden Dampfer westlich vom Boot wieder in Sicht. Aber der Kommandant stellte sehr bald fest, daß sie mindestens 15 kn Fahrt machten. Als beide Dampfer nach Steuerbord auf U 138 zudrehten, mußte das Boot wieder in den Keller hinunter.
Nach dem Wiederauftauchen ließ Lüth hinter diesen beiden großen Dampfern herlaufen, ohne sie wieder in Sicht zu bekommen. Nach zweimaligem weiteren Alarmtauchen vor Flugzeugen sichtete die Brückenwache 20 Minuten nach dem Wiederauftauchen um 15.40 Uhr in rechtweisend 30 Grad Rauchwolken, über denen zwei Flugzeuge kreisten. Insgesamt wurden zehn Rauchsäulen gezählt. Mit dem neuen Generalkurs von 130 Grad ließ Lüth erneut vorsetzen. Um 17.49 Uhr wurde U 138 ein weiteres Mal durch Flugzeuge unter Wasser gedrückt. Nach der intensiven Luftsicherung zu urteilen, mußte es sich bei diesen Dampfern um sehr wichtige Fahrzeuge handeln. Um 18.50 Uhr, das Boot lief seit 39 Minuten wieder über Wasser, kam die Nordspitze von Irland in Sicht. Unmittelbar darauf gab es erneut Fliegeralarm. Lüth berechnete seine Chancen und erklärte dem I. WO und dem Obersteuermann: »So kommen wir nicht rechtzeitig vor den Geleitzug. Wir gehen jetzt auf 90 Grad. So können wir versuchen, auf die letzten der erkannten zehn Rauchsäulen zu operieren. Dazu werden wir zunächst mit großer Fahrt unter Wasser ablaufen.«

Diese Befehle erfolgten, und um 19.14 Uhr tauchte U 138 auf. Es lief nunmehr mit Kurs 90 Grad senkrecht zum Geleitzug mit Höchstfahrt beider Dieselmotoren weiter.

Bereits um 19.27 Uhr kamen die Aufbauten der mittleren Schiffe des Geleitzuges in Sicht. Lüth ließ tauchen und unter Wasser mit großer Fahrt weiterlaufen. Nach seiner Schätzung mußte er den letzten Dampfer in etwa 60 Minuten erreicht haben.
Um 20.00 Uhr passierte ein Dampfer mit 2000 m Abstand in Lage 70 bis 90 Grad das Boot. Unmittelbar darauf kamen zwei Dampfer in Lage Null in Sicht, dann war der gesamte Geleitzug mit seinen acht Reihen durch das Sehrohr zu erkennen. Die Reihen hielten Abstände von etwa 500 Metern zueinander, mit unregelmäßigen Schiffsabständen in den Reihen. Nach Lüths Schätzung waren es 30 Dampfer, die hier mit Kurs 270 Grad und sieben kn Fahrt vorbeiparadierten. Über dem Geleitzug befanden sich noch immer zwei Flugzeuge. An beiden Seiten lief jeweils ein Bewacher mit. Es handelte sich nach Lüths Erkenntnis um Kanonenboote.
Durch die intensive Beobachtung erkannte Lüth sehr bald, daß die Dampfer entweder einzeln oder in Rotten zackten.
»Wir lassen uns zwischen die mittleren Rotten sacken« berichtete der Kommandant den längst auf Gefechtsstationen stehenden Männern. »Dort stehen die größten Pötte.«
Sollten sie in dieser Position direkt vor dem Nordkanal zu einem großen Erfolg kommen? Alle Voraussetzungen dazu waren jedenfalls gegeben. Als eines der beiden Flugzeuge um 21.18 Uhr plötzlich das ausgefahrene Sehrohr von U 138 anflog, ließ Lüth dieses kurz einfahren und dann sofort wieder ausfahren. Er ließ zum Schuß etwas nach Backbord drehen und blickte durch die Zieloptik.
Lage 95, sechs Knoten Fahrt, Entfernung 460 Meter zeigte sie an. Diese Schußwerte wurden eingegeben, und um 21.20 Uhr fiel der Einzelschuß. Auf 3 m Tiefe eingestellt, lief der Torpedo auf sein Ziel zu. Bereits nach 28 Sekunden Laufzeit sprang die Torpedotreffersäule 20 m hinten am Schiff in die Höhe. Noch ehe Lüth seine Wahrnehmungen mitteilen konnte, dröhnten der Torpedotreffer und sofort danach eine weitere, sehr laute Detonation ins Boot. Es schien eine Kesselexplosion zu sein.
Lüth sah eine hohe, schwarze Sprengwolke und bemerkte, daß Sekunden nach dem Treffer das Heck bis zur Brücke wegsackte.
»Wir haben einen Dampfer von geschätzten 8000 Tonnen getroffen. Sein Heck sinkt bereits weg. Er hat sechs Luken, zwei bis drei Masten und zwei Pfahlmasten.«

In das KTB schrieb er seine weiteren Wahrnehmungen hinein: »Das ganze Sehrohr war bei kleiner Vergrößerung von der Länge des

Schiffes ausgefüllt. Bei großer Vergrößerung war nur das Mittelschiff und die Brücke zu sehen.«
Unmittelbar bevor U 138 zum Schuß nach Backbord beigedreht hatte, war Lüth bereits aufgefallen, daß der vorderste Dampfer der vierten Reihe auf das Boot zudrehte und in Lage Null hineinlief. Um sehr rasch auch zum zweiten Schuß zu kommen, ließ der Kommandant nun sein Boot weiter nach Backbord drehen, um auf den zweiten Dampfer der vierten Reihe, der seinen Weg fortgesetzt hatte, zum Schuß zu kommen.
Drei Minuten nach dem ersten Schuß verließ ein zweiter Torpedo eines der Rohre. Der anvisierte Dampfer von geschätzten 6500 Tonnen wurde voll getroffen und sank rasch. Nun mußte der dritte Dampfer, der auf das Boot zugedreht hatte, geschnappt werden.

Das Boot schnitt beim Nachtrimmen durch die Ausgleichtanks auf 15 m unter. »Halbe Fahrt!« befahl Lüth, um wieder auf Sehrohrtiefe zu kommen. Dadurch kam U 138 auf 300 m an den dritten Dampfer heran.
Lage 100 Grad, Gegenkurs 280 Grad, Fahrt sieben Knoten, Entfernung 300 m; das waren die Werte, die Lüth in den Torpedorechner eingab. Es war 21.35 Uhr, als er den Einzelschuß aus Rohr II schoß. Wieder jagte ein Torpedo auf 3 m Tiefe eingestellt auf einen großen Dampfer zu. Nach 19 Sekunden traf der Torpedo mittschiffs. Eine brüllendlaute Detonation erscholl, eine sehr hohe Sprengsäule zeigte dem Kommandanten, daß der Treffer noch Munition oder Pulver oder Sprengmittel hatte hochgehen lassen. Lüth schätzte diesen Dampfer auf 7000 Tonnen.
Von 21.20 bis 21.26 Uhr hatte Lüth auf drei große Schiffe geschossen und alle schwer getroffen. Würden sie sinken?
Zwei Schreckwasserbomben wurden von einem der Begleitschiffe geworfen. Ein Teil des Geleitzuges drehte nach Norden ab, der kleinere Teil nach Südwesten. Zwei Dampfer blieben bei den getroffenen Dampfern liegen und retteten die Überlebenden.
U 138 lief ab, und Lüth ließ um 22.00 Uhr auftauchen. In der hereinbrechenden Dunkelheit sah der Kommandant von U 138 durch sein lichtstarkes Nachtglas den dritten beschossenen Dampfer 500 m achteraus mit gebrochenem Kiel gestoppt auf der See liegen. Das Mittelschiff lag sehr tief im Wasser. Vor- und Achterschiff ragten noch höher als vorher aus dem Wasser heraus. Von den beiden zuerst getroffenen Dampfern war nichts mehr zu sehen.
In Richtung Nordkanal wurde sehr lebhafter Morseverkehr beobachtet. U 138 lief zunächst nach Norden, dann nach Westen ab, dem größeren Teil des auseinandergesprengten Geleitzuges hin-

terher, der etwa drei Seemeilen nach Norden in einer dunklen Wolkenwand abgelaufen war und nun aber wieder Westkurs steuerte. Einige Dampfer, die nach Südwesten ausgebrochen waren, versuchten nun, mit nordwestlichen Kursen wieder Anschluß an das Konvoi-Gros zu erhalten.

Der Mond, der gerade aufging, war noch durch Wolken verdeckt. Nach Lüths Berechnungen konnte es noch eine Stunde dauern, bis er voll schien, und damit für ihn und sein Boot keine Chance mehr bestand, noch einmal mit dem letzten Torpedo zum Schuß zu kommen. Aber bis dahin konnte sich das Boot bereits so weit nach Westen vorgesetzt haben, daß es den Geleitzug querab im Norden peilte.

Um 24.00 Uhr wurde der letzte Torpedo nachgeladen. Lüth erklärte der Besatzung:

»Ich denke, alle drei getroffenen Schiffe sind inzwischen gesunken. Jetzt wollen wir den letzten Torpedo ins Ziel bringen, indem wir uns vor den Geleitzug setzen und dann nach Norden herausgehen, um den äußersten Dampfer des rechten Flügels von Mondlee aus über Wasser anzugreifen.«

Der Geleitzug fuhr nun wieder in sieben bis acht Reihen, wobei die größeren Schiffe vorn liefen. Sein Kurs war wieder 270 Grad, die Fahrt sieben Knoten.

Mit seinen drei geschossenen Torpedos hatte Lüth den britischen Tanker »New Sevilla« mit 13.801 BRT, den panamesischen Dampfer »Boka« mit 5.560 BRT und den britischen Dampfer »Empire Adventurer« mit 5.145 BRT aus dem Konvoi OB 216 versenkt.

Der letzte Torpedo

Um 2.00 Uhr des 21. September stand U 138 im Quadrat 5318, als der Geleitzug im hellen Mondlicht deutlich sichtbar wurde. Einer der Bewacher kam mit Lage Null auf das Boot zu, und Lüth ließ U 138 mit Alarmtauchen in die Tiefe gehen. Wenige Minuten später ließ er das Boot zum Angriff auf den äußersten Dampfer, der etwas zurückstand, eindrehen. Der letzte Torpedo lag schußbereit im Rohr. Alles war für den Unterwasserschuß klar, und der Kommandant sah durch das Angriffszielrohr, wie dieser Dampfer, ein Riesenbrocken, ins Visier wuchs, und es schließlich fast ganz ausfüllte. »Hartlage! — Hartlage!« meldete der Zielgeber.
Die ersten drei Dampfer der mittleren Reihe liefen so dicht hintereinander, daß sie sich überlappten und praktisch eine Zielschiffsbreite von 300 Metern boten. Da diese drei wesentlich größer waren als der äußere Dampfer, den Lüth ursprünglich aufs Korn genommen hatte, gab er deren Werte ein und schoß auf den mittleren dieser Dampfer, trotz der bedeutend größeren Entfernung.
Um 2.27 Uhr fiel der letzte Torpedoschuß dieses ersten Einsatzes mit U 138. Der Aal lief, die Ausgleichstanks waren nachgeflutet, und das Boot, das vorn an die Wasseroberfläche durchzubrechen drohte, war wieder in Trimm und auf Sehrohrtiefe zurückgebracht. »Ich habe auf einen Zehntausender geschossen«, berichtete Lüth der atemlos auf ihren Gefechtsstationen stehenden Besatzung. »Alles läuft normal. Die Entfernung ist geschätzte 2800 Meter.«
Mit Lage 70 Grad und einem Gegnerkurs von 275 Grad geschossen, war dies kein optimaler Schuß, doch die Überlappung der drei Dampfer sagte Lüth, daß er mit Sicherheit etwas treffen würde.
Die Zeit vertickte. Eine, zwei, drei Minuten verliefen ereignislos. Die Dampfer hatten bisher noch keinen weiteren Zack eingelegt, sondern liefen exakt ihren alten Stremel weiter. Sieben Sekunden später sah Lüth die masthohe Detonationssäule des letzten Torpedos achtern 30 an dem großen Dampfer emporspringen. Er stieß erleichtert die Luft aus, und noch ehe der Hall der Detonation die Männer im Boot erreichte, berichtete er ihnen: »Treffer auf einem der Dampfer, 30 achtern!« — Die Detonation brüllte dazwischen, und Lüth fuhr kurz darauf fort: »Es ist der vierte Dampfer! Er stoppt und bringt ein Rettungsboot aus! Ich sehe Arbeitslichter und

Flackerfeuer. Der Dampfer sieht besonders lang und breit aus.«
Soeben lief der zuerst anvisierte Dampfer in nur 500 Metern Distanz am U-Boot vorbei. Lüth schätzte ihn aus dieser kurzen Distanz auf etwa 5000 Tonnen. Da war derjenige, den er aufs Korn genommen hatte, mit Sicherheit einige tausend Tonnen größer. Der hatte zumindest 8000 Tonnen.
»Jetzt noch ein Torpedo!« durchfuhr es ihn. »Dann würde auch dieser Dampfer sein Ende finden.«
Der Geleitzug fuhr wild durcheinander. Seenotraketen wurden in den hellen Nachthimmel geschossen. Leuchtgranaten jagten über die See hinweg, und Lüth sah einen der Bewacher, der zum liegengebliebenen Schiff hinüberlief. Die meisten Dampfer liefen jetzt langsam in nordwestlicher Richtung ab, einige hatten auf Südkurs gedreht. Im Osten schien der Mond, und das Boot lief dementsprechend nach Norden ab.
Wolfgang Lüth hatte in richtiger Beurteilung der Lage den größten Dampfer aus dem Pulk herausgeschossen. Es war der 10 138 BRT große »City of Simla«, ein Brite, der auf 55.10 Grad Nord und 08.20 Grad West für immer auf Tiefe ging.
Damit hatte dieses kleine Boot auf seiner ersten Feindfahrt vier Schiffe mit zusammen 34 644 BRT versenkt. Ein Erfolg, den nicht einmal Lüth vorauszusagen gewagt hätte.
Während des Ablaufens kam dem Boot ein großer Tanker auf 400 Meter in Schußposition entgegen. Das Boot hatte keine Torpedos mehr. Zweimal wurden in der nächsten Zeit die Geräusche schnell laufender Maschinen von Kriegsfahrzeugen gehorcht.
Erst um 3.00 Uhr ließ Lüth auftauchen und weiter nach Norden ablaufen. Einer der Diesel wurde auf Aufladung geschaltet.
In einem erfrischenden Strom zog die Nachtluft ins Boot und wurde durch die Frischluftumwälzer in den letzten Winkel geblasen.
Lüth stand auf der Brücke, als kurz nach dem Auftauchen zwei Bewacher in etwa 3000 m Distanz zu seinem Boot gesichtet wurden.
»Die suchen das Boot!« wisperte Lüth dem wachegehenden I. WO zu, und ließ mit einer Ruderkorrektur aus der Gefahrenzone wegdrehen.
Im Süden wurde Morseverkehr beobachtet, und der beschossene Dampfer, der noch immer sichtbar war, lag stark achterlastig tief im Wasser. Ein zweiter Dampfer stand noch immer bei ihm.
Rettungsboote und Lichter im Wasser waren nicht mehr zu erkennen.
Um 3.30 Uhr sahen die Brückenwächter, daß einer der Bewacher, der ihnen zunächst stand, drei grüne Lichter im Dreieck an den Topp gesetzt hatte. Im Verlauf der nächsten Stunde warf dieser Be-

wacher 15 Wasserbomben. Die Entfernung zum Wurfgebiet betrug etwa 4000 Meter.
Als dieser Bewacher auf Nordwestkurs drehte und sich dem Boot näherte, befahl Lüth, auf AK zu gehen. Das Boot lief ab. Aber um 5.00 Uhr stand die Peilung zum Bewacher achteraus noch immer. Dies zeigte ihnen, daß der Bewacher ihnen folgte. Zum Glück für sie war der Abstand größer geworden.
Das Feuer von Barra Head brannte und peilte um 5.00 Uhr 40 Grad rechtweisend. Vom Geleitzug war nichts mehr zu sehen, wahrscheinlich hatte er wieder nach Westen gedreht.
Wolfgang Lüth wollte mit Hellwerden eine Aufklärermeldung absetzen, sobald sich die Lage geklärt hatte, zumal kein U-Boot in der Nähe war, dem er durch schnelle Meldung hätte zum Ansatz und Angriff verhelfen können.
Es war 5.44 Uhr, als er dem Rudergänger befahl, auf Nordwestkurs zu drehen. Mit mittlerer Marschfahrt glitt das Boot durch die nur schwachgehende See, und um 8.00 Uhr befahl Lüth Westkurs zu legen, um schließlich nach Abgabe des Erfolgsspruches und der Meldung über den Konvoi, dem vom BdU erteilten Rückmarschbefehl folgend, auf südwestlichem Kurs den Rückmarsch anzutreten, der das Boot nach Lorient bringen würde.
Um 16.00 Uhr wurde U 138 durch Flugzeuge unter Wasser gedrückt. Lüth gab der Besatzung Ruhe und ließ bis 19.44 Uhr getaucht weiterlaufen, so daß sich die wachfreien Männer auf ihre Kojen legen konnten. Auch er legte sich für eine Stunde hin, ehe er sich seinem KTB zuwandte und die Ereignisse der letzten 24 Stunden nachtrug. Nach dem Auftauchen, um 19.44 Uhr, lief das Boot mit mittlerer Marschfahrt auf Heimatkurs. Der aus Südwest mit Stärke drei gehende Wind und die See, die zwischen eins und zwei lief, bristen beide in den frühen Morgenstunden des 22. September bis auf Stärken um fünf für den Wind und vier für die See auf. Um 8.00 Uhr wurde zur Feststellung des Trimmgewichtes getaucht, und bereits um 9.15 Uhr kehrte U 138 an die Wasseroberfläche zurück.
Vom Mittag des 22. zum Mittag des 23. September legte das Boot über Wasser 223 sm und unter Wasser 6 sm zurück. Um 14.20 Uhr des 23. September fing der Funkmaat einen FT-Spruch über den Seenotfall einer He 111 auf, die im Quadrat BF 17 notgewassert haben mußte.
Wolfgang Lüth ließ sofort mit Höchstfahrt darauf zu halten.
Der Abstand zu diesem Seegebiet betrug nach Entschlüsselung dieses Funkspruches noch 90 Seemeilen. Um 14.30 Uhr ließ Lüth den Standort seines Bootes durch Kurzsignal dem BdU melden. Wenig später ging U 138 vor überraschend anfliegenden Flugzeu-

gen mit Alarmtauchen auf Tiefe, um bereits 17 Minuten später wieder an die Wasseroberfläche zurückzukehren und den Suchmarsch fortzusetzen.
Um 22.45 Uhr hatte U 138 das Gebiet des Seenotfalles erreicht. Auf große Fahrt gehend, ließ Lüth Suchkurven steuern. Der Standort des Bootes wurde dem BdU mitgeteilt, für den Fall, daß sich über den Standort der Flugzeugbesatzung Neues ergeben hätte. Doch dies war nicht der Fall!
Eine Stunde nach Mitternacht des 24. September wurde im Osten ein weißer Stern geschossen. Als Antwort ließ Lüth ebenfalls einen weißen Stern schießen und drehte auf Ostkurs. Das Boot lief nun mit kleiner Fahrt und vorgeflutet auf Begegnungskurs und sah sich nicht wenig später U 100 unter Joachim Schepke gegenüber, der ebenfalls die Flieger suchte. Es wurden ES ausgetauscht. Anschließend liefen sowohl Schepke mit U 100 als auch Lüth mit U 138 weiter auf Suchkurven durch dieses Seegebiet.

Aber ein Schlauchboot im Meer zu finden, das war eine Aufgabe, die der Suche nach der Stecknadel im Heuhaufen gleichkam. Das Boot lief bis 9.15 Uhr in diesem Gebiet umher, ohne auch nur ein Lebenszeichen von den Fliegern oder Wrackteile der He 111 zu finden. Ein FT-Spruch befahl Lüth, die Suche aufzugeben und den Weitermarsch nach Lorient anzutreten.
Um 11.25 Uhr gab es wieder Fliegeralarm. 27 Minuten später tauchte das Boot nach einem sichernden Rundblick des Kommandanten wieder auf und wich am Abend um 20.47 Uhr einem Segler in 130 Grad aus. An diesem Nachmittag hatte U 138 im Ganzen vier französische Segler, die als Fischerboote unterwegs waren, gesichtet und Bogen um sie herum gemacht.
Um 1.10 Uhr des 25. September erhielt das Boot plötzlich aus 1000 m voraus einen ES-Anruf. Es befand sich bereits wieder in der westlichen Biskaya im Marinequadrat 4385. Auf das mit der Klappbuchse abgesetzte ES erhielt U 138 keine Antwort. Daraufhin ließ Lüth zur Vorsicht noch ein ES schießen, ohne daß sich sein Gegenüber gerührt oder gar etwas gemerkt hätte.
In der kommenden Nacht mußte abermals drei französischen Fischerbooten ausgewichen werden. Auch am folgenden Vormittag tauchten immer wieder Fischerboote auf, denen sie aus dem Wege liefen. Dann erhielten sie einen FT-Spruch des BdU, am 16. September um 12.00 Uhr vor Lorient zu stehen, wo das Boot aufgenommen werden würde.
Da bis dahin noch sehr viel Zeit war, ließ Lüth um 12.50 Uhr tauchen und die wachfreie Mannschaft auf Ruhestationen wegtreten.

Den ganzen Tag über lief U 138 mit kleinster E-Maschinenfahrt weiter. Am Nachmittag sichtete Lüth durch das Sehrohr, das er immer wieder zu kurzen Ausblicken hochfahren ließ, insgesamt fünf Segler. Um 20.30 Uhr ließ er auftauchen und im Überwassermarsch weiterlaufen.
Diese Nacht war mit Sichtungen von sieben Seglern der Höhepunkt. Da sie alle Laternen gesetzt hatten, war es leicht, ihnen im Überwassermarsch rechtzeitig auszuweichen. Um 9.00 Uhr kam achteraus U 47 unter Günther Prien in Sicht. Das Boot stand in 180 Grad achteraus. Es steuerte Zickzackkurse und kam rasch wieder außer Sicht.
Um 11.55 Uhr, U 138 befand sich im Planquadrat 6173, sechs Seemeilen südwestlich des Leuchtturmes »Pen Man« auf der Ile de Croix, als plötzlich eine Torpedolaufbahn gesichtet wurde, die mit Schneidung 100 Grad aus Richtung 240 Grad herankam. Lüth handelte sofort. Er ließ das Ruder Hart Steuerbord legen und mit der Backbordmaschine AK voraus sowie mit der Steuerbordmaschine AK zurückgehen.
Der Torpedo jagte an der Vorkante des MG C/30 unter dem Boot durch. Eine zweite Torpedolaufbahn ging nur zehn Meter vor dem Bug vorbei. Die Laufbahnen beider Aale konnten in Richtung 240 Grad noch etwa 2000 m weit verfolgt werden. Von dem schießenden U-Boot war nichts zu sehen. U 138 lief mit AK weiter. Um 12.00 Uhr waren kurz hintereinander vier Torpedodetonationen zu hören.
Es war noch einmal gut gegangen! Nur zehn Meter und einige Meter Wassertiefe hatten daran gefehlt, und U 138 wäre von zwei Torpedos, fast schon wieder im Heimathafen, auf der ersten Feindfahrt erwischt worden.
Es handelte sich um eines der englischen U-Boote, die seit einigen Wochen in der Biskaya ihre neuen Einsatzorte erhalten hatten.
Um 12.25 Uhr lief U 138 hinter dem rechtzeitig eintreffenden Minengeleit und hinter U 47, das ebenfalls zur Stelle war, nach Lorient ein. Ein Flugboot fremder Bauart, mit deutschen Hoheitszeichen und vier Motoren, flog die beiden Boote an. Es wurde von Land beschossen, und auch U 138 eröffnete das Feuer, als das Flugboot zu nahe herankam. Das Feuer aus dem MG C/30 lag deckend, und das Flugboot drehte nach Nordwesten ab.
Es hatte sich, das stellte sich später heraus, um eine französische »Breguet Bizerte« gehandelt, die deutscherseits erbeutet und für den Seenotdienst der deutschen Luftwaffe in Dienst gestellt worden war.
Wenig später wurde dieses kleine Geleit auch noch von einem einmotorigen Flugzeug aus Südosten angeflogen. Auch auf diese Ma-

schine wurde das Feuer eröffnet, das so deckend lag, daß sie schleunigst abdrehte. Anschließend wurde im Minengeleit weitermarschiert und um 13.35 Uhr in Lorient festgemacht.
Die erste Feindfahrt von U 138 war beendet. Mit vier am Luftzielsehrohr gesetzten Wimpeln und der sagenhaften Leistung von vier Versenkungen mit nur fünf Torpedos, darunter sogar zwei Schiffe mit über 10 000 BRT war damit U 138 bereits jetzt in aller Munde.
Die Stellungnahme des Befehlshabers der U-Boote, Admiral Dönitz, zu dieser Fahrt lautete: »Sehr gute Unternehmung eines kleinen Bootes. Ausgezeichnetes Verhalten beim Angriff auf den Geleitzug OB 216. Die Leistung des Kommandanten ist umso größer, als er sie mit einem Boot vollbrachte, das seine erste Feindfahrt machte.« Im Entwurf gez. Dönitz. Für den Befehlshaber der U-Boote, der Chef der Operationsabteilung, Godt.

Die zweite Feindfahrt mit U 138

Die Werftliege- und Dockzeit für das am 26. September von seiner ersten Feindfahrt zurückgekehrte U 138 begann am 27. September und endete am 6. Oktober. Vom folgenden 7. Oktober an wurde das Boot zu seiner zweiten Feindfahrt ausgerüstet.
Die Besatzung war nach einem Kurzurlaub wieder nach Lorient zurückgekehrt und am 8. Oktober machte U 138 seeklar, um gegen 10.00 Uhr im Geleit eines Räumbootes bis Punkt 5 zu laufen.
Um 11.40 Uhr ging ein FT-Spruch von U 31 ein: »Im Planquadrat 6175 und 6178, feindliches U-Boot beim Minenlegen.«
Dieser Spruch zwang das R-Boot mit U 138 im Kielwasser, den Kurs

nach Osten zu verlegen. Nach Verabschiedung des R-Bootes lief das Boot in Richtung Nordkanal, unternahm um 18.00 Uhr ein erstes Prüfungstauchen, ging um 19.45 Uhr an die Wasseroberfläche zurück, nachdem Lüth die Besatzung zur zweiten Feindfahrt willkommengeheißen hatte, und setzte seinen Marsch ins Operationsgebiet fort. Wind und Seegang waren mit Stärke 5 nicht besonders behindernd.
Nach dem Tauchen am Morgen des 9. Oktober, ereignete sich eine Ruderpanne, bei der sich ein Verbindungsglied der Ruderkette löste und herausfiel. Die Reparatur wurde durchgeführt und danach um 10.36 Uhr aufgetaucht. Nach Mittag frischten Wind und See auf. Es lief eine lange Dünung. Regenschauer gingen nieder, und um 13.47 Uhr ließ Lüth das Kurzsignal abgeben, daß das Boot den Standort Quadrat BF 43 erreicht habe.
Gegen Mitternacht regnete es immer noch, und den ganzen 10. Oktober über war schlechte Sicht. Die Dünung ging nun kurz und sehr hoch. Um 13.05 Uhr mußte vor einem Flugzeug getaucht werden. Zweieinhalb Stunden später ließ Lüth das nächste Kurzsignal absetzen, das den BdU-Stab darüber informierte, daß U 138 das Quadrat BF 14 erreicht hatte.
Am folgenden Tage besserte sich die Sicht etwas, und um 13.08 Uhr nahm der Funker des Bootes ein Signal von U 48 unter Kptlt. Bleichrodt auf: »Geleitzug im Quadrat 3977, AL Kurs 80 - 100 Grad.« Lüth beschloß daraufhin, Kurs Null Grad durchzuhalten, mit dem er diesen Geleitzug am Abend des 12. Oktober erreichen konnte. Als gegen 18.00 Uhr ein Flugzeug in Sicht kam, ließ er über Wasser weiterlaufen und ausweichen.
Um 4.00 Uhr des 12. Oktober meldete U 48 jedoch, daß es den Geleitzug verloren hatte. Gegen Mittag sichtete die Brückenwache voraus einen 2000-Tonnen Dampfer, der in Lage Null näherkam. Lüth ließ U 138 abdrehen, um diesen Dampfer auszudampfen. Eine halbe Stunde später war klar geworden, daß dieses Fahrzeug schneller als das Boot lief und plötzlich in einer Regenböe verschwand und abdrehte. Auf Generalkurs 80 Grad marschierte U 138 weiter, um doch noch vor ihn zu kommen, um zum Angriff tauchen und herangehen zu können.
Als keine Sichtmeldung mehr durchkam und dauernde Regenböen auch jede weitere Sicht unmöglich erscheinen ließen, befahl Lüth um 17.40 Uhr, zum Horchen zu tauchen, denn nach der Koppelung mußte das Boot dicht vor dem Gegner stehen.
Die Horchversuche waren vergebens. Der Dampfer mußte irgendwann weggedreht und seinen Kurs bedeutend verändert haben. U 138 kehrte um 19.00 Uhr an die Wasseroberfläche zurück. Zweiein-

halb Stunden nach Mitternacht des 13. Oktober kam Tory Island in Sicht. Das Boot hatte hier eine Besteckversetzung von 15 sm nach Süden. Es stand nun in der Osthälfte seines Operationsgebietes und mußte um 9.10 Uhr mit Schnelltauchen vor einem Aufklärer von der Wasseroberfläche verschwinden. Während dieses Vorganges wurde zugleich auch eine Tiefensteuerübung durchgeführt, denn Lüth wußte nur zu genau, was eine voll eingeübte Mannschaft in Gefahrenmomenten wert war. Erst um 12.24 Uhr ließ er wieder auftauchen.
Unmittelbar nach dem Aufziehen der Brückenwache erfolgte eine Alarmmeldung vor einem Zerstörer in 210 Grad, der Kurs 130 Grad lief und noch etwa 8000 m entfernt stand. Das Boot ging wieder hinunter und kehrte um 12.45 Uhr nach sicherndem Rundumblick an die Wasseroberfläche zurück.
Drei Minuten darauf gab es ein weiteres Mal Alarm. Es waren derselbe Zerstörer und ein Flugzeug, die diesen Alarm auslösten. Lüth ließ auf Tiefe gehen, wobei das Boot plötzlich durch die Abgasventile viel Wasser machte, als das Tiefenmanometer 40 Meter anzeigte. Das Boot wurde rasch schwerer und fiel bis auf den Grund durch.
Nach Reparatur der Ventile ließ Lüth um 14.00 Uhr auftauchen. Eine halbe Stunde darauf kam ein Dampfer in Sicht, der mit Kurs auf den Nordkanal lief. Das Boot wurde vorgesetzt, aber auch dieser Dampfer war etwas schneller als U 138.
Zwanzig Minuten später erkannte der Bootsmannsmaat der Wache sechs Seemeilen hinter dem Verfolgten einen weiteren Dampfer, der ebenfalls Kurs Nordkanal steuerte. Beide Dampfer zackten stark. Das Boot tauchte um 14.58 Uhr und setzte zum Angriff auf den zweiten Dampfer an. Um 15.10 Uhr zackte dieser plötzlich weg und lag nun Bug links, Lage 70 Grad. Der Abstand betrug noch 6000 m. Mit großer Fahrt lief U 138 unter Wasser diesem Gegner entgegen. Doch schon wieder zackte dieser hart um 85 Grad und hatte nun Bug rechts, Lage 15 Grad, aber nur noch 1500 m Abstand.
Die Mündungsklappen der Rohre I und II waren bereits geöffnet, die Rohre bewässert, und Lüth hatte in den nächsten Minuten Zeit, alle in den Torpedorechner eingegebenen Werte noch einmal zu überprüfen und zu korrigieren.
Um 15.32 Uhr fiel der Doppelschuß auf diesen Dampfer mit Lage 90 Grad, Fahrt 10 kn. Die Abkommpunkte waren von Lüth vorn 30 m und achtern 30 m gewählt worden, die Distanz zum Gegner betrug noch 250 Meter. Am Bug desselben konnte Lüth den Namen »Dagrun« lesen. Er führte die norwegische Flagge und hatte eine Holz-

Die Kommandanten der ersten großen Erfolge:

Otto Kretschmer

Joachim Schepke

Heinrich Bleichrodt

Wolfgang Lüth

Nach der Versenkung des Flugzeugträgers „Courageous“ wird Kptlt. Schuhart (von links) durch Großadmiral Raeder beglückwünscht. Rechts KAdm. Karl Dönitz.

Stabsbesprechung beim B.d.U.: (von links) Oblt.z.S Schnee, der B.d.U. und Oblt.z.S. Moehle.

ladung. Dazu Lüth: »Ich schieße zwei Torpedos, um bei dem stark zackenden Dampfer sicher zu treffen und ihn trotz seiner Holzladung auch versenken zu können«.
Nach 16 Sekunden (das bedeutete eine Laufzeit von 240 m) erhält die »Dagrun« zwischen Brücke und vorderem Mast einen Treffer. Eine masthohe, dunkle Sprengwolke steigt empor. Der zweite Torpedo geht vorbei.
Der Dampfer geht mit der Fahrt herunter, seine Kanone am Heck, etwa vom Kaliber 8,8 cm, wird besetzt und richtet sich nach Steuerbord. Ich bringe das Boot hinter dem Heck des Dampfers herum und will den G 7a auf nahe Entfernung von Backbord schießen.
Inzwischen aber nimmt der Dampfer wieder Fahrt auf und verschwindet mit leichter Schlagseite nach Steuerbord in Richtung Nordkanal. Da ich ihn nicht mehr vor dem Nordkanal erreichen kann, laufe ich getaucht ab.«
Im Bugraum wurde bereits Rohr I nachgeladen. Um 17.27 Uhr taucht U 138 auf. Der Dampfer »Dagrun« war, wie gesagt, ein Norweger mit 4562 BRT. Er erreichte einen englischen Hafen und gilt in der Erfolgsliste von Wolfgang Lüth nicht als versenkt.
Zehn Minuten nach dem Wiederauftauchen kam ein weiterer Dampfer mit Generalkurs Nordkanal in Sicht, der durch ein Wasserflugzeug eskortiert wurde, das über ihm große Schleifen flog. Der Abstand betrug 6000 m. Dieser Dampfer zackte auf Lage Null und Kurs 80 Grad. Lüth ließ um 17.38 Uhr tauchen und den Angriff so ansetzen, daß er ihn beim Zack auf 130 Grad erreichen mußte. Das Wasserflugzeug kam längere Zeit auf das Sehrohr zugeflogen, so daß das Boot für wenige Minuten auf 15 Meter Tiefe gehen mußte.
Inzwischen aber hatte der Dampfer auf 50 Grad gezackt und dann wieder auf 80 Grad, um plötzlich in Regenwolken zu verschwinden. Bei dieser schlechten Sicht konnte Lüth den Dampfer vor Erreichen des Nordkanals nicht mehr kriegen. Der zweite Torpedo wurde um 19.20 Uhr von den Torpedomaaten im Bugtorpedoraum nachgeladen gemeldet. Dem KTB vertraute Lüth seine weiteren Überlegungen an: »Ich will in Gegenkursrichtung der beiden Dampfer, also 320 Grad, Suchkurse steuern und dann nördlich der Stantonbank in westsüdwestlicher Richtung weitersuchen. Südlich der Stantonbank werde ich dann erst am übernächsten Tage stehen, da für dieses Gebiet für morgen wahrscheinlich U-Bootwarnung gegeben werden wird.«
Dadurch vermied es Lüth, mit seinem Boot in einen Raum zu laufen, der besonders überwacht wurde. Am späten Abend des 13. und dem Morgen des 14. Oktober steuerte das Boot dementspre-

chende Suchkurse. Es herrschte mäßige Sicht, die See ging mit einer langen Dünung in Stärke vier.
Einem Flugzeug, das sich am Nachmittag im Südwesten zeigte, konnte über Wasser ausgewichen werden. Es schien eine deutsche Do 18 gewesen zu sein. Um 16.28 Uhr meldete der wachhabende Offizier einen Zerstörer auf westlichem Kurs. Dahinter kam ein großer Passagierdampfer mit zwei Schornsteinen in Sicht, diesem wiederum folgten zwei weitere große Dampfer. Die Entfernung zu diesem kleinen Konvoi, der auf Kurs 280 Grad lief, betrug etwa 4000 m. Die Fahrt der Schiffe lag bei 10 bis 12 Knoten.
Unter Wasser lief U 138 diesem Geleitzug entgegen. Wenn er groß genug war, dann konnte es noch die letzten Einheiten erreichen. Aber er hatte nur vier bis sechs Dampfer und kam schließlich außer Sicht.
Das Boot wurde um 17.30 Uhr an die Wasseroberfläche gebracht und lief mit Generalkurs 280 Grad hinterher. Lüth ließ einen FT-Spruch aufsetzen, der diesen Konvoi melden sollte, der sicherlich aus wertvollen Schiffen bestand. Er wollte den FT-Spruch aber erst nach einer neuen Fühlungsnahme absetzen lassen, weil gleichzeitig zwei Aufklärungssignale über Geleitzüge von U 137 und U 93 eingingen. Beide konnte U 138 erreichen.

»Ich will«, schrieb Lüth in das KTB, »bis zur Dunkelheit versuchen, Fühlung mit dem verlorengegangenen Geleitzug zu erhalten. Wenn dies nicht möglich ist, werde ich auf den von U 93 gemeldeten Konvoi operieren.«
MIt hereinbrechender Dunkelheit ließ Lüth um 20.45 Uhr die Suche aufgeben und operierte nun auf den Geleitzug, der von U 93 gemeldet worden war, wie ihm dies im FT-Spruch der Operationsabteilung befohlen worden war. Dieser Geleitzug war in der Zwischenzeit auf 270 Grad gezackt, und die darauf angesetzten Boote hatten Weisung erhalten, vor dem Nordkanal zu bleiben.
Lüth nahm Kurs auf Barra Head, um seinen Schiffsort genau zu kontrollieren, da er seit 48 Stunden kein Besteck mehr hatte nehmen können.
In der Vollmondnacht zum 15. Oktober, bei schwachem Wind, Seegang von Stärke 2 bis 3 und mittlerer bis guter Sicht kamen um 2.30 Uhr in 80 Grad Dampfer in Sicht, die Kurs 330 Grad liefen.
»Auf Gefechtsstationen!« befahl der Kommandant. U 138 griff wieder an, und um 3.00 Uhr kam der gesamte Geleitzug nordwestlich vor dem zuerst erkannten Dampfer in Sicht. Es waren etwa 30 Dampfer, die mit 8 kn Fahrt auf Kurs 330 Grad dem sicheren Hafen zustrebten. Lüth setzte U 138 aus Mondlee von Osten her zum An-

griff an. Da der Mond erst um 8.00 Uhr unterging, erschien ihm die Wartezeit zu groß.
»Der zuerst gesichtete Dampfer kann ein Hilfskreuzer sein«, notierte Lüth ins KTB des Bootes. »Als einziger macht er besonders große Zacks und bricht ab und zu nach den Seiten aus. Er kommt einmal sehr stark auf und hängt dann wieder sehr weit zurück. Vom Verhalten her typisch für einen Hilfskreuzer«.
Das Boot dampft an der Backbordseite des Geleitzuges um 4.00 Uhr auf, setzt sich vor ihn und greift von seiner Steuerbordseite an. Noch weiter an Steuerbord vom Boot laufen weitere einzelne Dampfer.
Der Geleitzug fährt in acht Reihen zu jeweils drei bis vier Dampfern. Die Reihen sind in Keilform formiert, die äußeren mit kleineren Dampfern stehen achterlicher als die mittleren.«
Um 5.10 Uhr fiel der Schuß mit einem G 7a-Torpedo auf einen Tanker in der mittleren Reihe, aus einer Entfernung von 3800 m. Das Boot lag zu diesem Zeitpunkt 3000 m vor der äußeren Reihe.
In der mittleren Reihe liefen Frachter. Die Sicht betrug vier Seemeilen, der Himmel war halb bedeckt, und der Mond war soeben hinter einer Wolke verschwunden.
Um 5.12 Uhr kam das Boot zum Schuß auf einen zweiten Tanker, aus einer Entfernung von 2500 m. Nach vier Minuten und 40 Sekunden traf dieser G 7a-Aal den anvisierten Tanker ins Achterschiff. Eine hohe Stichflamme stob empor, dann folgte eine schwarze Sprengwolke, Lüth schätzte diesen Tanker auf 10 000 bis 12 000 Tonnen. Um 5.15 Uhr ließ Lüth den dritten G 7a-Torpedo auf einen in 2000 m Distanz laufenden Tanker schießen.
Nach dem Schuß drehte das Boot mit Hartruder Steuerbord ab, denn alle drei Rohre waren leergeschossen. Dieser Tanker wurde von Lüth auf 10 000 bis 14 000 BRT geschätzt. Der zuerst getroffene Dampfer sank. Es war der Brite »Bonheur« mit 5327 BRT. Der Tanker wiederum sackte bis zu den Brückenaufbauten weg. Es handelte sich um den britischen Motortanker »British Glory« mit 6993 BRT, der jedoch nicht sank, wie Lüth gehofft hatte, sondern eingeschleppt werden konnte.

Das Boot wich verschiedenen Bewachern und Dampfern aus und lief nach Osten ab, um wenig später auf Südostkurs zu drehen. Inzwischen war — wie Lüth feststellen konnte — der Geleitzug sehr breit auseinandergezogen und fuhr in zum Teil sehr unregelmäßigen und sehr großen Abständen.
Da Lüth versuchen wollte, als Fühlunghalter weitere Boote heranzuziehen, setzte er U 138 nach Westen heraus. Ein Zerstörer, der

ostwärts vom Boot in etwa 7000 m Abstand marschierte, hinderte U 138 daran, näher an den Geleitzug heranzukommen. Um 9.00 Uhr lief ein Zerstörer mit Lage 20 im Osten, der das Boot noch weiter abdrängte. Alle deutschen Boote operierten inzwischen auf den großen Geleitzug von U 93, der Kurs 270 Grad steuerte und damit zum Angriff günstiger stand als dieser Geleitzug mit seinem nordwestlichen Kurs. Um 9.20 Uhr ließ Lüth folgenden Funkspruch absetzen: »Von Zerstörern abgedrängt. Feind aus Sicht; Quadrat 0238, steuert nordwestlichen Kurs, geringe Fahrt. Habe Kurs auf Untergangsstelle der Tanker genommen, um einen Anhalt für ihre Namen zu finden. Gleich darauf Kanonenboot aus dieser Richtung in Sicht. Abgedreht, Kurs für Rückmarsch Lorient gelegt, da anzunehmen, daß im Gebiet der Versenkung mit Bewachung zu rechnen ist.«

Um 11.20 Uhr kam aus Osten ein Flugzeug in Sicht, dem Lüth über Wasser ausweichen konnte, da es bei der guten Sicht sehr früh gemeldet worden war.

Am 16. Oktober um 4.00 Uhr stand U 138 westlich von Irland. Es lief in Richtung Lorient weiter, brauchte den ganzen Tag nur einmal einem Flugzeug über Wasser auszuweichen und erzielte bis zum Mittag des 17. Oktober eine Marschleistung von 251 sm über Wasser. In den frühen Morgenstunden des 19. Oktober wich das Boot mehreren Fischerbooten aus, die Lüth zeigten, daß er nahe dem Heimathafen seiner Flottille stand. Um 14.00 Uhr peilte Goulphar auf der Belle Ile im Abstand von 5 sm. Nach ES-Austausch mit einem eigenen Flugzeug lief das Boot um 17.00 Uhr über Punkt II in Lorient ein und machte um 18.30 Uhr fest. Zu dieser Feindfahrt bemerkte der BdU: »Gute erfolgreiche Unternehmung. Zur Durchführung nichts zu bemerken.«

Wolfgang Lüth erhielt am 24. Oktober 1940 aus der Hand von Admiral Dönitz als 19. Soldat der U-Bootwaffe das Ritterkreuz des Eisernen Kreuzes. Damit war er einer der ganz wenigen Einbaumfahrer, die diese hohe Auszeichnung errangen. Dazu hatte ihm der BdU versprochen, daß seine nächste Feindfahrt ihn als Kommandanten auf einem großen Boot sehen werde.

Die Besatzung ging in mehreren Törns in Urlaub, und auch Lüth war es vergönnt, zu seinen Lieben zu reisen und sich auszuruhen.

U 43 — Drei Feindfahrten im Nordatlantik

Grobe Wintersee im Nordkanal

Am 18. Oktober 1940 lief U 43 unter Kapitänleutnant Ambrosius, von erfolgreicher Feindfahrt heimkehrend, in Lorient ein. Wolfgang Lüth stand noch auf seiner zweiten Feindfahrt mit U 138 in See, sodaß er das Einlaufen des in diesem Einsatz arg ramponierten Bootes nicht miterleben konnte.
Die Werftliegezeit von U 43 dauerte vom 23. bis zum 30 Oktober. Am 5. November war das Boot werftfertig und ging zur Torpedoabnahme. Am 7. November meldete Kptlt. Lüth das Boot — inzwischen von seiner zweiten Feindfahrt mit U 138 zurück — seeklar. Seit dem 24. Oktober trug Wolfgang Lüth nach den großen Erfolgen der beiden letzten Feindfahrten als 17. U-Boot-Kommandant das Ritterkreuz des Eisernen Kreuzes.
Als das Boot am 9. November zur ersten Feindfahrt unter diesem neuen Kommandanten auslief, ließ Lüth als erstes zum Trimmversuch tauchen. Wenig später, das Boot war an die Wasseroberfläche zurückgekehrt, meldete einer der Wachgänger achtern hinter U 43 eine Ölspur, die sich mehr und mehr verdichtete. Das Boot mußte in den Stützpunkt zurück.
Am 10. November lief U 43 ein zweites Mal aus. Auf See zeigte sich bei größerer Fahrtstufe erneut eine Ölspur. Und zwar nicht nur bei Überwasserfahrt, sondern auch im Unterwassermarsch. Das Boot konnte bei einer eventuellen Zerstörerverfolgung nicht mehr ent-

kommen, denn sein Kurs zeichnete sich durch diese verräterische Spur deutlich ab.
Für Wolfgang Lüth war dies ein Grund, sofort über FT den Rückmarsch zu melden. Um 23.10 Uhr ging dieser FT-Spruch hinaus, während das Boot bereits wieder Lorient ansteuerte.
Der Rückmarsch wurde bei Nacht in 100 Metern Wassertiefe durchgeführt. Am anderen Tage stand das Boot bereits wieder auf Punkt II und setzte das Einlaufen nach Lorient im Geleit fort. Um 14.40 Uhr wurde im Hafen von Lorient getaucht, um den »Werftgrandis« zu zeigen, was mit dem Boot los war. Als U 43 um 15.00 Uhr auftauchte, konnten auch die Brückenwächter die Ölspur sehen, die das Werftpersonal förmlich schockte. So etwas durfte nicht passieren!
Aus der Hälfte aller Ölbunker wurde am Vormittag des 12. November das Öl abgegeben. Anschließend lief U 43 zum neuen Trimmversuch ab und tauchte im Hafen. Dieser Versuch erzielte kein einwandfreies Ergebnis.

Bis zum 17. November mußte das Boot in Lorient zur Reparatur liegenbleiben. Wolfgang Lüth setzte sich mit eiserner Haltung durch. Auf einem solchen Boot fuhr er nicht in den Einsatz, das war er den 45 Kameraden seiner Besatzung schuldig.
Daß er nicht mit Lob über diese schlampige Arbeit um sich warf, verstand sich. Für ihn war es einfach unvorstellbar, daß ein solches Boot als »werftfertig« abgegeben werden konnte.
Um 19.20 Uhr des 17. November legte U 43 abermals in Lorient ab. Es mußte hinter einem Geleitfahrzeug ohne Minengerät auslaufen und wurde um 20.50 Uhr aus dem Geleit entlassen, um den Marsch ins Operationsgebiet anzutreten. Das Boot sollte mit U 47, U 103, U 52, U 94, U 95, U 101, U 140 und U 99 im Nordatlantik, westlich des Nordkanals, auf feindliche Geleitzüge angesetzt werden.
Am Morgen des 18. November stand U 43 in Planquadrat B 5599. Die See ging mit West 5 bis 6; die Sicht war gut. Zur Tiefensteuerübung ließ Lüth das Boot tauchen. Es klappte alles wie am Schnürchen. Auf U 43 fuhr trotz einiger Neuzugänge eine gute und im Einsatz erprobte Besatzung.
Im Regen des 19. November sichtete die Brückenwache um 17.34 Uhr in 210 Grad ein Flugzeug. Dieses flog vorbei, ohne das Boot zu bemerken. Bei Erreichen von 10 Grad wurde das vereinbarte Kurzsignal getastet. Nunmehr wußte die Operationsabteilung, daß auch U 43 im Operationsgebiet eingetroffen war.
Der 20. November sah das Boot mit geringer Fahrt 122 Seemeilen im Überwassermarsch und 11 Seemeilen in Tauchfahrt unterwegs.

Um 13.30 Uhr ging ein FT-Spruch ein, der dem Boot das Operationsgebiet AL 60 zuwies.
Am 22. November ließ Lüth bei Seegang 8 und starkem Wind um 16.12 Uhr tauchen und setzte den Marsch bis 20.04 Uhr unter Wasser fort. Um 24.00 Uhr wurde im Überwassermarsch das Quadrat B/6124 erreicht. Der nächste Tag verlief bei noch geringem Etmal ereignislos. Erst nachdem am Morgen des 23. November von U 123 im Quadrat 39 AL ein Geleitzug gemeldet wurde, der 5 Knoten Fahrt machte und Kurse um 240 Grad steuerte, ging förmlich ein Ruck durch das Boot. Lüth beschloß, mit großer Fahrt daraufhin zu operieren. Er hoffte, nachdem er Kurse und Geschwindigkeiten erkoppelt hatte, diesen Geleitzug zum Mittag des 24. November erreichen zu können. Der Befehl des BdU, der wenig später einging, bestätigte ihn in diesem Entschluß, denn er lautete: »Geleitzug von U 123 angreifen!«
Um 11.50 Uhr wurde eine Fühlunghaltermeldung von U 123 aufgefangen und der Kurs danach korrigiert. An diesem Tage legte das Boot 190 Seemeilen über Wasser und nur drei Seemeilen unter Wasser zurück. Um 15.40 hörte der Funkmaat einen FT-Spruch von U 29 mit, daß dieses Boot den Ansatzbefehl nicht ausführen könne. Durch den starken Seegang wurde auf U 43 um 20.00 Uhr die Oberdecksklappe des Kombüsenluks abgerissen, wodurch das Luk stark undicht wurde. Mit einer Sicherungsknagge wurde es dichtgesetzt. Ein FT-Spruch von U 123 zeigte an, daß dieses Boot den Rückmarsch antreten mußte.
Am 24. November wurde die Tagesleistung vom Vortage noch bedeutend überboten, als U 43 236 Seemeilen über Wasser zurücklegte. An diesem Tag ging es kein einziges Mal in den Keller, weil Lüth hoffte, bald an den Geleitzug heranzukommen. Die Brücke wurde bei dem herrschenden groben Seegang ständig überflutet. Die Brückenwächter mußten im »Großen Seehund« ihre Wachen gehen und sich anschnallen, damit sie nicht durch überkommende Sturzseen vom Turm geworfen wurden.
Der Ausguck wurde durch diese Wassermassen und dichte Gischtschleier erschwert, aber alle waren hundertprozentig bei der Sache.
Beim Laufen der Diesel mit großer Fahrt zog das Boot immer noch eine Ölspur hinter sich her. Lüth war sehr sauer auf die Werft, obgleich auch er wußte, daß eine Undichtigkeit bei den Bunkern nicht sehr leicht entdeckt werden konnte.
Mit seinen Offizieren besprach er kurz die Lage. Alle waren der Überzeugung, daß die Höchstfahrten der letzten beiden Tage das Boot nahe an den Konvoi herangebracht haben mußten.

Nach einer kurzen Tauchübung mit anschließendem Horchversuch, meldete das Horchschapp Schraubengeräusche, welche zeigten, daß U 43 dicht am Geleitzug stand. Das Boot tauchte sofort wieder auf. Die Uhr zeigte 17.20 an, als es an die Wasseroberfläche zurückkehrte. Die See ging hoch, und so weit der Blick durch den Kieker reichte, war sie leer.
»Hundertprozentiger Ausguck!« schärfte Lüth der Brückenwache ein. »Wir sind sehr dicht dran!«
Um 4.00 Uhr des 25. November stand das Boot im neuen Operationsgebiet. Die See hatte wieder aufgefrischt, der Wind wehte mit Stärke sieben bis acht. Die Brückenwächter standen, wenn hohe Brecher überkamen, bis zur Brust im Wasser. Der Kommandant befahl um 11.30 Uhr, wegen der groben See zu tauchen. Es war unsinnig, alle Energie der Besatzung allein gegen die See anzusetzen und dann im entscheidenden Augenblick nichts mehr für die Kampfaufgaben einsetzen zu können.
Der Tag verging mit mehrfachem Auftauchen auf Sehrohrtiefe und dauernden Horchversuchen. Aber erst um 18.10 Uhr wurden in 160 Grad Bootspeilung Schraubengeräusche gehorcht. Lüth ließ auftauchen und auf diese Peilung zuhalten. Um 20.00 Uhr ging ein FT-Spruch des BdU Op ein: »Neues Operationsgebiet AL 50, Wettermeldung abgeben.«
Das Kurzsignal an den BdU um 23.00 Uhr lautete: »Kein Verkehr!«
Am nächsten Morgen um 3.00 Uhr setzte U 43 seine erste Wettermeldung ab, der um 12.00 Uhr und 17.00 Uhr weitere Wettermeldungen folgten. Um 12.00 Uhr war das Boot auch in sein neues Operationsgebiet eingetreten. Aber erst um 21.50 Uhr kam in rechtweisend 245 Grad ein großer Schatten in Sicht, der Kurse zwischen 220 und 260 Grad steuerte und in einer Regenböe verschwand. Mit 17 Knoten Fahrt setzte U 43 nach.
Diesen Dampfer wollte Lüth unter allen Umständen erwischen. Zwar wurde das Schiff noch einmal gesehen, es kam dann aber doch wieder außer Sicht, weil es ein sehr schneller Einzelfahrer war, der den Vorteil der Wetterausnutzung für sich hatte.
Das Boot kam gegen die hochgehende See trotz Fahrt für 17 Knoten nur mit 13 Knoten effektiver Fahrt voran. Dies war für den etwa 15 Knoten schnellen Dampfer zu wenig.
Die Männer fluchten unterdrückt. Dieses Herumgurken gefiel ihnen nicht, und sie waren sicher, daß es ihrem Kommandanten ebenfalls mißfiel.

In der Nacht flaute der starke Wind ab, und am Morgen des 27. November herrschte nur noch Seegang zwei bis drei, so daß Lüth ein

kurzes Geschütz-Exerzieren ansetzen konnte. Der folgende Tag brachte ebensowenig wie alle vorhergehenden Tage. Wie ein wilder »Bettsack« waren sie nach Lüths Worten hinter Schatten hergejagt, die sich plötzlich verflüchtigten. Wer da die Nerven behielt, der war schon ein Künstler. Wolfgang Lüth behielt sie.
Am 29. November erhielt das Boot einen weiteren FT-Spruch von der Operationsabteilung des BdU. Das neue Operationsgebiet war demnach die Nordhälfte des Quadrates AL 50.
Als kurz darauf ein großer Zweischornstein-Zerstörer in einer Distanz von 10 000 Metern gesichtet wurde, der auf Parallelkurs zum Boot lief, ließ Lüth diesem das Heck zeigen und ablaufen. Es bestand ja die Möglichkeit, daß dieses Fahrzeug der Feger jenes Geleitzuges war, hinter dem sie seit Tagen her waren.
Aber erst am Mittag des 30. November um 12.18 Uhr wurde in rechtweisend 117 Grad eine Horchpeilung aufgenommen. Das Boot tauchte in Sehrohrtiefe auf, und um 12.30 Uhr gab Lüth den Befehl, an die Wasseroberfläche zurückzukehren. Es herrschte dichter Nebel. Die Gefahr, von einem plötzlich aus den Nebeldünsten auftauchenden Feindzerstörer oder einem Handelsschiff gerammt zu werden, war groß, wenn nicht hundertprozentiger Ausguck gehalten wurde. Lüth stand neben den Wachgängern auf dem Turm und suchte die See in der angegebenen Richtung ab. »Guten Ausguck halten, Männer!« schärfte er den Brückenwächtern ein.
Lüth selber sah als erster den scheinbar aus dem Nichts auftauchenden Schatten, der sich als Dampfer von 3-4000 BRT entpuppte, der Kurs 240 Grad steuerte und kurz darauf mit Bug rechts und Lage 100 Grad nur noch 500 Meter vom Boot abstand.
»Alarm! — Schnelltauchen!«
Alles enterte ab, und als letzter verließ der Kommandant den Turm durch das Turmluk und glitt in die Zentrale hinunter.
Der Dampfer lief sehr dicht an U 43 vorbei, und es war unwahrscheinlich, daß er sie gesehen hatte, denn er behielt stur den bisher gelaufenen Kurs bei.
So ließ Lüth um 12.30 Uhr wieder auftauchen und nachstoßen.
Aber von dem Dampfer war nichts mehr zu sehen. Der noch dichter gewordene Nebel schien ihn verschluckt zu haben.
Der 1. Dezember zog herauf. Die See war wieder leer. Der Nebel hatte sich verzogen. Ein FT-Spruch von U 101 wurde aufgefangen. Er lautete: »Geleitzug im Quadrat 5883 Kurs 50 Grad,« Lüth rechnete am Kartenpult nach und bemerkte zur Seemännischen Nummer Eins, die neben ihm stand:
»Unser Boot steht 150 Seemeilen ab. Wenn wir auf Kurs 100 Grad gehen, könnten wir diesen Geleitzug, vorausgesetzt, er läuft auf

seinem Generalkurs weiter, morgen gegen 16.00 Uhr erreichen.«
»Ich glaube, wir sollten es versuchen, Herr Kaleunt!« meinte die Nummer Eins.
Das Boot ging auf den neuen Kurs und lief mit beide AK auf den berechneten Kollisionskurs zu. Die ganze Nacht wummerten die Diesel mit Vollast und trieben das Boot rasch durch die See. Gegen 6.00 Uhr des 2. Dezember meldete einer der Wachgänger, er habe hinter dem Horizont einen Lichtblitz aufzucken sehen. Lüth suchte den Horizont in der angegebenen Richtung ab, aber erst um 6.20 Uhr sichteten auch er und mit ihm der für diesen Sektor zuständige Wachgänger weitere Lichter oder Leuchtbomben.
Lüth führte das Boot direkt darauf zu. Nun war es soweit, hoffte er wenigstens. Zehn Minuten später tauchte in 150 Grad ein großer Schatten auf, der sich als Dampfer von geschätzten 10.000 BRT entpuppte. Im Kielwasser desselben laufend wurde er ausgedampft. U 43 setzte sich auf dem Generalkurs 270 Grad vor. Um 8.55 Uhr kam ein weiterer Schatten in Sicht, der vor dem Dampfer lief. Es war ein zweiter Einzelgänger von etwa 9.000 BRT. Lüth beschloß, den vorderen mit den Bugrohren zu nehmen, um sodann mit den Heckrohren auch noch auf den dahinter laufenden Dampfer zum Schuß zu gelangen.

Der erste Dampfer wuchs ins Visier. Aus einer geschätzten Distanz von 3500 Metern fiel bei Lage 90 und Fahrt zehn Knoten dieses großen Dampfers aus den Rohren I und II um 9.01 Uhr der Doppelschuß.
Als die beiden Aale liefen, war Lüth sicher, daß sie diesen Gegner bekommen würden, denn der Dampfer hielt stur Kurs und Geschwindigkeit bei. Nach den Schätzungen des Kommandanten war dieses Schiff mindestens 150 Meter lang und konnte trotz der großen Schußdistanz nicht verfehlt werden.
Nach drei Minuten und 55 Sekunden Laufzeit dröhnte der erste Treffer vorn 30, genau vier Sekunden darauf krachte 30 achtern der zweite Aal in den Dampfer hinein. Hohe Sprengwolken und starker Feuerschein zeigten, daß der Dampfer voll getroffen war. Nach zwei Minuten brach das Vorschiff ab und sank, während drei Minuten darauf auch das Achterschiff unterschnitt. Es war das moderne britische Motorschiff »Pacific President« mit 7.133 BRT, das auf 56.04 Grad Nord und 8.45 Grad West sank.
Wenige Minuten später drehte das Boot zum weiteren Angriff auf jenes große Schiff ein, dessen Umrisse vorher bereits gesehen worden waren, das aber nicht so günstig stand. »Wir nehmen die Heckrohre!« entschied Lüth, während die Torpedomixer im Bug fie-

berhaft bei der Arbeit waren, um die leergeschossenen Rohre nachzuladen.
U 43 drehte näher an diesen Gegner heran, der sich als Tanker erwies. Ein Bewacher lief von achtern auf, jagte an dem Boot vorbei und warf weiter voraus, wo U 43 möglicherweise gestanden hätte, wenn es den Kampf nach diesem einen Erfolg eingestellt hätte, einige Wasserbomben blind.
Der Dampfer lief ins Visier. »Der ist bedeutend größer als der erste«, berichtete Lüth seiner Besatzung. Jeder der Männer stand voll angespannter Aufmerksamkeit auf seiner Position, bereit, jeden vom Kommandanten oder den anderen Offizieren erteilten Befehl unverzüglich auszuführen.
»Heckrohre sind klar!« meldete der Torpedomaat.
»Zweierfächer — los!« Bei 1500 m Distanz, Lage 80 und Fahrt acht Knoten des Tankers fiel der Schuß.
In wenigen Sekunden zueinander verließen die tödlichen Aale mit ihren jeweils 350 Kilogramm Trinitrotoluol die Rohre, klatschten ins Wasser und liefen mit eigenem Antrieb auf drei Meter Wassertiefe eingestellt dem Gegner entgegen, der sich inzwischen als großer Tanker herausgestellt hatte.
»Zeit ist um!« meldete der III. WO, der beim Schußbefehl die Stoppuhr gedrückt hatte. Zäh vertickten einige weitere Sekunden. Dann aber schnellten nach 90 Sekunden Laufzeit im Vier-Sekunden-Abstand die Sprengsäulen beider Torpedos an der Vor- und Achterkante Brücke in die Höhe. Der donnernde Hall beider Treffer schallte ins Boot. Ein paar Männer jubelten, Lüth befahl völlige Stille.
»Der Tanker wird langsamer und läuft aus. Er macht jetzt nur noch einen Knoten Fahrt. Jetzt bekommt er Steuerbord-Schlagseite, die sich sehr rasch vergrößert«, ließ der Kommandant die Besatzung an diesem grausigen Schauspiel teilnehmen, das sich allein vor seinen Augen am Sehrohr abspielte.
»Tanker ruft auf der 600-Meter-Welle um Hilfe, Herr Kaleunt. Sein Name ist 'Victor Ross'!«
»Sehen Sie im schlauen Buch nach!« befahl Lüth dem Obersteuermann, der neben ihm stand. Dieser griff nach dem Lloyds-Register und schlug nach. Dann meldete er:
»Victor Ross, britischer Motortanker mit 12 247 BRT.«
»Das ist aber ein fetter Brocken, wenn er nur unterschneidet.«
»Da müssen wir notfalls nachhelfen, sobald die Crew von Bord ist. Ich sehe, daß Rettungsboote gehievt werden. — Rettungsflöße werden über Bord geworfen. Die Besatzung verläßt das sinkende Schiff!«
Um 9.50 Uhr ließ Lüth aus 1000 Metern Distanz einen Fangschuß

schießen. Er wollte nicht darauf bauen, daß der Tanker wahrscheinlich sank. Er mußte ihn mit eigenen Augen sinken sehen. Zu oft war es bereits passiert, daß angeblich im Sinken befindliche Schiffe sich wieder fingen und noch mit eigener Kraft oder auch mit Fremdhilfe den nächsten rettenden Hafen erreichten.
Durch die hohe Dünung wurde U 43 im Augenblick der Schußabgabe aus der Schußrichtung geworfen. Lüth wußte sofort, daß dieser Schuß vorbeigehen würde.

Er ließ den zweiten Fangschuß vorbereiten. Um 9.57 Uhr fiel dieser Schuß aus Rohr IV. Durch einen Versager an der Feuerleitanlage hatte der TWO diesen Torpedo mit einem falschen Schußwinkel auf den Weg geschickt.
Während dieser beiden Schüsse war das Boot bis auf 300 Meter an den Tanker herangekommen. Eine Minute nach dem zweiten Fangschuß drehte dieser, zeigte dem U-Boot den Bug und lief mit kleiner Fahrt auf U 43 zu.
»Alarmtauchen, sonst überkarrt er uns!«
Die Wache verließ blitzartig die Brücke. Als Lüth einstieg, war der Tankerbug nur noch 200 Meter vom Boot entfernt. Er drehte den Schnellverschluß und meldete dem LI: »Luk ist dicht!« Auf einer Sichtscheibe in der Zentrale tauchte nun der Hinweis auf »Boot tauchklar!«
Rauschend stob die See in die vorderen Tauchtanks. Das Boot kippte steil nach vorn an, und erst, als es 15 Meter Tiefe erreicht hatte, wurden auch die beiden achtern Tauchtanks geöffnet. Schwerfällig rasselten die Tankerschrauben, als dieser das Boot überkarrte, das aber inzwischen bereits 30 Meter Wasser über dem Turm hatte. Nur dank der stark herabgesetzten Geschwindigkeit des Tankers hatten sie es noch einmal geschafft.
Herumdrehend und dem Tanker folgend, ließ Wolfgang Lüth auf Sehrohrtiefe emporgehen. Er dirigierte das Boot auf die Backbordseite des Gegners, um den dritten Fangschuß zu plazieren. Um 10.15 Uhr war es soweit:
Der Schuß verließ Rohr I, das inzwischen wieder nachgeladen worden war. Nach 54 Sekunden, was einem Abstand von 810 Metern entsprach, traf der Aal diesen zähen Brocken ins Achterschiff. Der Tanker sackte sehr schnell mit dem Achterschiff bis zu den Aufbauten weg. Das Vorschiff stieg steiler und steiler aus dem Wasser empor. Männer verließen das nun sehr rasch sinkende Schiff, während der Funker noch immer den Notruf tastete. Der Mann war nicht mehr zu retten, er würde, möglicherweise als einziger, mit dem Riesenschiff auf Tiefe gehen.

»Guter Mann!« meinte auch der Funkenpuster von U 43. »Ob wir auch so lange auf dem Posten bleiben würden?«
U 43 lief ab, und nach einem sichernden Rundblick in alle vier Himmelsrichtungen, ließ Lüth um 10.22 Uhr auftauchen. Der Tanker lag sinkend etwa 1000 Meter achteraus, und durch seinen Kieker sah Lüth, wie er plötzlich sehr schnell wegsackte. Loses Gut wurde im Sinkstrudel umhergewirbelt. Das war alles, was von diesem großen Schiff übriggeblieben war.
»Dampfer, Herr Kaleunt!« meldete der Bootsmannsmaat der Wache und wies dem Kommandanten die Richtung. Lüth blickte nach Südwesten. Er sah zwei Dampfer, die dort gestoppt lagen, wohl um der drohenden Gefahr zu entgehen und nicht in den Schußbereich dieses U-Bootes zu gelangen, dessen Wirken — und auch dessen Opfer sie gesehen haben mußten.
Kreisförmig um das Boot herum entdeckten die Brückenwächter noch fünf weitere Dampfer. Das Boot schien völlig von Dampfern eingekreist zu sein, die alle mit Generalkurs 270 Grad liefen und Abstände von 5000 bis 8000 Metern hatten.
Auf Westkurs setzte sich U 43 mit großer Fahrt vor und erreichte kurz vor 12.00 Uhr das Planquadrat AL 6153. An Backbord liefen nun die fünf Dampfer, darunter drei Tanker, wie sich beim Nähergehen zeigte. An Steuerbord war ein sechster Dampfer zu erkennen, der seinen Kurs in Richtung der fünf Dampfer gelegt hatte, so daß sie allmählich aufeinander zuliefen.
In einer Regenböe stieß das Boot mit zweimal große Fahrt der beiden Jumbos vor und ließ den Steuerbord laufenden Dampfer rasch hinter sich zurück. Nunmehr konnte Lüth, wie dies seine Absicht war, die Backbordkolonne ausdampfen. Die Rohre waren inzwischen wieder nachgeladen, und U 43 hatte sich erneut in einen bißbereiten Hai verwandelt.
Um 13.07 Uhr ließ Lüth ein Kurzsignal tasten: »Standort in Al 61 — sechs Dampfer.«
Etwa eine Stunde darauf, um 14.02 Uhr, lief aus einer Regenböe von Steuerbord her ein sehr schneller Dampfer in Lage Null auf U 43 zu. Lüth zu dieser prekären Situation:
»Der hinter uns zurückgebliebene Dampfer machte kehrt und setzte sich ins Kielwasser dieses neuen Dampfers. Sekunden darauf kam noch ein dritter Dampfer an Steuerbord in Sicht. Der mit Lage Null aufdampfende Spitzenreiter kam schnell näher. Ich ließ das Boot tauchen und lief zum Angriff an. Der Abstand betrug zu diesem Zeitpunkt noch 6000 Meter. Um 14.08 Uhr war dann alles klar. Es stellte sich heraus, daß der sehr schnelle Dampfer, dessen Schutz die beiden übrigen an Backbord laufenden Schiffe offenbar

suchten, nicht so harmlos war, wie er aussah. Er warf im Abstand von zehn Minuten zweimal vier Wasserbomben und einmal deren sechs. Danach verschwand er bei hohem Seegang. Es war ein Hilfskreuzer, der diesem Geleitzug mitgegeben worden war, oder eine U-Boot-Falle, die feindliche U-Boote auf sich zog, um sie dann, durch direkten Kurs daraufzu, unter Wasser zu drücken und mit Wasserbomben zu vernichten.«
Soweit die besondere Bemerkung des Kommandanten von U 43 zu diesem Vorkommnis.
Um 14.30 Uhr geriet einer der an Backbord laufenden Dampfer, die kurzzeitig außer Sicht gekommen waren, wieder ins Blickfeld der Brückenwächter. Sie waren offenbar am 3. Dezember weggezackt. Der Dampfer machte nur kleine Fahrt. Die Lage war 70, der Abstand betrug 5000 Meter. Vorn und achtern hatte dieses Fahrzeug ein Geschütz, was darauf hindeutete, daß es der zweite Sicherer dieses Geleitzuges war, und daß nun er sein Glück versuchen und das U-Boot »unter Deck schieben« wollte.

Als das Boot zum Angriff anlief und das Sehrohr ausgefahren werden sollte, sprang der Stander von der Rolle, und damit war das Sehrohr ausgefallen. Der Ausblick war verschmutzt und düster, während das Nachtzielsehrohr, das Lüth nunmehr verwenden wollte, schwergängig war und beim Drehen hakte.
Bis 15.30 Uhr lief dieser Dampfer mit den beiden Kanonen einen Halbkreis. Endlich hatte U 43 den Brocken im Visier. Aus 3000 m Distanz, mit Lage 80 kam der Zweierschuß los. Als die Torpedos liefen, drehte plötzlich dieser Hilfsdampfer ab und lief mit Westkurs und großer Fahrt davon.
U 43 tauchte um 16.00 Uhr auf und setzte zäh nach. Lüth wollte es nach diesen drei großen Erfolgen noch einmal wissen. Aber zunächst sah es nicht so aus, als sollte U 43 noch einmal zum Schuß kommen.
Lüth ließ um 20.13 Uhr einen Kurzspruch an den BdU mit der Standortangabe absetzen: »Mehr als vier Dampfer in 24 Stunden.« Dies würde den BdU veranlassen, das eine oder andere Boot, das in der Nähe stand, in dieses Quadrat zu dirigieren.
Am Morgen des 3. Dezember zeigte sich, daß der bereits vorher gemeldete sehr hohe Schmierölverlust das Boot zwingen würde, mit noch sechs Aalen in den Rohren den Rückmarsch anzutreten. Lüth hatte in der Zentrale mit den Offizieren gesprochen, und alle waren sie einer Meinung, es nicht darauf ankommen zu lassen. Das Boot war zu wichtig, um es leichtsinnig aufs Spiel zu setzen.
Um 11.06 Uhr kam ein Dampfer in Sicht, der sehr schnell lief. Sein

Generalkurs war 240 Grad, und der Abstand zu ihm betrug 9000 Meter. Bei Windstärke acht und Seegang zwischen sieben und acht versuchte Lüth, das Boot in Schußposition zu bringen. Regenböen verwehrten den Männern zeitweise den Blick auf den Gegner. Wenn er in einer solchen Situation einen besonders großen Zack einlegte oder die Richtung entscheidend änderte, dann wäre dieser große Dampfer mit Sicherheit weg.
Um 14.30 Uhr lief das Boot über Wasser auf Angriffskurs, bis der Dampfer auf einer Entfernung von nur noch 2000 Metern aus einer Regenböe herauskam. Es war 14.58 Uhr, als U 43 mit Alarmtauchen in die bergende Tiefe glitt. Das Boot griff trotz der groben See, die das ausgefahrene Sehrohr immer wieder unterschneiden ließ, an. Wolfgang Lüth, im Sattelsitz des Angriffssehrohrs sitzend, gab der Besatzung immer wieder Hinweise. Er war gespannte Aufmerksamkeit, die sich auch auf die Besatzung übertrug.
Um 15.45 Uhr fiel der Doppelschuß in Lage 80 aus einer Entfernung von 1000 Metern, während das anvisierte Schiff nur fünf Knoten Fahrt machte. Ein Einstellfehler am Vorhalterechner ließ beide Schüsse vorbeigehen.
»Wir bleiben dran!« bemerkte Lüth nur und verkniff es sich, laut zu fluchen.

Lüth war übrigens von der Leistung des Leitenden Ingenieurs des Bootes Kptlt. (Ing.) Reibnitz besonders während dieser Angriffssituation begeistert. Der Leitende steuerte das Boot trotz aller Hindernisse sicher auf Sehrohrtiefe und ließ es immer wieder gut herankommen.
Um 16.24 Uhr fiel der nächste Schuß auf 500 Meter Distanz. Das Boot hatte sich in der letzten halben Stunde dicht an den Gegner herangearbeitet. Lüth konnte sogar den Namen dieses Schiffes durch das Sehrohr deutlich erkennen. Es war der Grieche »Papasitkos«, ein Schiff, das nach dem Lloydsregister 3900 BRT hatte. Der Dampfer war nur halb beladen. Aus diesem Grunde steuerte der Torpedo zu tief und lief unter dem Gegner hindurch, wobei er offenbar bemerkt wurde, denn die »Papasitkos« lief nun mit »alle alleee!« nach Westen ab. Dicke Rauchwolken quollen aus seinen zwei Schornsteinen heraus.
Bei der hohen See mußte Lüth den Angriff nun doch aufgeben, denn in den nächsten 24 Stunden war ein Waffeneinsatz kaum mehr möglich.
Der 4. Dezember sah das Boot in seinem neuen Operationsgebiet, das von der Operationsabteilung mit dem Kurzspruch vom Vortage umrissen war: »Nördlich 53 Grad Nord mit Schwerpunkt Al 82.« Es

war gegen 00.00 Uhr des 4. Dezember erreicht worden. Den ganzen Tag über marschierte das Boot mit sparsamster Marschfahrt durch sein neues Revier, um am 5. Dezember einen Kurzspruch abzusetzen:
»Kein Verkehr, Wind Südost acht, Regen, schlechte Sicht.«
Um 11.20 Uhr mußte das Boot wegen dieser groben See wieder tauchen. Um 13.39 Uhr ließ Lüth auftauchen, und wenig später wurden auf der 600-Meter-Welle SOS-Rufe englischer Schiffe aufgefangen. Alle Meldungen lagen aber mehr als 100 Seemeilen vom Boot ab. Der Torpedomaat meldete um 15.13 Uhr, daß die Mündungsklappen der Rohre I und II durch die wilde See losgerissen worden waren. Im Rohr I wurde der Torpedo zum Rohrläufer und ratterte seine Batterie leer, wodurch er unbrauchbar werden würde. Rohr II lief voll Wasser. Bei diesem Schaden war das Boot für größere Tiefen nicht mehr tauchklar. Um 19.44 Uhr ließ Lüth auftauchen, um die Reparaturen durchführen zu können.
Drei Stunden nach Mitternacht des 6. Dezember mußte wegen der Wetterlage ein weiteres Mal getaucht werden. Es ging jedoch nur so tief hinunter, wie dies notwendig war, um die großen Roller zu vermeiden. Als U 43 um 9.14 Uhr an die Wasseroberfläche zurückkehrte, war das Wetter noch genauso schlecht. Dennoch versuchte Lüth, im Überwassermarsch weiterzukommen, ehe er um 12.45 Uhr abermals auf 30 Meter hinuntergehen mußte. Nach dem Auftauchen um 19.47 Uhr zum Aufladen der Batterien und Durchlüften des Bootskörpers herrschte Sturm aus West-Nord-West in Stärke bis zu zwölf. Die See ging mit neun. Dennoch lag das Boot gut in der See. Allerdings rissen die Verkleidungen der Mündungsklappen im ununterbrochenen Anprall der riesigen Brecher nun ganz ab. Von der Steuerbord Untertriebszelle riß die äußere Platte ab.

Am 7. Dezember um 4.00 Uhr tauchte das Boot wieder auf und lief mit mittlerer Fahrt seinen Stremel ab. Als um 18.47 Uhr ein Dampfer in 160 Grad in Sicht kam, setzte Lüth das Boot vor, dampfte den Gegner aus und erreichte den mit 270 Grad und 8,5 Knoten laufenden Dampfer.
»Wir nehmen den Hecktorpedo aus Rohr V«, befahl Lüth, als das Boot sich fast bis auf Schußdistanz genähert hatte. Der Torpedomixer meldete das Rohr klar zum Schuß. Um 22.26 Uhr erfolgte der Feuerbefehl aus einer Entfernung von 1800 Metern aus Lage 70 mit weiterhin 8,5 Knoten Fahrt des anvisierten Schiffes. Doch der Dampfer schien langsamer zu laufen, als bis dahin erkoppelt, denn dieser Torpedo lief vor seinem Bug her und verschwand in der Weite der See.

Indienststellung von U 123 unter Kptlt. Moehle in Bremen am 30.5.1940.

Der Befehlsübermittler per Telefon

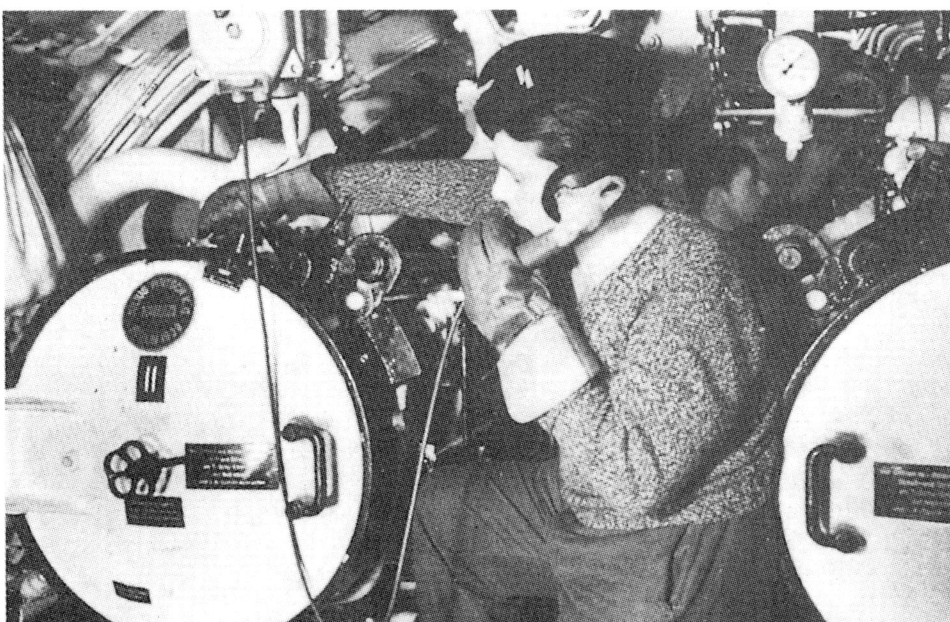

Der erfolgreichste U-Bootkiller Commander MacIntyre.

»Assiniboine« wurde durch ein U-Boot die Schraube beschädigt.

U-Boot im Bombenhagel und Bordwaffenfeuer.

»Wir müssen näher herangehen!« Eine kleine Ruderkorrektur ließ das Boot auf den Dampfer eindrehen, der unbeirrt seinen alten Kurs beibehielt und offenbar nichts davon bemerkt hatte, daß er beschossen wurde.
Aus einer Distanz von 600 Metern fiel der Schuß. Nach einer Laufzeit von 40 Sekunden traf der Torpedo, der bei einer Tiefensteuerung von 2 Metern nach 400 Metern als Oberflächenläufer weiterlief, das Schiff. Eine unerhört harte und laute Detonation erscholl. Dann zerlegte sich der Dampfer in seine Einzelteile.
Lüth schrieb in das KTB: »Munition scheint mit hochzugehen. Ich sehe eine hohe Stichflamme mit anschließender sehr hoher, schwarzer Rauchwolke. Das Heck ist nicht mehr zu sehen. Er sackt schnell weg und ist rasch verschwunden. An der Untergangsstelle noch einige Fässer und Wrackteile. Dieser Dampfer hatte etwa 6000 BRT und war besonders lang. Zu erkennen waren 5 Ladeluken, 2 Masten, 4 Pfahlmasten. Auf der 600-Meter-Welle nichts gehört.«

Von diesem am 7. Dezember vernichteten Dampfer mit 6000 BRT, der garantiert in der See versenkt wurde, weil sein schneller Untergang nach den Munitionsdetonationen gesehen wurde, ist in den Unterlagen nichts zu finden. Dafür steht unter dem 6. Dezember ein Angriff Lüths um 22.48 Uhr auf den norwegischen Dampfer »Skrim«, der 1902 BRT hatte und irgendwo im Nordatlantik versenkt worden war, in jenem Seegebiet, in dem zur fraglichen Zeit Lüth operierte.
Am Morgen des 8. Dezember wurde die Reparatur am Torpedorohr II durchgeführt. Dazu mußte der Torpedo entladen werden. Als um 14.16 Uhr ein in 200 Grad laufender Dampfer in Sicht kam, der nördliche Kurse lief, drehte Lüth sein Boot darauf ein. Sehr bald zeigte sich, daß es ein Passagierdampfer war, der gut seine 13 Knoten lief. Ein geschätzter 10 000 Tonner mit niedrigem Schornstein, offenbar ein Schiff der »Duntroon-«Klasse. Alle 5 bis 10 Minuten legte der Dampfer einen Zack ein, der sehr stark war.
Um 15.00 Uhr drehte er schließlich 5 Seemeilen nach Westen und um 16.30 Uhr ging er auf Nordostkurs zurück, während sein Generalkurs um 19.45 Uhr 15 Grad war.
Hinter diesem ersten Dampfer waren nach Einfall der Dämmerung die Lichter oder Scheinwerfer eines zweiten Dampfers zu sehen. U 43 machte mit beiden Dieselmotoren Fahrt für 14 bis 15 Knoten, doch die effektive Fahrt, gegen die grobe See anklotzend, betrug nur 11 bis 13 Knoten. Der Wind ging mit Stärken 6 bis 7, während die See mit Stärke 5 gegen das Boot anstand.

Als der Dampfer nach 30 Minuten nach Nordosten drehte, konnte ihm das Boot, direkt gegen die See laufend, nicht mehr folgen. Es verlor seine vorliche Position, und der Dampfer verschwand in tiefhängenden Regenwolken.
»Wir machten Umdrehungen für 17 Knoten und sackten dennoch unaufhaltsam achteraus. Um 22.30 Uhr ließ ich die Verfolgung abbrechen. Weiteres Hinterhergurken wäre sinnlos gewesen. Nunmehr ließ ich den dahinter laufenden zweiten Dampfer suchen, doch die Suche verlief ergebnislos, von ihm war nichts mehr zu entdecken.
Um 16.00 Uhr des folgenden Tages wurde ein Rettungsring des schwedischen Dampfers »Skum« gefunden. (Offenbar wird aus dieser Niederschrift Lüths geschlossen, daß das Boot den Dampfer »Skrim« versenkt hatte, der seit dem 6. Dezember als verschollen galt).
Am 10. Dezember und auch am folgenden Tage konnten die Brückenwächter trotz aller Anstrengungen nichts auf der See entdecken. Sie schien völlig leergefegt. Durch Kurzsignal verständigte Lüth den BdU, daß in diesem Planquadrat kein Verkehr lief.
In den frühen Morgenstunden des 12. Dezember wurde über FT der Rückmarsch von U 43 gemeldet. Am folgenden Tage, das Boot befand sich auf dem Marsch in seinen Stützpunkt, kam 14.34 Uhr in 90 Grad ein Dampfer in Sicht. Die Meldung darüber ging wie ein Lauffeuer durch das Boot. Dies mußte der krönende Abschluß ihrer Feindfahrt werden. Nach Kursänderung des Bootes von 180 Grad kam U 43 rasch näher heran. Der Dampfer erschien sehr groß und machte 14 Knoten Fahrt, was ihn als schnellen Einzelfahrer auswies, die sich keinem Geleitzug anzuschließen brauchten, weil sie allein besser und sicherer durchkommen würden und wegen ihrer Geschwindigkeit in der Lage waren, U-Boote mit geschickten Kursänderungen auszutricksen.
Auf Generalkurs 30 Grad setzte sich das Boot vor. Die Lage war 120 und die Entfernung betrug 14 000 Meter. Um 20.17 Uhr zackte dieser große und schnelle Gegner gegen die See auf 300 Grad weg und verschwand in einer Regenböe, die nur 200 Meter Sichtweite zuließ. Die See war derart hoch, daß Lüth befürchtete, dieses Schiff nie wiederzusehen. Dennoch versuchte er, es doch noch zu packen.
Das Boot wurde von Lüth auf 360 Grad gedreht und lief mit AK beider Diesel hinterher. Um 20.34 Uhr kam der Gegner wieder in 150 Grad, Lage 75 und auf einem Kurs von 45 Grad in Sicht. Die Entfernung betrug 4000 Meter.
»Boot greift an!« lautete der Befehl des Kommandanten. Alles war

binnen weniger Sekunden klar zum Zweierfächer. Und dieser Schuß mußte nach der Überzeugung von Lüth rasch fallen:
»Ich befürchtete, daß dieser Dampfer bei Dunkelheit weniger zacken wird und mir dann durch seine große Geschwindigkeit entkommt. Ich drehe also zum Doppelschuß heran, um mit den beiden noch klaren Rohren III und IV die zwei letzten klaren Torpedos ins Ziel zu bringen. Die Lage wurde schnell größer, die Entfernung nahm ab.
Um 20.46 Uhr fiel im Planquadrat 2442 bei einer Sicht von 4000 Metern der Doppelschuß auf die »Orari«, die eine Verdrängung von 10 350 BRT hatte. Die Lage beim Schuß war 110 Grad, die Gegnerfahrt 13,5 Knoten, die Entfernung nur noch 370 Meter.
Nach 31 Sekunden Laufzeit und einem Abkommen von 40 vorn und 40 achtern, traf der erste Torpedo den großen Gegner 40 achtern, während der zweite Torpedo fehlging. Es erfolgte eine heftige Detonation mit dunkler Sprengwolke und starkem Feuerschein vermischt. Die starke Detonationswelle ist im Boot spürbar. Der Dampfer verringert die Fahrt und beginnt zu brennen. Mit 10, dann 15 Grad Backbord-Schlagseite läuft er nun gegen die See an. Hinter seinem Geschütz auf der Back stehen immer noch die Bedienungsmänner und schießen planlos in der Gegend umher, ohne ihr Ziel überhaupt zu sehen. Das Boot bleibt in etwa 3000 m Seitenabstand zum sinkenden Schiff.«
Der Funker im Funkraum meldete: »Schiff macht Notruf. Sein Name ist »Orari« — es ist ein Engländer und hat nach dem Lloydsregister 10 350 BRT.
»Donnerwetter«, meinte Gramitzki, der I. WO ehrfürchtig, »der ist ja fünfzehnmal so groß wie wir. Ein ganz schwerer Brocken!«
»Sie brauchen ihn ja nicht zu stemmen, Gramitzki«, tröstete der Kommandant in seiner trockenen, humorvollen Art, »höchstens, wenn er uns auf den Kopf fällt.«
Um 21.00 Uhr lief der Dampfer immer noch mit starker Rauchentwicklung weiter. Das Heck der »Orari« lag sehr tief im Wasser, die Backbord-Schlagseite hatte sich noch verstärkt.
U 43 mußte die Verfolgung dieses Riesen abbrechen, weil bei der hohen Dünung und dem herrschenden Seegang ein Waffeneinsatz nicht möglich war.
Lüth ließ einen FT-Spruch an die Operationsabteilung absetzen: »FT 20.47 Uhr. 2442 BE »Orari« torpediert, läuft nach 30 Grad, geringe Fahrt verschossen.«
Um 24.00 Uhr wurde der Rückmarsch dieselelektrisch angetreten. Das Boot klotzte durch die grobe See, und um 3.35 Uhr wurde ein Funkspruch mit der Uhrzeit 2.58 Uhr der Operationsabteilung auf-

gefangen: »Wegen Ansatz von Luft (Flugzeugen) auf »Orari«, Kurzwetter durchgeben, dranbleiben!«
Der nächste FT-Spruch wurde von U 43 abgegeben. Lüth verständigte um 4.15 Uhr, mit einer Uhrzeit von 3.45 Uhr den BdU, welchen Schwierigkeiten er sich gegenübersah, wenn er den letzten Befehl ausführte: »Rückmarsch langsam, wenig Schmieröl.«
Dies bedeutete, daß das Boot wegen Schmierölmangels keine Fühlung an der »Orari« halten konnte, weil dieser Kurs es mehr und mehr von seinem Heimathafen wegführte.
Der Rückmarsch wurde also auch am 15. Dezember fortgesetzt. Dieser Tag verlief ereignislos, und mit Sorge betrachtete Lüth die Meldungen über Treibstoff und Schmierölstand seines Bootes. Am nächsten Morgen um 4.30 Uhr ließ er den obligatorischen FT-Spruch an den BdU tasten: »Stehe in 36 Stunden vor dem Einlaufen.«
Das Boot hatte die »Orari« waidwund geschossen, aber dieses moderne Motorschiff, das den Treffer auf 49.50 Grad Nord und 20.55 Grad West erhalten hatte, entging seinem Schicksal und konnte eingeschleppt werden.

Am 17. Dezember um 16.00 Uhr erreichte U 43 mit Geleitsicherung einlaufend Punkt II und machte fest. Eine harte Feindfahrt war zu Ende gegangen, die mit der Versenkung der »Victor Ross« einen ganz großen Brocken auf das Versenkungskonto dieses Bootes brachte. Aber auch die »Pacific President« war mit ihren 7113 BRT kein kleiner Fisch.
Die Einsatzdauer dieser Feindfahrt betrug 30 Tage. Das Boot hatte sich 21 Tage im Operationsgebiet aufgehalten, in dem an 16 Tagen der Wind eine Stärke von mindestens 7 bis 8 hatte.
»Boot und Besatzung«, bemerkte der BdU dazu, »hatten das Äußerste geleistet.«
Das eingelaufene Boot wurde am 23. Dezember eingedockt und mit den Reparaturarbeiten begonnen. Diese Reparaturen dauerten bis zum 10. Januar 1941. Am 31. Januar wurde U 43 werftfertig gemeldet und zur nächsten Fernfahrt ausgerüstet. Die Besatzung war in drei Törns in den Urlaub gegangen und stand nun wieder einsatzbereit. Die Krankheitsfälle waren durch junge Freiwillige ersetzt worden, die von ihren Kameraden eingewiesen wurden.
Als das Boot am 4. Februar an der Isère von Lorient längsseits ging, havarierte es mit dem Anleger. Das Achterschiff wurde leckgeschlagen.
»Wassereinbruch Heckraum!« kam die Meldung herauf.
»Alle Mann aus dem Boot!« befahl Lüth. U 43 sackte achtern

schnell weg. Das Heck stieß auf Grund, und das Vorschiff sackte verhältnismäßig rasch nach. Auf der Pier standen die Sailors von U 43 und sahen fassungslos zu, wie ihr Boot, mit dem sie in den nächsten Tagen wieder auslaufen sollten, von der Wasseroberfläche verschwand, bis nur noch der Turm aus dem Wasser herausragte.

»Ja hol mich doch der und jener!« fluchte einer der Unterirdischen, was ihm einen verweisenden Blick des ebenfalls konsternierten Kommandanten eintrug.

»Die beiden Kranschiffe müssen her« lautete Lüths erster Befehl, nachdem die Sekunden des raschen Versinkens vorbei waren.

Er hatte nun die eben nicht leichte Aufgabe, der Flottille melden zu müssen, was geschehen war. Obgleich er das Boot nicht geführt hatte, nahm er die volle Verantwortung auf sich.

Am frühen Morgen des 5. Februar wurde U 43 gehoben. Die Lenzpumpen traten in Aktion und beförderten das Wasser aus dem vollgelaufenen Boot hinaus.

Der Flottilleningenieur und sein Stab gingen mit dem technischen Personal des Bootes an Bord und stellten fest, daß die E-Maschinen, die ohnehin nicht mehr die besten waren, nun ausgewechselt werden mußten, weil sie im Ernstfalle keine genügende Leistung mehr brachten. Als Lüth fragte, wie lange dies denn dauern würde, erhielt er zur Antwort: »Mit 10 bis 12 Wochen müssen Sie schon rechnen.«

»Ich will kein völlig neues Boot, sondern nur neue E-Maschinen«, meinte der Balte und blickte den Flottilleningenieur überrascht an.

»Davon spreche ich, Lüth«, meinte der Ingenieur. Für die Besatzung von U 43 gab es ein langes Gammeln, unterbrochen von Fahrten nach Paris und an die Küste. Allerdings war das Wetter noch nicht für Tage an der See und am Strand geeignet. Lüth fuhr ebenfalls auf einen Großurlaub in die Heimat. Nach seiner Rückkehr hielt er im Stützpunkt und anderswo seine vielgerühmten Vorträge, die er stets mit einer Prise seines hintergründigen Humors zu würzen verstand.

Der Kalender zeigte den 7. Mai 1941 an, als U 43 ausgedockt wurde. Noch am gleichen Tage begann die Ausrüstung für die nächste Feindfahrt. Die Besatzung war vollzählig versammelt. Auch sie fieberte dem Auslaufen entgegen, denn der Infanteriedienst, der mehrfach angesetzt worden war, schien für einen U-Boot-Mann auch nicht das Wahre zu sein. Noch am selben Tage erfolgten Brennstoff- und Torpedo-Übernahme, und am 8. Mai wurde der Proviant an Bord geschafft und staute sich auf Oberdeck und in der

Zentrale. Es herrschte das vollkommene Chaos, und der Schmutt wieselte überall herum, damit das Verstauen des Proviants auch richtig vonstatten ging, denn das war eine entscheidende Aufgabe. Wenn er seinen Sailors wochenlang dasselbe Essen vorsetzte, weil andere Vorräte unter einem Berg von Verpflegung verdeckt lagen, dann gab es mächtigen Ärger.
Der erste Trimmversuch zeigte ein klägliches Ergebnis. Die Funkbeschickung wiederum funktionierte einwandfrei. Dies war auch beim zweiten Trimmversuch am 9. Mai der Fall.
Nachdem noch eine letzte Undichtigkeit beseitigt war, hatte das Boot die Ausrüstung überstanden und war auslaufbereit. Daß es dennoch widrige Umstände gab, die ein Auslaufen noch in letzter Minute verhindern konnten, zeigte sich am 10. Mai, als um 17.00 Uhr dem Kommandanten ein Bordventil unklar gemeldet wurde. Zu allem Überfluß war auch die nunmehr in Betrieb gesetzte Lenzpumpe unklar.
Es wurde in der Werft von Sabotage gemunkelt, aber die Werftgrandis erklärten, daß dies unmöglich sei. Also war wohl entweder schlampige Arbeit oder höhere Gewalt im Spiel. Zur Vermeidung weiterer Komplikationen wurde höhere Gewalt angenommen und auch offiziell im Werftbericht vermerkt.
Nach Übernahme des Frischproviants am 11. Mai, und nachdem das Boot »Seeklar« gemeldet war, war es auch »werftfertig« geworden. Im Hafen von Lorient übernahm Lüth um 19.15 Uhr einen ersten Trimmversuch. Alles war einwandfrei. 25 Minuten darauf verließ U 43 den Hafen, und heimlich machte einer der Ausgucks drei Kreuze in Richtung Lorient, als sie hinter einem Minengeleit ausliefen. Die Dieselprobefahrt, um 21.00 Uhr vom Kommandanten angesetzt, verlief zur vollsten Zufriedenheit des Dieselobermaaten, der dies auch freudestrahlend seinem Kommandanten meldete. Nun verließen die letzten Werftarbeiter das Boot, setzten auf einen der Minensucher über, und U 43 wurde aus dem Geleit entlassen. Das Boot marschierte einem neuen Einsatz nach Süden entgegen.

Die zweite Feindfahrt mit U 43 — Der »fliegende Bettsack«

Um 8.15 Uhr des 12. Mai mußte U 43 zunächst wieder vor zwei anfliegenden Flugzeugen Alarmtauchen. Die beiden Maschinen hatten das Boot nicht gesichtet und flogen stur nach Norden weiter, so daß Lüth sehr rasch wieder auftauchen lassen konnte, um soviele Etmale zu machen wie möglich.
Zur Tiefensteuerung ließ der Kommandant um 17.45 Uhr tauchen. Die Tiefenruderanlagen waren in Ordnung, aber es zeigte sich, daß die vielen neuen Männer an Bord noch nicht so aufeinander eingespielt waren, wie dies für eine gute Besatzung notwendig war. Während der langen Liegezeit waren mehr und mehr eingefahrene Besatzungsmitglieder auf andere Boote kommandiert worden. In sein KTB trug Lüth deshalb ein: »Ich habe die Absicht, jeden Tag mehrere Stunden zu üben, weil auf der letzten und vor allem auf dieser Fahrt — durch die lange Wartezeit zu viele meiner eingefahrenen Besatzung von Bord gegangen und anderweitig eingesetzt worden waren. Ich hatte 26 Männer neu an Bord bekommen, darunter sämtliche Offiziere und Oberfeldwebel. Außerdem ist ja unser Boot zum erstenmal nach fünf Monaten Liegezeit wieder auf Feindfahrt.« In diesen wenigen Sätzen enthüllte sich einer der Hauptwesenszüge des Kommandanten Lüth: Verantwortungsbewußtsein gegenüber seinem Boot und der Besatzung. Schweiß spart nirgendwo soviel Blut wie auf einem U-Boot. Nur wenn jeder Mann auf jeder Station des Bootes seinen Dienst auch im Schlaf versehen konnte, war die Überlebenschance gewahrt. Wer in diesem mörderischen Kampf auf See nur eine Schwachstelle an Bord hatte, der ging für immer auf Tiefe, und das wollte Lüth weder für sich noch für seine Besatzung.
Wolfgang Lüth ließ die Murrenden, noch bevor es zu Entladungen kam, die sein Eingreifen erforderlich machten, in sein Schapp kommen und stauchte sie unter vier Augen zusammen, bis auch der letzte Gast an Bord wußte, worum es bei diesen Übungen ging.
Die Tauchübungen des 15. Mai waren denn auch längst nicht so, wie sich der Kommandant dies wünschte. Aber das Alarmtauchen

vor einem aus den Wolken auftauchenden großen Flugzeug klappte bereits viel besser.
Am 14. Mai gab der Funkenpuster des Bootes im Raume südsüdwestlich von Irland das Kurzsignal des Kommandanten durch: »Stehe auf BF 42«. Dies bedeutete, daß U 43 sein Operationsgebiet erreicht hatte. Der Kurzspruch wurde verstanden und bestätigt.
Um 9.30 Uhr meldete die Luftaufklärung über KR-Spruch einen Geleitzug im Quadrat AM 4268 auf Kurs 230 Grad mit acht Knoten Fahrt. Nach der sofortigen Berechnung, die Lüth gemeinsam mit dem Obersteuermann am Kartentisch in der Zentrale anstellte, konnte das Boot diesen Konvoi mit mittlerer Fahrstufe und auf Westkurs laufend in der Nacht zum 17. Mai erreichen.

In den ersten Morgenstunden des 15. Mai aber kam um 2.39 Uhr ein größeres Fahrzeug in 300 Grad Bootspeilung in Sicht. Lüth ließ daraufzuhalten. Es war ein Dreimast-Raaschooner-Segler von geschätzten 800 BRT.
»Für die ist ein Torpedo zu schade. Wir werden die Artillerie einsetzen. Artillerieoffizier mit Bedienung für die Bordkanone sich klarhalten!« befahl Lüth.
U 43 schnürte an diesen Gegner heran. Als sie sich dem Segler bis auf 500 Meter genähert hatten, eröffnete der II. WO als Artillerieoffizier das Feuer. Die bereits zum Geschütz gemannten Granaten flitzten zu dem Segler hinüber. Die Lage zum Gegner war 90 Grad, und das U-Boot lief auf parallelem Kurs zum Gegner mit, der sechs Knoten Fahrt machte.
Die 10,5 cm-Bugkanone wurde halb mit Spreng- und zur anderen Hälfte mit Brandgranaten geladen. Die 3,7 cm-Flak und die 2 cm-Flak fielen in das Feuer ein. Der Segler stand sehr bald in Flammen. Der erste Mast wurde ihm heruntergeschossen und stürzte krachend auf die Brücke herunter. Eine Minute später wurde der zweite Mast dicht über Deck von einer Granate abgesägt und krachte ebenfalls herunter.
Der Segler verlor schlagartig an Fahrt. Die Besatzung ging in die zwei ausgeschwungenen Rettungsboote. Für die Zeit, da sie sich in der Gefahrenzone befanden, ließ Lüth das Feuer stoppen. Dann wurde weitergeschossen, und die Munitionsmänner hatten genug zu tun, die Granaten aus dem Boot auf den Turm und von dort aus per Rutsche zum Buggeschütz zu befördern.
Als der Segler still lag, seine Schlagseite größer wurde und sicher war, daß er nicht mehr zu retten war, ließ Lüth das Feuer einstellen. Aus dem Buggeschütz waren 45 Granaten geschossen worden, und zu Lüths Zorn hatte es zehn Versager gegeben. Im Ernstfall wä-

re dies möglicherweise der Anlaß geworden, daß U 43 verlorenging. Der Kommandant schrieb sofort eine Meldung, die er bei seiner Rückkehr von der Feindfahrt dem BdU persönlich vorlegen wollte. 25 Prozent Versager bei der Zehnfünf-Munition war mehr, als er tolerieren konnte.
Mit westlichem Kurs und 12 Knoten setzte U 43 seinen Weg innerhalb seines Operationsgebietes fort. —
Dieser Segler, der sinkend und brennend verlassen wurde, ist mit Sicherheit gesunken, doch in keiner Verlustliste der Alliierten tauchte er jemals auf.
Der 16. Mai begann mit einem Übungsalarm und mehreren Waffen- und Geräteübungen. Auch am nächsten Tag wurden diese Übungen fortgesetzt. Das Boot stand jetzt westlich von Irland im Operationsgebiet und lief in der Nacht zum 19. Mai mit Kurs 275 Grad in das Planquadrat AK 47 hinein.
Wenig später wurde ein Dampfer gesichtet. Alles stand auf Gefechtsstationen, als der Kommandant in diesem vermeintlichen Opfer einen Finnen erkannte, der das Neutralitätszeichen geheißt hatte und sich auf dem neutralen Weg durch das Blockadegebiet befand. Er passierte in 1000 Meter Seitenabstand und wurde nicht angegriffen.
»Der hat verflixt viel Schwein gehabt«, meinte ObGefr. Hühner, der als einer der Brückenwächter aufgezogen war.
»Der war uns doch schon durch FT gemeldet«, sagte der Bootsmannsmaat der Wache.
Es war genau 21.35 Uhr, als der Funkenmaat Funksignale von U 94 aufnahm, das im Quadrat AJ 6636 einen Geleitzug meldete. Das Boot operierte auf diesen Konvoi zu. Sehr bald schon wurden Rauchfahnen über der Kimm gesichtet und darauf zugehalten. Das Fahrzeug schob sich aus dem Dunst der Nacht heraus und wurde an seinen Aufbauten als Passagierdampfer erkannt. Er lief 15 bis 17 Knoten. Die U-Boots-Zieloptik soff bei den starken, überkommenden Brechern ab. Sie mußte abgeklemmt und in die Zentrale hinuntergereicht werden, wo der Mechanikersmaat sich ihrer annahm.
Dennoch wurde die Verfolgung dieses großen Gegners fortgesetzt, denn es war sicher, daß es sich um einen Truppentransporter handelte, weil dieser Gegner auch zackte und abgeblendet fuhr. Von 1.00 Uhr bis 2.03 Uhr des 20. Mai waren sie etwas näher herangekommen, und Lüth registrierte, daß dieser Dampfer trotz Dunkelheit noch immer zackte. Bis 2.27 Uhr war das Boot in eine günstige Schußposition gelangt, und Lüth wußte, daß der Schuß nun rasch fallen mußte, wenn der große Dampfer nicht bald außer Sicht kom-

men sollte. Die UZO war wieder klar und steckte auf der Zielsäule. Jetzt hatten sie, als er gerade wieder auf sie zugezackt war, nur noch 400 Meter Distanz zu ihm.
Der I. WO stand breitbeinig hinter der UZO und visierte den Dampfer an.
»Feuer frei, Eins-WO!« sagte Lüth. Noch einige Sekunden vergingen, dann gab der I. WO den Feuerbefehl. Die beiden schußbereiten Aale dieses Zweierfächers, ein G7e und ein G7a-Torpedo, verließen um 2.30 Uhr die Rohre I und II. Mit einer Tiefeneinstellung von zwei Metern, Lage rechts 90 Grad und Fahrt des Gegners von 15 Knoten schien dieser aus einer Distanz von nur noch 400 Metern nicht zu verfehlen, denn der Dampfer hatte gut seine 10 000 BRT. Im Augenblick der Schußabgabe, als die Torpedos durch die Preßluft der Ausstoßpatronen auf den Weg gebracht mit nur wenigen Sekunden Zeitverzögerung zueinander die Rohre verließen und in die See klatschten, drehte der Dampfer um fünf Dez heran. Der zuletzt geschossene G7a ging dicht vor dem Bug dieses schnellen Gegners vorbei. Der erste Torpedo mußte demzufolge noch weiter vorn vorbeigegangen sein.
Lüth versuchte nun, auch noch die Heckrohre klarzubekommen. In sein KTB trug er dazu ein:
»Der Versuch, mit Hart Backbord und Backbordmaschine äußerste Kraft zurück mit dem Hecktorpedo zum Schuß zu kommen, gelingt nicht. Der Gegner ist zu schnell. Mit Höchstfahrt lasse ich nachstoßen. Aber wir schaffen ihn nicht mehr. Er verschwindet für immer in der Nacht und weiß nicht einmal, durch welch einen Zufall er der Vernichtung durch unsere beiden Torpedos entgangen ist. — Glücklicher Kahn!«
Nun operierte U 43 auf den von U 94 gemeldeten Geleitzug. Den ganzen Tag über wurden keine Peilzeichen von U 94 gehört, die ihnen gezeigt hätten, ob sie richtig steuerten. Erst am 21. Mai wurde um 3.15 Uhr ein weiterer FT-Spruch aufgefangen. Dieser stammte jedoch von U 93: »Geleit AJ 3261 Nordostkurs.«
Lüth befahl, den eigenen Kurs auf 340 Grad zu ändern und operierte nun auf dieses Geleit, das noch näher stand als jenes von U 94 gemeldete. Die Entfernung dazu wurde vom Obersteuermann mit 240 Seemeilen errechnet.
Als um 17.40 Uhr in rechtweisend 250 Grad Rauchfahnen über der Kimm sichtbar wurden, dessen Verursacher von seinem Generalkurs von etwa 60 Grad alle drei bis zehn Minuten zwischen 300 und 125 Grad zackte, hatte Lüth nicht übel Lust, auf diesen Gegner zu operieren. Infolge der weiten und unregelmäßigen Kursänderungen hatte ein Unterwasserangriff jedoch keine Aussicht auf Erfolg.

Eine Stunde nach Mitternacht des 22. Mai verschwand dieser Gegner plötzlich in einer Hagelböe. Den ganzen Tag über klotzte U 43 hinter dem gemeldeten Geleitzug her. Um 19.57 Uhr wurde ein FT-Spruch von U 111 aufgefangen: »Sicherung bei Geleit!«
Nun waren alle Wölfe gewarnt, daß es nicht so leicht sein würde, aus diesem Geleit ein Opfer zu reißen. Aber für U 43 bot sich offenbar keine Chance. Das Boot hatte zwar am 23. Mai noch Dreiviertel seines Brennstoffbestandes und 12 Torpedos, genug, um in einem großen Geleitkampf mit der gesamten Chargierung zweimal zum Angriff zu gelangen, aber auch am 24. Mai wurde kein Schiff gesichtet, nicht einmal eine Rauchsäule.
Ab 14.37 Uhr wurden FT-Sprüche aufgefangen, daß ein feindlicher Fühlunghalter folgende Meldung für seinen Verband tastete: »10.44 Uhr: 'Bismarck' mit 'Prinz Eugen' in AD 7638.« Um 19.40 Uhr fing der Funkmaat hinter dem Gerät von U 43 einen weiteren FT-Spruch auf, der direkt von der »Bismarck« kam: »Hood versenkt! — Schwere Kreuzer halten Fühlung. Beabsichtige, 25. Mai Hellwerden, Feind über Westboote zu ziehen. Ab 20.20 Uhr Angriff nur gegen Kriegsschiffe frei — Funkstille!«
Für Wolfgang Lüth und für die Besatzung von U 43 war es klar, daß diese große Chance genutzt werden mußte. Nun hieß es auf dem Posten sein. Der Funker wurde zu größter Wachsamkeit aufgerufen. Er fing denn auch am Morgen des 25. Mai einen FT-Spruch der »Bismarck« auf: »Gehe nach Quadrat BF 65 über BE 60. — Prinz Eugen nach BD 70. Zusammenarbeit mit U-Booten ist demnach erledigt.«
Am 26. Mai war nichts mehr zu hören, und U 43 lief mit kleiner Fahrt durch die See. Der nächste Tag und der 28. Mai sahen das Boot in seinem vorgeschriebenen Vorpostenstreifen auf- und abstehen. Erst am 29. Mai tauchte ein britischer Zerstörer in diesem Seeraum auf und zwang das Boot, mit Alarmtauchen unter Wasser zu verschwinden.
Auf Sehrohrtiefe eingesteuert, beobachtete der Kommandant den Gegner. Beim Einsteuern war der Turm herausgekommen, aber der Zerstörer hatte offenbar nichts bemerkt. Doch dann drehte er plötzlich auf das ausgefahrene Sehrohr zu.
»Auf 55 Meter gehen!« befahl Lüth. Der LI und die Gasten in der Zentrale arbeiteten sicher und geschickt, rauschend stob die See in die geöffneten Tauchtanks. Als sie aber eine Undichtigkeit des Filters der Hauptlenzpumpe melden mußten, sah die Sache kritisch aus. Aus dem undichten Filter spritzte Wasser ins Boot. Dieses rief eine halbe Minute später einen Kurzschluß hervor. Eine lange Stichflamme stieß aus der Hilfsschalttafel 3 heraus. Schlag-

artig sackte das Boot zehn Meter tiefer, ehe es vom LI abgefangen werden konnte. Es ließ sich in 65 Metern Tiefe mit 10 Grad Achterlastigkeit halten.

Nach 15 Minuten verbissener Arbeit wurde der Filter wieder klargemeldet. Mit Preßluft konnte gelenzt werden, und diese schwierige Krisenlage war wieder einmal dank der inzwischen gewonnenen Vertrautheit der Besatzung mit dem Boot gemeistert. Eines jedoch war für Lüth bedenklich, und er trug diese Bedenken auch in das KTB ein:

»Es ist bedenklich, daß ein Boot durch den Ausfall eines einzigen Filters in eine so schwierige Lage gebracht werden kann.

Verpflichtung der Werft muß es ein, diesen Zustand abzustellen.«

(Nach Rückkehr von dieser Feindfahrt trug Wolfgang Lüth dem »Großen Löwen« — wie der Befehlshaber der U-Boote genannt wurde — dieses Vorkommnis vor, und Dönitz sorgte für Abhilfe.)

Am 30. Mai marschierte das Boot zur Einnahme eines neuen Vorpostenstreifens weiter und erlebte erst am 2. Juni um 22.25 Uhr die nächste Konfrontation mit dem Gegner. Es waren Zerstörer, vor denen das Boot mit Alarmtauchen unter Wasser verschwand. Auf Sehrohrtiefe eingesteuert, beobachtete Lüth auf dem Sattelsitz des Sehrohrs sitzend und sich durch Pedaldrucke um die Zielsäule herumdrehend diesen Gegner.

Die Zerstörer liefen in rechtweisend 30 Grad und kamen in Lage 0 näher. Die Distanz betrug jedoch noch 14 000 Meter. Der Generalkurs dieser Zerstörer war 230 Grad. Es handelte sich nach den Silhouetten um US-Zerstörer des Dunlop-Typs.

Danach herrschte wieder absolute Leere, und das Einerlei des Bootsbetriebes wurde lediglich durch die angesetzten Übungen unterbrochen, die in ihrem Ergebnis schließlich auch Lüth zufriedenstellten.

Erst am 6. Juni um 16.40 Uhr meldete der II. WO, der die Wache ging, Rauchwolken in 105 Grad. Bei einem Seegang von vier mit hoher Dünung und dem mit Stärke vier aus Südwest wehenden Wind ließ Lüth wieder »draufzuhalten«, wie er dieses Heranschließen in seinem KTB bezeichnete. Um 17.00 Uhr kam der Dampfer in Sicht. Er wurde ausgedampft. Das Boot setzte sich vor. Zwei Stunden später hatte es den zum Unterwasserangriff notwendigen Vorlauf erreicht. Lüth konnte zum Angriff tauchen lassen. In Sehrohrtiefe weiterlaufend, schob sich U 43 näher und näher an diesen Gegner heran.

»Auf Gefechtsstationen!« wurde befohlen. Dann erfolgten die Befehle für die Torpedomixer. Zwei Rohre wurden bewässert, kurz darauf die Mündungsklappen aufgedreht. Damit lagen die beiden

Aale schußbereit. Lüth ließ den Dampfer, den er auf 4500 bis 5000 Tonnen schätzte, noch weiter in die Zieloptik einwandern. Die Schußwerte waren eingegeben, und der Zielgeber meldete bereits Hartlage. Der Dampfer war nach Lüths Schätzungen mindestens 120 Meter lang.
Um 20.23 Uhr fiel der Zweierfächer. Im Bugraum hatte der Torpedomaat noch zusätzlich zur elektrischen Abfeuerung auf die Handabzugstasten geschlagen, für den Fall, daß die Elektrik ausfiel. Beide Torpedos liefen. Nach 54 und 62 Sekunden gingen die beiden als Treffer im Vor- und Achterschiff dieses Dampfers hoch. Es waren nur leise Detonationen, aber die Wirkung war verblüffend, denn bereits 120 Sekunden danach sank der Dampfer über den Vordersteven. Trotz dieser kurzen Zeit war es der Besatzung gelungen, zwei Boot zu Wasser zu lassen, in denen Lüth jeweils sechs bis acht Sailors erkennen konnte.
Es war der niederländische 4802 BRT große Dampfer »Yselhaven«, der auf 49.25 Grad Nord und 40.45 Grad West auf Tiefe ging.
Am nächsten Tag, die beiden leergeschossenen Rohre waren längst nachgeladen, kam ein weiterer Dampfer in Sicht. Abermals tauchte U 43 in guter vorlicher Position zum Angriff. Lüth ließ sehr nahe herangehen und stellte plötzlich fest, daß er einen Finnen vor den Rohren hatte. Seine Anfrage an das Funkschapp bestätigte, daß es sich um die 1900 BRT große »Solbritt« handelte, die als Neutraler gemeldet war. Der Angriff wurde abgebrochen, und auch dieser Finne konnte weiterlaufen, ohne zu wissen, wie nahe er seinem Untergang gewesen war.
Am Nachmittag des folgenden Tages wurde in 300 Grad Bootspeilung ein Rettungsboot mit gesetztem Segel gesichtet. Da es auf Westkurs lief, mußte das Boot auch davor tauchen, um nicht gesehen zu werden. Unter Wasser lief U 43 ab.
Am 10. Juni erhielt U 43 von der Operationsabteilung ein neues Angriffsziel in den Planquadraten BD 47-48-49 zugewiesen, auf die es in den nächsten Tagen zusteuerte, bis am 13. Juni um 10.55 Uhr der FT mit der Nr. 189 einging, der Gegenorder gab: »U 43 Quadrat BD 39 ansteuern!«
»So jagten wir dann wie ein fliegender Bettsack durch die See, wurden hierhin und dorthin gescheucht, um kurz vor Erreichen dieser Ziele zu erfahren, daß sie sich in Schall und Rauch aufgelöst hatten, daß aber neue Ziele in Sicht gekommen seien, die wir nun packen sollten. Mit Elan preschten wir auch in dieses neue Operationsziel hinein, denn dort war bei unserer Ankunft in diesem Gebiet ein Geleitzug zu vermuten, der am Morgen dieses Tages um 6.00 Uhr im Quadrat CF 4562 mit Kurs 320 und 9 Knoten Fahrt ge-

sichtet und gemeldet worden war.« Als Generalkurs dieses Geleitzuges ermittelte der BdU etwa 350 Grad, nachdem U 111 ihn um 10.50 Uhr erneut gemeldet hatte.
Um 21.20 Uhr des 15. Juni stand U 43 schließlich vor der angenommenen Kurslinie des Geleitzuges. Aber es sollten noch 24 Stunden vergehen, ehe am 16. Juni um 21.24 Uhr in 200 Grad Bootspeilung ein Fahrzeug in Sicht kam. Um 21.35 Uhr wurde getaucht und wenig später das Fahrzeug als Zerstörer angesprochen. Nach weiteren Rundblicken stellte Lüth dann um 22.40 Uhr fest, daß der angenommene Zerstörer sich als ein etwa 4000 BRT großes Motorschiff entpuppte, dessen Länge er mit 120 bis 130 Metern ansprach.
»Boot greift diesen Dampfer an! — Auf Gefechtsstationen!« Wieder lief das Ritual ab, mit dem die Besatzung auf diesen Befehl reagierte. Die Stationen meldeten klar. Um 23.30 Uhr wurde der Hecktorpedo auf dieses Schiff geschossen, aber dieser Gegner zackte plötzlich aus Lage 90 auf 150 Grad weg, und damit war der Heckaal umsonst geschossen worden.
Zwanzig Minuten nach Mitternacht des 17. Juni tauchte U 43 auf und klotzte hinter diesem Gegner her. Das Boot setzte sich zum Angriff vor. Längst war die UZO auf den Turm hinaufgereicht. Alles war zum Schuß bereit. 3.15 Uhr erfolgte der Feuerbefehl zum Doppelschuß aus den beiden Heckrohren. Wieder liefen ein G7e und ein G7a-Torpedo zum Gegner hinüber, für welchen die Schußwerte mit einer Entfernung von 900 Metern und die Lage mit 60 Grad bei 7 Knoten Gegnerfahrt ermittelt worden waren. Die Aale wurden mit fester Lage geschossen.
Nach 57 und 67 Sekunden stiegen die Torpedofontänen am Gegner empor. Eine hohe schwarze Sprengwolke breitete sich blitzartig über dem ganzen Schiff aus. Dazwischen zuckte heller Feuerschein mehrerer Explosionen, und dann rollten die Donnerschläge dieser Detonationen durch den frühen Morgen. Mit ohrenbetäubendem Geschmetter, Flammen und immer wieder neuen Eruptionen von elementarer Gewalt wurde das Schiff in Stücke gerissen und war wenige Sekunden nach diesen beiden Treffern von der Wasseroberfläche verschwunden.

Die Männer auf dem Turm sahen sprachlos diesem Inferno zu. Sie spürten den dicken Pulverdunst auf der Zunge. Der Dampfer mußte bis unter die Lukendeckel mit Sprengstoff vollgeladen gewesen sein.
Kptlt. Lüth ließ näher an die Untergangsstelle heranfahren. »Erstaunlicherweise wurden doch noch einige Lebende gesehen, die sich an Wrackteilen anklammerten. Wir setzten uns nach Südwe-

sten ab. Die in der Nähe laufenden Zerstörer mußten diese Detonationen ebenfalls gehört haben und würden zur Hilfeleistung heranlaufen.«
Bei dem versenkten Gegner handelte es sich um das schnelle britische Motorschiff »Catrine« mit 2.727 BRT, das auf 49.30 Grad Nord und 16.00 Grad West sank.
Um 10.00 Uhr dieses Tages wurde ein Rettungsfloß mit etwa 15 Mann gesichtet. Aber dies konnte nicht von der »Catrine« sein, weil es sich zu weit südlich der Untergangsstelle befand.
Die nächsten Tage verliefen ereignislos, wenn man von einigen vorsorglich durchgeführten Tauchmanövern absehen will.
Am 20. Juni kam U 204 in Sicht. U 43 ging bis auf Signalweite heran. Als sich herausstellte, daß das Kameradenboot noch sehr gut versorgt war, konnte der Schmutt von U 43 Kartoffeln und Brot von U 204 abstauben, was von der Besatzung dankend angenommen wurde. Auf Westkurs verließ Lüth mit seinem Boot das Angriffsgebiet.
Am Abend des folgenden Tages um 20.00 Uhr ging ein FT-Spruch des BdU ein, nach welchem alle im fraglichen Seeraum stehenden Boote, die sich in den letzten 24 Stunden nicht gemeldet hatten, Lage und Gesamterfolg durchzutasten hatten. Um 1.48 Uhr des 22. Juni ließ auch Lüth einen FT-Spruch absetzen:
»Von U 43, Nr. 121: an BdU: Drei Schiffe, 10.000 BRT, sonst kein Verkehr.«

Lüth hatte den mit der Artillerie versenkten Raaschooner von 800 BRT mitgezählt, weil dieser wirklich »weg« war. »Rückmarsch etwa 25. Juni Quadrat BD 6277 — U 43« lautete der Schluß dieses Funkspruches.
Am 26. Juni um 22.00 Uhr trat U 43 mit geringer Fahrtstufe den Rückmarsch an. Alles schien komplikationslos zu laufen, bis zu jenem 29. Juni, an dem ein FT des BdU einging, wonach die rückmarschierenden Boote sofort ihren Standort zu melden hätten. Um 19.26 Uhr meldete der Funkenpuster von U 43: »Stehe 36 Stunden vor Einlaufen.« Damit war das Boot nicht mehr für einen neuen Ansatz verwendbar. Am 1. Juli lief U 43 hinter einem Geleit um 8.00 Uhr in Punkt L 2 ein und machte um 10.00 Uhr in Lorient fest. Damit war eine lange Feindfahrt zu Ende gegangen.
Vom 1. bis zum 31. Juli lag U 43 in Lorient und wurde im Reparaturdock auf Herz und Nieren untersucht und in Schuß gebracht. Dann war es wieder so weit. Das Boot war einsatzbereit und die Besatzungen aus dem Urlaub zurück. Die nächste Feindfahrt konnte beginnen.

Die vierte Feindfahrt — Fehlschüsse im Nordatlantik

U 43 legte am 2. August 1941 um 14.00 Uhr von der Isère ab und marschierte hinter dem Geleit her in die offene See. Nachdem das Geleit um 15.40 Uhr entlassen war, setzte U 43 die Fahrt allein fort. Wegen der starken Fliegeraktivität durchlief das Boot am nächsten Tage die Biskaya getaucht. Am 4. August befand es sich bereits im Quadrat BF 44 und 45. Es mußte vielen Fischerbooten ausweichen, um unerkannt in den Nordatlantik in das neue Operationsgebiet zu gelangen.

Als am 6. August Fahrzeuge von etwa 800 BRT gesichtet wurden, ließ Lüth auf Sehrohrtiefe hinuntergehen und nach Erreichen einer günstigen Angriffsposition um 11.37 Uhr den ersten Torpedo darauf schießen. Dieser verfehlte das Schiff, und durch das lichtschwache Angriffssehrohr erkannte Lüth plötzlich zwei irische Wimpel. Er änderte seine urspüngliche Absicht, das Schiff jetzt mit der Bordkanone zu versenken, und ließ es laufen.

Am 8. August lief U 43 auf Suchschlag gegen einen Geleitzug. Dieser Konvoi war am selben Tage um 16.52 Uhr und 18.29 Uhr durch Funksprüche gemeldet worden. Die Operationsabteilung hatte aufgrund der Meldung errechnet, daß er am 7. August gegen 20.00 Uhr in das Planquadrat AL 9212 laufen werde; auf Südkurs und mit 6 Knoten Fahrt. Mit einer Reihe anderer Boote operierte U 43 auf diesen Konvoi zu. Es waren U 71, U 96, U 751, U 83, U 75, U 46, U 205, U 559, U 204 und U 372, die dem HG 68 hinterherjagten. Keines der genannten Boote kam heran.

Vom 9. bis 10. August operierte U 43 auch auf seinem Suchstreifen nach diesem Geleitzug. Diesmal schien alles zu stimmen, denn eine so große Zahl an Booten war selten beisammen. Aber bis zum Abend des 11. August wurden weder Schiffe noch andere Rauchsäulen entdeckt. Als am 12. August der Funkbefehl einlief, daß jede Schußgelegenheit ausgenutzt werden müsse, und wenn nötig sogar Viererfächer aus größerer und größter Entfernung geschossen werden sollten, um zu einem Versenkungserfolg zu gelangen, da lächelte der übermüdete Kommandant von U 43 nur bitter. Auf

Der Bug der „Aylmer“ durch
Ramming mit einem U-Boot
„verbogen“.

Die „Viscount“ kam auch nicht
ohne Beschädigungen davon.

U 100, von erfolgreicher Feind-
fahrt zurück, läuft in Lorient ein.

Am ausgefahrenen Sehrohrmast
sieben Versenkungswimpel.

Auch U 47 läuft am 25.9.1940 in Lorient ein.

was sollten sie schießen? Auf die langen Roller, die gegen das Boot anbrandeten?

Auch der 13. August verlief ohne jede Sichtung, und erst am Abend des 14. August wurde Wolfgang Lüth um 19.30 Uhr auf den Turm gerufen. Sein erster Blick in die vom I. WO angegebene Richtung zeigte ihm eine Reihe von Schiffen. In etwa 8000 Metern liefen sie mit sehr schneller Fahrt am Boot vorbei, die Lage wechselte zwischen 60 und 80 Grad. Der Kurs der Schiffe lag auf 210 Grad. Von vorn nach rückwärts waren durch den Kieker zu erkennen: Ein Schlachtschiff des Typs »Mississippi«, ein Schwerer Kreuzer und vier 10 000 bis 15 000-Tonnen-Dampfer modernster Bauart. Dahinter liefen noch ein großer Tanker und ein Dampfer des »President Liner«-Typs.
Auf beiden Flanken dieses stark gesicherten Geleitzuges liefen jeweils ein Zerstörer, wie Lüth erkennen konnte. Sie jagten mit großer Fahrt wie Schäferhunde an einer Herde an dem weit auseinandergezogenen Schiffspulk auf und ab, und ihre hohen Bugseen zeigten, daß sie mit AK liefen. Die Kriegsschiffe waren zweifelsfrei als US-Einheiten erkannt, und die Schiffe schienen ebenfalls amerikanische zu sein. Da sich der gesamte Geleitzug außerhalb des Blockadegebietes bewegte, durfte er laut Operationsbefehl Nr. 46 und einer Ergänzung dazu nebst deren Berichtigung vom 10. August 1941 nicht angegriffen werden.
Das Boot verließ die Wasseroberfläche, um nicht gesehen und dem Gegner gemeldet zu werden, denn wenn die USA auch noch neutral waren, so hatten das Verhalten amerikanischer Kriegsschiffe und nicht zuletzt die politischen Handlungen der USA gezeigt, daß man voll auf Seiten der Engländer stand, denen man bereits Kriegsschiffe und Stützpunkte überlassen hatte.
Nach der Sichtung von Schiffsschatten tauchte U 43 am anderen Morgen um 8.00 Uhr und lief im Unterwassermarsch auf dieses in Sicht gekommene Fahrzeug zu. Es handelte sich um einen Dreimastsegler von etwa 500 BRT. Da Lüth diesen nicht einwandfrei als Engländer erkannte, ließ er ihn laufen. Dies schien zunächst die letzte Sichtung gewesen zu sein, und in das ewige Einerlei des Tauchens, Auftauchens und »In-die-Frequenz-Hineinhorchens«, ob nicht doch irgend ein Kameradenboot inzwischen einen Geleitzug gesichtet hatte und Peilzeichen gab, fiel ein Ereignis, das die Mannschaft aus ihrer Lethargie aufweckte. Am 18. August um 8.00 Uhr kam U 568 unter Kptlt. Preuss in Sicht. Nach dem Es-Austausch liefen beide Boote aufeinander zu. Dicht nebeneinander liegend rief der Kommandant von U 568, das zusammen mit U 43 und

einer Reihe weiterer Boote in einer lockeren Aufstellung südwestlich von Island stand, zu U 43 hinüber, daß sie einen Verletzten an Bord hätten und fragte nach einem Arzt.
»Das ist etwas für Sie, Grosspietsch«, wandte sich Lüth an II. WO des Bootes, Lt.z.S.d.Res. Dr. Grosspietsch. Zum Kameraden gewandt rief er zurück:
»Wir haben eine Himmelsabwehrkanone an Bord. Er wird im Schlauchboot rüberkommen!«

Das Schlauchboot wurde zu Wasser gelassen, und mit seiner Arzttasche, ohne die Lt. Dr. Grosspietsch nie zu sehen war, wurde er zu U 568 hinübergepullt. Er fand dort einen Fähnrich vor, der sich bei einer Arbeit im Bugraum zwei Finger abgequetscht hatte. Es sah böse aus, wenn er nicht sofort behandelt wurde.
Dr. Grosspietsch ging an die Arbeit, und eine Stunde später kehrte er in dem Schlauchboot wieder auf U 43 zurück. Er meldete seinem Kommandanten, und Lüth war froh, daß er hatte helfen können. In sein KTB schrieb er über dieses Manöver:
»Das Schlauchboot bewährte sich gut beim Inwasserlassen ebenso wie beim Anbordholen.«
Fast alle übrigen in diesem Sektor eingesetzten Boote waren ebenso erfolglos geblieben wie U 43. Lediglich U 206 unter Oblt.z.S. Opitz hatte einen Fischdampfer versenkt, während U 568 unter Preuss die Korvette »Picotee« vernichten konnte, die das Boot auf die Hörner nehmen wollte. Am 18.8. gelang es U 38 unter KKpt. Schuch, einen Dampfer von 1700 BRT zu vernichten. Das auslaufende U 452, das sich diesem U-Bootsrudel zugesellen sollte, wurde am 25. August durch ein Catalina-Flugboot der RAF-Staffel 209 und den Trawler »Vascama« bekämpft und sank.
Doch zurück zu U 43, das nach dieser Hilfeleistung um 16.00 Uhr U 568 aus der Sicht verlor und seinen Marsch fortsetzte. Am nächsten Abend um 23.24 Uhr kam U 568 noch einmal in Sicht, um gegen 24.00 Uhr endgültig zu verschwinden.
Die nächsten 24 Stunden verliefen ereignislos, und erst am 21. August um 16.00 Uhr richtete ein Funkspruch des BdU alle Bootsbesatzungen wieder auf, denn der »Große Löwe« befahl ihnen, ab 18.00 Uhr mit Kurs 70 Grad den Angriffsraum zu verlassen und auf einen gesichteten Geleitzug zuzulaufen.
Am 13. August um 15.16 Uhr erfolgte ein weiterer FT-Spruch, der den Booten neben U 43 und auch diesem einen neuen Einsatzraum zuwies. Um 17.30 Uhr kam U 206 in Sicht, und U 43 lief bis auf Rufweite heran. Oblt.z.S. Opitz tauschte seine Erkenntnisse über dieses Seegebiet mit Lüth aus, und es waren ziemlich starke

Worte,die die Brückenwachen der beiden Boote aus den Mündern ihrer Kommandanten erfuhren.
Das neue Planquadrat AL 3435, das von U 43 in einer Tiefe von 50 Seemeilen durchforscht werden sollte, war ebenfalls leer von Schiffen. Am 24. August um 13.22 Uhr mußte U 43 vor erkannten Flugzeugen im Nordwesten mit kleiner Fahrt ausweichen. Als am nächsten Tage weitere Flugzeuge im Nordosten des Gesichtskreises auftauchten, ging U 43 um 21.10 Uhr auf Tiefe und kehrte um 22.00 Uhr wieder an die Wasseroberfläche zurück. Am nächsten Tag wurde der neue Angriffsraum erreicht. Vor Flugzeugen im Süden und Westen wurde ausgewichen, und erst als um 12.30 Uhr weitere Flugzeuge auch im Norden sichtbar wurden, die Kurs West flogen, ließ Lüth das Boot wieder unter Wasser verholen.

Nach dem Auftauchen um 13.16 Uhr hatte es drei Minuten Ausruhezeit. Die Frischluftumwälzer wirbelten den Mief aus dem Boot und preßten frische Seeluft in die Stahlröhre hinein. Aber vier Minuten später kamen weitere Flugzeuge in Sicht. Lüth beschloß, oben zu bleiben und nach Osten auszuweichen, was auch gelang.
Ganz überraschend tauchte dann nach diesen harmlosen Begegnungen um 16.10 Uhr ein Flugzeug aus den niedrig hängenden Wolken auf. Da es zu spät in Sicht gekommen war, gelang es Lüth trotz sofortigen Alarmtauchens nicht, das Boot tief genug unter Wasser zu bringen. Als 20 Meter im Tiefenmesser durchgingen, detonierten zwei Bomben im Kielwasser, die nur deshalb von geringer Wirkung waren, weil der Bombenschütze zu weit achtern geworfen hatte. Anderenfalls hätte dies für U 43 schlimm ausgehen können.
Der FT-Spruch des BdU von 15.55 Uhr, der sie um 18.50 Uhr erreichte, brachte hoffnungsvolle Nachricht: »U 141 meldet Geleitzug in Quadrat AM 4769, Kurs 270 Grad, Geschwindigkeit 7 Knoten.«
Mit dem Obersteuermann erkoppelte Lüth den Standort des Geleites und seine von dem genannten Zeitpunkt an zurückgelegte Strecke und kam zu der Überzeugung, daß dieser Konvoi etwa 300 Seemeilen südlich vom Boot marschierte.
»Wir müssen jetzt mit südwestlichem Kurs und AK beider Diesel darauf zumarschieren«, meinte Lüth und gab die notwendigen Befehle dazu. Um 20.00 Uhr ließ er folgenden FT-Spruch an den BdU tasten: »U 43: Kurs 190 Grad, Marschfahrt«. Dementsprechend war auch kehrtgemacht worden. Als um 24.00 Uhr die Kühlwasser-Saugleitung brach, mußte diese bei hellem Nordlicht, welches das Boot sich klar auf der See abzeichnen ließ, hartgelötet werden. Zwei Schläuche galt es an den Brückenanschlüssen einzuschrau-

ben. Ein Mann stand an Deck zum Anstellen der Sauerstoff- und Azetylenflaschen. In dieser Situation, als das Boot tauchunklar war, tauchte ein Flugzeug nur etwa 100 Meter hoch fliegend etwa 100 Meter neben U 43 auf. Es flog auf Gegenkurs.
»Beide kleine Fahrt!« befahl Lüth, um keine zu hohe Bugsee und zu starkes Heckwasser aufzuwirbeln, das bei dieser sichtigen Nacht unbedingt bemerkt werden würde. Die Fla-Maschinenwaffen waren besetzt. Aber das Flugzeug bombte das Boot nicht, sondern setzte, als es in einiger Entfernung von U 43 achteraus flog, eine Leuchtbombe am Fallschirm.
Da der Schein dieser Bombe das Boot auch noch erreichte, mußte es mit Alarmtauchen hinunter, denn es war allen Brückenwächtern klar, daß das Flugzeug sie gesehen hatte und die Leuchtbombe ihnen galt, nur, daß sie etwas verspätet geworfen wurde.
»Schläuche ab und rein ins Boot!« rief Lüth dem Mann an Deck zu. Da dieser die Schläuche nicht so rasch abgeschraubt bekam, riß er sie, nachdem die beiden Flaschen zugeschraubt waren, einfach ab.
Um 0.04 Uhr war die Leuchtbombe gefallen, und trotz der Bergungsarbeit der beiden Flaschen und des Einsteigens des Mannes ins Boot war U 43 um 0.06 Uhr unter Wasser verschwunden. Das Flugzeug war noch nicht zurückgekommen.
»Das war eine scharfe Rasur«, meinte der Zentralemaat, und der LI nickte nur dazu. Es fielen keine Bomben, und als der II. WO den Kommandanten fragte, warum das Flugzeug nicht geworfen habe, meinte Lüth nachdenklich:

»Die Leuchtbombe fiel zwischen Flugzeug und Boot. Durch diesen starken Schein war es der Flugzeugbesatzung überhaupt nicht möglich, das Boot zu sehen. Die suchen garantiert etwas anderes. — Aber sicher ist man ja nie!«
Um 0.50 Uhr gab Lüth den Befehl zum Auftauchen. Vom Flugzeug war nichts mehr zu sehen. Die Leuchtbombe war inzwischen in die See gefallen und erloschen. Um 3.15 Uhr dieses 27. August ging ein neuer FT-Spruch des BdU ein: »Kein Südmarsch! Geleit am 26. August um 17.00 Uhr in AE 7590-60 Kurs Nordost bis Südost.«
Nach genauer Berechnung wurde der neue Kurs gelegt und auf diesen Konvoi zuoperiert, der nach der Annahme der Operationsabteilung mit 8 Knoten Fahrt und Kurs 140 Grad lief. Dies bedeutete, daß das Boot in seinen alten Angriffsraum zurückmarschierte und alle vorher unternommenen Bemühungen vergebens gewesen waren.
Galt die starke Luftaufklärung des Gegners in den letzten Tagen

vielleicht gar diesem Geleitzug?, fragte sich Lüth. Um 22.20 Uhr ging ein um 21.38 Uhr aufgesetzter FT-Spruch des BdU ein: »Falls bis Dunkelwerden keine Feindberührung, nach Südwesten absetzen.«

Die B-Meldung des 27. August hatte den Konvoi HX 145 erfaßt, und nun operierten wieder zwölf Boote darauf zu. Nach der Rechnung von Kptlt. Lüth konnte U 43 den Geleitzug erst am folgenden Tage in seinem Quadrat erwarten. Um 24.00 Uhr ging das Boot auf Südwestkurs.

Zweieinviertel Stunden nach Mitternacht des 28. August fing der Funkenpuster des Bootes einen FT-Spruch von U 206 auf. Das Boot hatte zwei Offiziere und vier Unteroffiziere eines britischen Landflugzeugs, die in einem Schlauchboot in der See schwammen, aufgefischt. Der Funker dieses Bootes schickte die Warnung an alle anderen Boote hinaus: »Vorsicht, im Gebiet starke Luftsuche, sehr tief fliegend!«

»Das ist die Erklärung des so tief angeflogenen und Leuchtbomben werfenden Flugzeuges«, sagte Lüth, der sich bereits seine Gedanken über diesen seltsamen Gegner gemacht hatte. »Die Maschine hatte die Schiffbrüchigen gesucht, die möglicherweise Notruf getastet haben. Diese Leuchtbombe galt tatsächlich nicht uns!»

Am Nachmittag dieses 28. August um 14.32 Uhr ging ein weiterer Funkspruch ein, der für die U-Boot-Gruppe »Markgraf«, welcher auch U 43 angehörte, neue Angriffsräume vorsah. Für U 43 war dies das Quadrat AL 1282, in dem es in einer Tiefe von 50 Seemeilen operieren sollte. Den ganzen folgenden Tag knüppelte das Boot durch die See und erreichte am 30. August diesen neuen Angriffsraum. Folgende Boote bildeten hier die neu zusammengestellte Gruppe. Es waren U 38, U 43, U 81, U 82, U 84, U 85, U 105, U 202, U 207, U 432, U 433, U 501, U 596 und U 652.

Als ein deutsches U-Boot im Südwesten in den Sichtbereich kam und auf Parallelkurs lief, wich Lüth mit seinem Boot in die Dunkelheit aus und vermied damit einen ES-Austausch, der den Gegner gewarnt und ihre Position verraten hätte.

Am 31. August suchte das Boot nach Schiffen des Geleitzuges und wurde um 19.25 Uhr von einem Flugzeug unter Wasser gedrückt. Der 1. und 2. September vergingen ebenso ereignislos. Erst am 3. September kam 13.20 Uhr U 81 in Sicht. Beide Boote liefen bis auf Rufweite aufeinander zu. Ein Besteckvergleich brachte die genauen Standorte, und nach kurzem Gruß setzten die Boote ihren Marsch selbständig fort.

U 43 lief nach Süden. Es mußte um 16.30 Uhr wegen eines Flugzeuges tauchen und kehrte eine Stunde später an die Wasseroberflä-

che zurück. Der Mann im Horchraum hatte nicht ein Schraubengeräusch gehorcht.
Um 10.00 Uhr des 4. September erhielten alle Boote der Gruppe »Markgraf« den Befehl, ihre Angriffsräume 150 Seemeilen weiter nach Westen zu verlegen.
48 Stunden lang klotzte das Boot durch die See, ehe am 6. September um 4.00 Uhr ein weiterer FT-Spruch neue Angriffsräume zuwies. U 43 wurde als drittes Boot genannt und mußte demzufolge in die Quadrate AK 33 bis 36 laufen. Dichter Nebel zwang das Boot, an diesem Tage mehrfach zu tauchen.
Der Funkspruch der Operationsabteilung vom 7. September um 16.27 Uhr hob die Begrenzung der Angriffsräume für alle Boote auf. Offenbar hatte man auch dort erkannt, daß ein Hin- und Herjagen von einer möglichen Angriffschance zur anderen nicht nur nichts brachte, sondern auch die Treibstoffvorräte der Boote umsonst strapazierte. Auf Nordwestkurs laufend mußte U 43 auch am späten Abend des 7. September auf Tauchstation gehen, und der folgende Tag war nicht minder trostlos. Nebel, Regen und demzufolge sehr schlechte Sicht ließen Lüth immer öfter im Unterwassermarsch weiterfahren. Das Funksignal von U 85, um 18.00 Uhr des 9. September aufgefangen, ließ einen Geleitzug in AD 9262 erkennen. Wenig später erhielten die Boote den Funkspruch des BdU, daß der Konvoi nunmehr in AD 9252 stehe und mit 7 Knoten Fahrt auf Nordkurs laufe.
Dieses Geleit stand nach den sofort angestellten Berechnungen Lüths mit dem Obersteuermann 340 Seemeilen westnordwestlich. In das KTB trug Wolfgang Lüth ein: »Da während der Verfolgung auf nördlichem Kurs operiert werden muß, wird der Rückmarsch des Bootes nach Erreichen des Geleitzuges 1800 Seemeilen lang sein. Dazu sind 400 Kubikmeter Treiböl notwendig. Beim Treffen mit dem Geleitzug hat das Boot danach nach genauen Berechnungen vier bis fünf Kubikmeter Treibstoff zum Jagen übrig. Notfalls muß also der Rückmarsch nach Bergen angetreten werden. Da das Boot aber größere Werfthilfe benötigt, sollte ich, wenn irgend möglich, nach Lorient zurück.«

Diese Überlegungen mußten angestellt werden, um die Fahrbereitschaft des Bootes zu sichern. Ein blindes Drauflosfahren war hier nicht gefragt, sondern nüchterne und genaue Berechnungen, was zu machen war und was nicht.
Mit mittlerer Fahrt der beiden Dieselmotoren lief U 43 mit Kurs 330 Grad auf den Konvoi zu. Wegen des starken Seegangs von 5 bis 7

machte das Boot trotz der Umdrehungen für 12 Knoten nur noch 7,5 Knoten Fahrt.
Nach einer Meldung von U 432, die am 10. September um 13.50 Uhr aufgefangen wurde, erkannte Lüth, daß sein Boot nach dem nun gemeldeten Standort und Kurs dieses Geleitzuges nicht mehr herankommen konnte. Er notierte in das KTB: »Nach allen bisherigen Meldungen hat der Konvoi eine Vormarschgeschwindigkeit von 5 Knoten in der Stunde. Er läuft auf dem Generalkurs 20 Grad. Das ist ungünstig. Wenn ich mit hoher Fahrt marschieren muß, komme ich o h n e Brennstoff beim Geleitzug an.«
Ein weiterer Funkspruch, der um 17.20 Uhr einging, zeigte dem Kommandanten von U 43, daß der Geleitzug inzwischen eine Kursänderung nach Osten vorgenommen hatte. Nun bestanden doch wieder Chancen, ihn noch zu erreichen. Dazu Lüth: »Morgen Mittag kann ich ihn gut erreichen, wenn er etwa 60 Grad oder östlicher steuert.«
Die neue Positionsmeldung von U 432 am Vormittag des 11. September wies den Geleitzug im Quadrat 7121 stehend aus. Damit mußte er seit der am Vortage erfolgten letzten Meldung etwa 45 Grad gesteuert haben und mit 6,5 Knoten gelaufen sein. Offenbar hatte er in der Nacht weniger starke Zacks eingelegt.
»Er steht noch 72 Seemeilen entfernt in 300 Grad vor uns!« notierte Lüth. »Wir stoßen darauf zu!«
Um 15.14 Uhr kamen in 290 Grad Rauchwolken in Sicht. U 43 drehte auf Kollisionskurs darauf zu. Sollten sie nach den langen Wochen des ergebnislosen Dahinfahrens hier doch ihre Chance bekommen? Lüth wünschte es sich, und jeder Mann im Boot war der gleichen Meinung, daß sie alles versuchen müßten.
Etwa 10 weitere Rauchwolken wurden wenig später gesichtet. Lüth, der das Kommando übernommen hatte, ließ auf Ostkurs gehen und hielt damit am Konvoi Fühlung. Um 15.43 Uhr preschte eine Korvette in Lage Null auf das Boot zu. Da dieses Schiff weiß gestrichen war, konnte es erst auf 8000-10 000 Metern Distanz entdeckt werden. Mit Alarmtauchen ging es auf 20, dann auf 30 Meter Tiefe, und mit AK beider E-Maschinen lief U 43 auf Ostkurs weiter. Nach dem Auftauchen um 18.10 Uhr wurden die Rauchwolken des Geleites in 10 Grad gesichtet. »Es kann gelingen«, vertraute Lüth seinem KTB an, »schon zu Beginn der Dunkelheit zum Schuß zu kommen und in der Nacht nach dem Aufladen noch einmal heranzuschließen und zu schießen.«

Die um 18.50 Uhr aufgefangenen zwei Standortmeldungen von U

432 zeigten, daß der Geleitzug nur noch vier Seemeilen vor dem eigenen Standort war.
Von einem über dem Geleitzug in weiten Kreisen Sicherung fliegenden Sunderland-Flugboot mußte U 43 um 20.01 Uhr in den Keller. Nach dem Wiederauftauchen kam dieses Flugboot noch einmal in Sicht. Diesmal zeigte Lüth diesem Gegner nur die schmale Silhouette und blieb oben.
Es war 21.15 Uhr, als mit Bug rechts, Lage 15 und in einem Abstand von 7000 Metern drei Zerstörer und ein Kreuzer in Sicht kamen. Diese liefen auf Südkurs. Der Kreuzer fuhr in Staffel zum letzten Zerstörer. Der Abstand des vorderen Zerstörers zu ihm betrug 2000 Meter. Zunächst nur leicht zackend, drehte der Kreuzer plötzlich scharf nach Osten weg. Die zwei Zerstörer, die ihm nicht folgten, waren durch das Sehrohr noch bis 23.15 Uhr zu sehen.
Nach der ersten Sichtung um 20.40 Uhr, als die Zerstörer in Richtung zum Boot morsten, ließ Lüth tauchen und auf Sehrohrtiefe weiterfahren. Von nun an hatte er diese vier Kriegsschiffe ununterbrochen unter Beobachtung.
Nach Südosten ablaufend, kehrte U 43 um 23.41 Uhr wieder an die Wasseroberfläche zurück und operierte bei guter Sicht direkt auf den Geleitzug zu. Um 2.55 Uhr des 12. September stand U 43 280 Seemeilen westlich von Reykjavik. Ein Zerstörer der Geleitsicherung kam in 60 Grad in Sicht. Dennoch lief U 43 unbeirrbar auf den Geleitzug zu. Das Vorsetzen gelang nur zum Teil, weil auch voraus zwei Zerstörer mit wechselnden Kursen liefen und gewissermaßen als Feger fungierten, um die See in Richtung des Geleitzugkurses von U-Booten freizuhalten. Die beiden Zerstörer waren weit nach Steuerbord herausgesetzt.

Das Boot operierte nunmehr auf die Sicherungslücke in der Mitte des Geleitzuges zu. »Heute Nacht«, vertraute Wolfgang Lüth seinem KTB an, »müssen die Schüsse fallen, weil der Brennstoff ein weiteres Jagen nicht mehr erlaubt. Deshalb muß auch von der ungünstigsten Mondluv-Seite herangegangen werden, weil ein Herumholen auf die Nordseite des Konvois vor der Morgendämmerung nicht mehr zu schaffen ist.« Der Kommandant von U 43 setzte die Schilderung dieser Minuten und Stunden mit folgenden Worten fort:
»Um 4.00 Uhr sind die Schiffsschatten auf 6000-8000 Meter herangekommen und ohne Fernglas zu erkennen. In der Nähe des Mondes bricht die Wolkendecke auf. Nun muß trotz großer Entfernung zum Schuß rangedreht werden, weil das Boot im Mondschein von den achtern laufenden Bewachern gesehen werden kann. Schade,

daß — aus diesen Gründen nicht hohe Fahrt gelaufen werden kann.
0.45 Uhr: Erster Doppelschuß auf einen 6000-Tonner geschossen. Zweiter Doppelschuß gilt einem dahinter fahrenden 5000-Tonner.

Weiter nach Backbord gedreht und aus den Heckrohren im Winkel von 166 Grad einen letzten Doppelschuß auf einen dritten, hinter dem zweiten laufenden 5000-Tonner geschossen. Entfernung 3500 Meter. Lage 110 Grad. Fahrt des Gegners 6 Knoten, Tiefeneinstellung 2 Meter, Abkommpunkte Bug und Heck der drei angegriffenen Fahrzeuge.
Sechs Torpedos laufen. Die Schüsse 2, 3, 5 und 6 sind gleich nach dem Verlassen der Rohre Oberflächenläufer. Ich lasse weiter auf Südkurs drehen und setze mich zum Nachladen der Rohre ab. Nach 4 Minuten und 30 Sekunden, das entspricht einer Distanz von 3900 Metern Laufstrecke nach dem ersten Schuß, wird im Boot eine Detonation gehört. Sonst wurde kein Erfolg beobachtet. Ich lasse auf Ostkurs gehen, um wieder nach vorn zu kommen.«
Diese sachlichen Meldungen verraten nichts von der großen Enttäuschung, welche die gesamte Besatzung ergriffen hatte, als alle sechs Torpedos, aus ziemlich günstiger Positionen geschossen, nichts erbrachten.

Im Burgraum schufteten die Männer beim Nachladen der Rohre. Es galt, binnen kürzester Zeit wieder einsatzbereit zu sein, um noch einmal herangehen zu können.
Um 6.00 Uhr hatten die Torpedomixer alle sechs Rohre nachgeladen gemeldet.
»Bei Nacht komme ich nicht mehr heran, denn im Osten wird es bereits hell«, lautete die Eintragung im KTB. »Von 6.30 Uhr bis 7.00 Uhr schossen die achtern am Geleitzug laufenden Bewacher viermal drei Leuchtgranaten in Richtung von U 43. Da es heller und heller wird, setze ich mich nach Süden ab. Um 8.40 Uhr ist mir klar, daß das Boot den Rückmarsch antreten muß, wenn es nicht kurz vor Erreichen des Stützpunktes wegen Brennstoff-Aufbrauchs liegenbleiben will. Mit sparsamer Marschfahrt lasse ich Kurs auf Heimatstützpunkt legen.«
Um 22.37 Uhr tastete der Funker von U 43 den FT-Spruch an den BdU: »Auf Geleit sechs Torpedos, davon vier Oberflächenläufer. Kein Erfolg. Sonst nichts gesehen. 14.8. in AK 57 vier große US-Dampfer und »Mississippi« mit starker Sicherung. Kurs 210 Grad nördlich des 59. Breitengrades. Täglich Flugzeuge, meist gute Sicht. Stehe AD 8446 — U 43.«

Auf dem Rückmarsch operierte U 43 noch einmal auf einen von U 552 unter Kptlt. Topp gemeldeten Geleitzug, der 360 Seemeilen südlich Island stehen sollte. Dieser Geleitzug wurde am selben Tage auch von U 565 gemeldet. Am 15. September wurden die beiden letzten Torpedos, die in den Oberdeckstuben lagen, ins Boot gehievt. Um 4.48 Uhr war diese Operation beendet.
Am 16. und 17. September wurde der Geleitzug nicht gefunden, und am 18. September sollte das Boot noch einmal auf einen Geleitzug operieren, der von der Operationsabteilung in Quadrat AM 4593 gemeldet worden war. Lüth entschloß sich, auf direktem Wege den Heimathafen anzusteuern, da er nur noch 22 Kubikmeter Treibstoff hatte und damit knapp nach Hause kommen würde.
Am 23. September wurde um 2.00 Uhr Punkt Ceder erreicht, und um 7.05 Uhr lief U 43 hinter einem Geleit ein und machte um 9.00 Uhr in Lorient fest.
Das Boot war nach einer wüsten Hin- und Herhetzerei erfolglos geblieben. Es hatte bei einem möglichen Erfolg am Konvoi SC 42, der mit 70 Schiffen und einer starken Sicherung durch die 24. kanadische Escort-Group unter Commander Hibbard mit Zerstörern und Korvetten lief, nicht geklappt, aber es war davongekommen. U 501 hingegen war durch die Korvetten »Chambly« und »Moosejaw« versenkt worden.
Im Verlaufe dieser Jagd hatte Commander Hibbard noch durch die von Island zum Konvoi beorderte 2. Escort-Group unter Commander Banks Verstärkung erhalten und die von Island auf Luftsicherung fliegende 120. RAF-Squadron tat ein übriges, die deutschen U-Boote abzudrängen. So gelang es den Zerstörern »Veteran« und »Leamington« der 2. Escort-Group, noch U 207 zu versenken. Trotz allem, trotz des Mißerfolges von U 43, gelang es den zäh dranbleibenden übrigen Booten, 16 Schiffe mit insgesamt 55 409 BRT aus dem SC 42 herauszuschießen.
Vom 24. September bis zum 28. Oktober dauerte diesmal die Werftliegezeit des Bootes, das viele Schäden erlitten hatte und dessen Torpedoschußanlage zur Gänze überholt werden mußte.
Doch dann war das Boot wieder einsatzbereit, um zu einer fünften Feindfahrt unter Kapitänleutnant Wolfgang Lüth auszulaufen.

Kampf gegen die Wintersee

Am 10. November 1941 lief U 43 unter Kapitänleutnant Wolfgang Lüth zu seiner fünften Feindfahrt aus Lorient aus. Nach einem erfolgreichen Prüfungstauchen marschierte das Boot seinem neuen Einsatzggebiet entgegen und wurde in die Gruppe »Störtebeker« eingereiht. Es erreichte am 16. November seine Position am Südende des Vorpostenstreifens und stand dort einige Tage auf und ab, ohne auch nur eine Rauchsäule gesichtet zu haben.

Am 21. November ging der Befehl des BdU ein, mit U 105 in der Nacht zum 26. November die Quadrate BB 6385 und BB 6381 aufzusuchen. Damit traten diese beiden Boote zur U-Bootsgruppe »Steuben«.

Der 24. November brachte für Lüth eine besondere Überraschung, weil ihm per Funk mitgeteilt worden war, daß seinBoot nach dieser Fahrt zur Grundüberholung in die Heimat gehen würde, um vor allem die Batterien zu wechseln,, weil die Kapazitätsprobe in Lorient gezeigt hatte, daß sie nur noch 60% der vorgegebenen Leistung — auf See noch weniger — erbrachten.

Um 16.23 Uhr brach in der Zentrale des Bootes ein Feuer aus, das durch einen Kurzschluß in der Hilfsschalttafel 3 verursacht worden war und sich rasch ausbreitete. Einer der Zentralegasten stürzte sich als erster darauf und löschte den Hauptbrand mit einer Decke — danach traten die Schaumlöscher in Aktion.

Der Zentralegast war einer von jenen zur Bewährung aus Wehrmachtsgefängnissen entlassenen Matrosen, die Lüth immer wieder an Bord nahm.

Lüths Vorbild hatte auch diesen Mann — wie andere vor ihm — im entscheidenden Moment das Richtige tun lassen. Doch dabei hatte sich der Matrose beide Hände verbrannt. Nachdem die Hauptlenzpumpe, die durch das Feuer für drei Stunden ausgefallen war, wieder lief, ließ Lüth den Mann in die Zentrale kommen und bedankte sich bei ihm persönlich mit Handschlag. Lüth wußte, daß dieser Mann möglicherweise durch sein schnelles Zupacken das Boot gerettet hatte.

»Ich werde Sie wegen unerschrockenen Handelns in einer Krisenlage zum Eisernen Kreuz Erster vorschlagen«, sagte er abschließend.

Dieses Versprechen hat Lüth auch gehalten. Der Matrose wurde einer der besten U-Bootfahrer, die er hatte. Er fuhr auch die beiden Fahrten mit Lüth auf U 181. Wie er sich in die Mannschaftsliste einschmuggeln konnte, war Lüth unerklärlich, aber er freute sich über die Anhänglichkeit dieses »harten Knochens«, der nur zu genau wußte, daß er auch an Bord von U 181 keine leichte Kugel würde schieben können. Doch zurück zu U 43 und seiner fünften Feindfahrt.

Um 1.30 Uhr des 29. November stand das Boot 200 sm nördlich der Azoren im Quadrat CE 2286, als ein Zerstörer aus dem Dunklen in Lage Null und mit AK von Backbord her auf U 43 zulief. Der Zerstörer wurde zwar frühzeitig gesichtet, da aber das Boot mit nur einer Maschine fuhr, drehte es schlecht. Mit Alarmtauchen ging es in den Keller. Der Zerstörer überlief das Boot mit rasselnden Schrauben, ohne Wasserbomben zu werfen.
Als U 43 um 2.15 Uhr wieder auftauchte, kamen im Norden ein Dampfer und ein Zerstörer in Sicht, während im Süden auf südlichem Kurs ein weiterer Dampfer erkannt wurde.
U 43 stieß nach, kam bis 4.10 Uhr in eine günstige Schußposition und schoß einen Zweierfächer aus den beiden Heckrohren. Die G7e-Torpedos jagten mit ihrem Eigenantrieb auf den 8000-Tonner zu, der in 900 m Entfernung zum Boot lief. Nach 58 Sekunden stieg die Trefferfontäne am Achterschiff des Gegners hoch.
»Die Nacht ist taghell erleuchtet, und auf der gesamten Länge dieses getroffenen Dampfers springen nun grell leuchtende, oftmals mehrere hundert Meter hohe Detonationswolken empor. Sprengstücke fallen um das Boot herum ins Wasser. Dieses Getöse dauerte mehrere Minuten an. Das Boot erhält einige Treffer. Auf der Brücke unter anderem von einer 10-cm-Granate, die tags darauf im Turmumbau gefunden wurde.«
Diese Granate war glücklicherweise noch ohne Zünder gewesen und wurde von der Wucht der Munitionsexplosion über 1200 Meter weit durch die Luft geschleudert. Der Obersteuermann des Bootes wurde von einem Sprengstück am Oberarm leicht verwundet.
Ein von Backbord herankommender Zerstörer schoß Leuchtgranaten. Als er nur noch 800 m weit abstand, und Lüth das vorgeflutete Boot bereits hinuntergehen lassen wollte, drehte der Zerstörer ab. Es war der bis unter die Lukendeckel mit Munition und Granaten vollgeladene britische Dampfer »Thornliebank« mit 5569 BRT, der auf 41.50 Grad Nord und 29.48 Grad West in Stücke gerissen wurde und wenige Minuten später von der Wasseroberfläche verschwunden war.

Um 4.19 Uhr ließ Lüth einen FT-Spruch über das Geleit machen, das er auf dem südlichen Kurs gesichtet hatte.
Drei Minuten darauf, das Boot war inzwischen von der Wasseroberfläche verschwunden, wurde es — in 55 m Tiefe stehend — von einem der Zerstörer überlaufen. Vier gut sitzende Wasserbomben fielen. Schlagartig fiel der Kreiselkompaß aus. Sonst geschah aber zum Glück nichts, und der Zerstörer lief weiter. Er mußte diese Bomben per Zufall so nahe am Boot plaziert haben.

Um 4.28 Uhr hatte das Boot 70 Meter Wassertiefe erreicht und erhielt abermals einige Wabos. Bis 6.00 Uhr setzten sich diese Würfe, die aber noch schlechter plaziert waren, noch fünfmal mit jeweils einer Serie fort.
Am 30. November stand das Boot im Quadrat CE 5553, zwischen den Azoreninseln Flores und Fayal. Um 4.00 Uhr meldeten sich U 574 und U 434 über Funk, daß sie ostwärts von U 43 stünden und nichts gesehen hätten. Um 9.00 Uhr ließ Lüth den folgenden FT-Spruch tasten: »Stehe 5834 bis 5849 auf und ab, gute Sicht.«
Lüths Überlegungen in dieser Phase des Einsatzes waren, daß der gemeldete Geleitzug, falls er östlich steuerte, von den anderen beiden Booten gesehen und gemeldet werden mußte.
Um 12.00 Uhr meldete der II. WO einen Dampfer. Als Lüth auf den Turm enterte, sah er, daß dieser südlichen Kurs lief. Das Boot ging mit einer Ruderkorrektur auf den Vorsetzkurs. Lüth ließ um 12.32 Uhr den nächsten FT-Spruch — zu dem er aufgefordert worden war — absetzen: »CE 5829; habe noch 85 cbm Brennstoff.«
Als um 12.55 Uhr einzelne Rauchwolken gesichtet wurden, ergab die Koppelung, daß dieser Geleitzug, um etwas anderes konnte es sich nicht handeln, 50 sm nordostwärts vom Boot stand. Er wurde gemeldet:
»FT 15.07 Uhr: Ein Dampfer in 5858, Kurs Süd. Besteck von 10.00 Uhr.« Die Sicherheit des Bestecks wurde wiederholt, um Mißverständnisse zu vermeiden.
Das Funksignal, das U 575 um 16.30 Uhr abgesetzt hatte und vom Funker auf U 43 mitgehört worden war, wurde von der Leitstelle trotz Wiederholung nicht verstanden. Deshalb ließ Lüth, der guten Kontakt zu ihr hatte, diesen Spruch durch seinen Funker wiederholen:
»Geleitzug 5954, südlicher Kurs.«
Es mußte derselbe sein, den auch U 574 gemeldet hatte. Das Boot lief näher und näher an den zuerst gesichteten und dann überholten Dampfer heran. Lüth ließ auf Sehrohrtiefe tauchen, um den Tagesangriff unter Wasser zu fahren.

»Auf Gefechtsstationen!« befahl er. »Fertig zum Zweierfächer auf Dampfer von geschätzten 5000 Tonnen.«
Aus einer geschätzten Distanz von 900 m bei Lage 80 Grad und einer Gegnerfahrt von 9 kn, fiel der Doppelschuß mit den Abkommpunkten 30 vorn und 30 achtern.
Der Dampfer war kriegsschiffsgrau gestrichen. Auf seinem Heck stand eine Kanone. Vier Rettungsboote hingen in den Davits. Er verfügte über vier Ladeluken, zwei Masten und zwei Pfahlmasten und je ein Versaufloch im Vor- und Achterschifff. Zwischen Brücke und Schornstein befand sich eine weitere Ladeluke.

Nach 62 Sekunden traf einer der beiden Torpedos diesen Dampfer hinter der Brücke. Sofort verlangsamte er seine Fahrt. Durch das Sehrohr verfolgte Lüth das schnelle Sinken dieses Schiffes, das nach vier Minuten des Kampfes ums Überleben von der Wasseroberfläche verschwunden war. Er sah, daß die Besatzung größtenteils in die Boote hatte gehen können.
Damit war der britische Dampfer »Ashby« auf 36.54 Grad Nord und 29.51 Grad West gesunken.
Um 19.45 Uhr ließ Lüth nach einem letzten Rundumblick auftauchen und mit östlichen Kursen auf den Geleitzug operieren. Das um 21.35 Uhr aufgenommene Funksignal von U 574, das meldete, in 5983 Kontakt-Fühlung am Geleitzug zu haben, zeigte dem Kommandanten, daß dies noch etwa 60 sm nordostwärts seines Standortes war. Seinen eigenen Erfolg meldete er um 22.10 Uhr: »Standort 8238. Soeben den Dampfer von 17.07 Uhr versenkt, dessen Kurs 160 Grad. Stoße mit 115 Grad nach.«
Vom BdU erhielten alle in diesem Seeraum operierenden Boote mit einem FT-Spruch von 22.25 Uhr den Befehl in den Sektoren zwischen 180 und 120 Grad, ausgehend vom letzten Gegnerstandort, zu suchen und um 10.00 Uhr des 1. Dezember auf einem Kreisbogen zu stehen, den der Gegner dann mit geschätzten 8 kn Fahrt erreichen mußte.
Für U 43 kam der Sektor zwischen 165 und 180 Grad in Betracht. Bei Nordwestwind in Stärke 4 und in der mondhellen Nacht bei guter Sicht, lief das Boot diesem neuen Einsatzraum entgegen. Erst als ein beleuchteter Dampfer um 6.25 Uhr in Sicht kam, stieß U 43 nach, um nach kurzer Verfolgung zu erkennen, daß dieser nicht einholbar war, denn er lief 17 Knoten. Lüth mußte diesen großen Dampfer laufen lassen und den Kreisbogen wieder ansteuern. Um 9.00 Uhr wurde von der Operationsabteilung der Vorpostenstreifen für 12.00 Uhr in den Sektor von 140 bis 195 Grad verlegt, und um 10.00 Uhr ging eine Meldung von U 105 ein, das im Quadrat 9441 ei-

nen beleuchteten Dampfer und zwei abgeblendet laufende und sichernde Zerstörer gesichtet hatte, die 18 kn Fahrt machten.
Das mußte derselbe Dampfer sein, den Lüth gesehen und kurze Zeit verfolgt hatte. Es war nun bereits der dritte Einzelfahrer, der in diesem Seebereich lief. Möglicherweise stammten sie alle von einem Geleitzug und waren aus verschiedenen Gründen abgesprengt oder hatten sich freiwillig abgesetzt, weil der Konvoi zu langsam war.
Auf Rauchwolken, die um 11.45 Uhr gemeldet wurden, operierte das Boot nur kurz zu und stieß nach, ohne etwas zu entdecken. Auf Ostsüdostkurs stieß U 43 hinter dem Geleitzug her und bekam um 15.02 Uhr voraus in südöstlicher Richtung einen Tanker in Sicht, der Ostkurs lief. Da dieser oft qualmte, mußte er noch eine alte Dampfmaschine haben. Das Boot gewann in den nächsten Stunden einen zum Angriff unter Wasser günstigen Vorlauf.
Lüth hatte sich zum Unterwasserangriff entschieden, weil trotz der einfallenden Abenddämmerung das helle Mondlicht ungünstig war.
Das Boot glitt um 20.40 Uhr auf Sehrohrtiefe und lief auf den Tanker zu, der langsam ins Visier lief. Während des Anlaufes fiel die Steuerbord-E-Maschine für 20 Minuten aus. Diese Havarie ermöglichte es Lüth nicht mehr, auf sichere Schußweite heranzukommen. Er mußte aus einer Distanz von 3000 m schießen, wenn der Angriff überhaupt noch durchgeführt werden sollte. Um sicher zu gehen, ließ er einen Viererfächer schießen. Alle vier Torpedos gingen vorbei. In das KTB schrieb Lüth dazu: »Dieser Fehlschuß ist nur durch Unterschätzung der Entfernung durch das Sehrohr bei Vollmond zu erklären. Der Tanker wurde erst später im Sehrohr wiedergefunden, weil er vom Boot weggezackt war. Anschließend war er wieder auf den alten Kurs gegangen und hatte dadurch die Distanz zum Boot vergrößert. Nach zehn Minuten war eine Torpedodetonation zu hören. Endstreckendetonierer wird angenommen.«
U 43 tauchte auf und stieß mit AK nach. Während die Männer im Bugraum die leergeschossenen Torpedorohre nachluden, begann um 8.00 Uhr die Morgendämmerung. In dieser Zeit mußte der Überwasserschuß fallen. Das Boot war wieder herangekommen. Der Tanker lief etwa 9 Knoten Fahrt. Da die Bugrohre noch nicht nachgeladen waren, ließ Lüth um 9.24 zwei G 7e-Torpedos aus den beiden Heckrohren schießen. Die Entfernung betrug diesmal 1100 m, die Lage 70 Grad, und die Fahrt des Tankers war mit 9,5 Knoten ermittelt worden. Die beiden Abkommpunkte waren vorn 40 und achtern ebenfalls 40.
Der Tanker, den Lüth im zweiten Angriff als ein Fahrzeug des Typs

»San Melita« klassifizierte, welche 12 300 BRT hatten, war ein großer Brocken. Zwischen dem mittleren und dem vordersten Mast lag die Brücke. Der Schornstein war schräg und lang, das Heck normal.
72 Sekunden nach dem Zweierschuß bliesen mittschiffs und achtern in der Maschine die beiden Torpedotreffer empor. Sekunden später brachen die ersten Flammen aus den gerissenen Löchern heraus. Dann schien plötzlich ein wahres Flammenmeer emporzusteigen. Ölstrahlen stießen aus dem Tanker in die Höhe und entzündeten sich beim Herabfallen an den dichter und dichter werdenden Flammen.
Lüth ließ U 43 etwas heraussetzen. Er sah ebenso wie die gesamte Turmbesatzung, wie der Tanker seine Ölspouts ausspie. Dann begann auch das ins Meer gelaufene und immer noch nachströmende Öl zu brennen und bildete einen gewaltigen Flammenteppich, der sich mehr und mehr ausbreitete. Die Wasseroberfläche war, so weit man blicken konnte, ein Flammenmeer. Und darin sackte der Tanker hinunter und war binnen weniger Minuten verschwunden.
Es war der US-Tanker »Astral«, ein Schiff von 7542 BRT, das auf 35.40 Grad Nord und 24.00 Grad West auf Tiefe ging. Die schwarze Qualmwolke dieses Brandes bedeckte nach einer Stunde sechs Zehntel des sichtbaren Himmels. Lüth ließ nach Westen ablaufen und um 17.07 Uhr zum Auffüllen der Batterien mit Wasser tauchen. Das Rohr III der Bugarmierung ließ sich nicht schließen, so daß das Boot auf 20 Meter Tauchtiefe am Umstellhahn vom Torpedo- zum Minenschuß undicht war und in dieser Tiefe etwa 500 Liter Wasser je Stunde machte. Diese Leckage ließ sich mit Bordmitteln nicht beseitigen. Schließlich gelang es den Mechanikern, die Mündungsklappe zu schließen. Das Rohr aber mußte entladen werden, denn es war anzunehmen, daß die Mündungsklappe nach dem nächsten Schuß nicht mehr dichtging. Das Boot verfügte noch über drei Torpedos im Bugraum und über einen Reserveaal.
Um 14.01 Uhr tauchte U 43 auf und setzte seinen Marsch zum Aufklärungsstreifen fort. Zwei Stunden darauf kam im Quadrat CF 7578, U 575 in Sicht. Lüth übergab dessen Kommandanten, Kptlt. Heydemann, die Schlüsselmittel und ES für Januar 1942, über welche dieser noch nicht verfügte. Mit besten Wünschen hinüber und herüber trennten sich die Boote wieder, um allein ihre Sektoren anzusteuern.
Die geplante Versorgung an der »Gata« konnte nach Empfang eines Funkspruches des BdU nicht mehr durchgeführt werden. Der BdU befahl, die Operation so lange fortzusetzen, wie es die Brennstofflage für den Rückmarsch nach Westfrankreich erlaubte.

U 47 läuft am 20.2.1941 zur letzten Feindfahrt aus. (Dahinter U99 unter Kretschmer).

Dieses Schiff sinkt nach einem Doppeltreffer.

Treffer mittschiffs. Der Dampfer erhält sofort Schlagseite.

Ein Tanker wird torpediert.

U 107 trifft sich auf See mit U 103.

Nachtangriff auf einen Transporter. Er brennt über alles.

Von U 107 versenkter Dampfer hat Rettungsboote ausgebracht.

Um 24.00 Uhr dieses 2. Dezember 1941 stand U 43 auf seiner vorgegebenen Position im Aufklärungsstreifen und lief hier vom 3. bis 6. Dezember auf und ab, ohne daß die Brückenwächter auch nur eine Rauchfahne zu Gesicht bekamen. Hier war es der Menschenkenner Lüth, der dafür sorgte, daß sich nicht Trägheit und Unmut breitmachten. Er forderte zu Aktivitäten auf, die das Leben an Bord erträglicher gestalten halfen und mischte selbst kräftig mit.
Die Disziplin wurde zu keiner Sekunde vernachlässigt und trotz dieser harten Hand ihres Kommandanten war die Besatzung vom I. WO bis hinunter zum Schmutt einhellig der Meinung, ja der Überzeugung, daß sie den besten »Alten« der ganzen Kriegsmarine hätten.
Am 7. Dezember, um 12.40 Uhr, kam im Nordosten ein Dampfer in Sicht, der Kurs 25 Grad lief. Das Boot setzte sich vor. Jagdfieber packte die Männer, die so lange Tage untätig verbracht hatten. Der Kurs dieses Schiffes mußte — wenn er annähernd durchgehalten wurde — direkt nach Lissabon führen, dennoch wurde das Schiff, auch auf die Gefahr hin, daß sie einem Neutralen auf der Fährte saßen, verfolgt, bis er nach dem Tauchen zum Unterwasserangriff bereits in der Angriffskurve als Portugiese erkannt wurde, den sie laufenlassen mußten.
Das Boot setzte sich ab, tauchte auf und lief in Sichtweite der Feuer von Cap Sao Vicente und Sagrès seitlich weg und verschwand in den dichten, tiefhängenden Haufenwolken.
Um 12.24 Uhr tauchte aus Richtung Süden ein Flugboot auf, vor dem das Boot in den Keller ging, um 32 Minuten darauf wieder an die Wasseroberfläche zurückzukehren.
Um 13.46 Uhr wurde ein zweites Flugboot im Osten gesichtet. Ein weiteres Mal ging es auf Tiefe, aus der U 43 34 Minuten später wieder emportauchte.
Am nächsten Tage, der Kalender zeigte den 9. Dezember 1941 an, kam kurz vor Mitternacht ein kleiner portugiesischer Dampfer in Sicht, dem ausgewichen wurde. In der folgenden Mondnacht mit wechselnder Sicht tauchten gegen 4.00 Uhr plötzlich zwei Zerstörer der »Jervis«-Klasse drei Dez Backbord aus dem Dunst auf und liefen in spitzer Lage zum Boot. Der Abstand zu ihnen betrug 1500 Meter. Ihre Fahrt wurde auf etwa 25 Knoten geschätzt.

U 43 drehte ab und stieß dann nach, in der Hoffnung, daß diese Zerstörer als Sicherung eines Geleitzuges fungierten. Doch es wurde nichts gefunden. Auch die Suche auf Gegenkurs blieb vergeblich.
Um 14.00 Uhr ging vom BdU der FT-Spruch ein, der als neuen Angriffsraum einen Streifen in Höhe von CG 8520 und 8550 nach

Osten bis zur Länge von 9560 vorsah. Mit Südostkurs marschierte U 43 in diese Richtung und erreichte um 21.00 Uhr das Operationsgebiet im Quadrat 8521, von wo aus es nach Osten marschierte.
Um 7.00 Uhr des 11. Dezember mußte wegen Brennstoffmangels endgültig der Rückmarsch angetreten werden. Zwei Stunden darauf, in der Morgendämmerung, tauchte im Nordosten ein Flugboot auf. U 43 ging auf 25 Meter hinunter, und die Dieselmaschinisten machten sich an die Arbeit, um das starke Qualmen ihrer Jumbos etwas herabzusetzen.
Als Lüth vor dem Auftauchen seinen sichernden Rundblick nahm, sichtete er direkt über dem Boot ein Flugzeug, das mit südlichem Kurs flog. Erst als See und Himmel frei waren, gab er den Befehl zum Auftauchen. 31 Minuten lief das Boot über Wasser weiter. Da aber die Rauchfahne der Diesel nach wie vor stark war, ließ Lüth noch einmal tauchen und die Reparatur fortsetzen. Um 13.00 Uhr ging das Boot zur »Programmzeit« auf Sehrohrtiefe und empfing den FT-Spruch von U 434: »Geleitzug in 5588, 160 Grad sechs Knoten.«
Nach der Berechnung, die Lüth mit dem Obersteuermann durchführte, stand U 43 90 Seemeilen nördlich dieses Konvois, der gegen Mitternacht in Höhe von Cap Sao Vicente stehen mußte. Lüth notierte dazu: »Ich will eine Stunde vor dem Dunkelwerden vor ihm stehen und nachts angreifen, weil der Zustand der Batterie einen Tagangriff nur schwer zuläßt. Sie kann nur mit ganz geringen Stromstärken aufgeladen werden und wird trotzdem warm. Außerdem ist nach Ansicht des Leitenden Ingenieurs die Kapazität der Batterie weiterhin auf etwa 40 Prozent abgesunken.
Es war 14.15 Uhr, als die Arbeiten an den Dieselmotoren beendet waren. Lüth ließ auftauchen und die Batterie nachladen. Er operierte so auf den Geleitzug, daß das Boot um 19.30 Uhr vor demselben stehen mußte, bei einem angenommenen Generalkurs von 170 Grad.
Als sich U 434 um 14.50 Uhr abermals meldete, ergaben die Koppelung 180 Grad und die Vormarschgeschwindigkeit des Geleitzuges nur knapp sechs Seemeilen in der Stunde. Ab 18.09 Uhr wurde U 43 mehrfach von Flugzeugen angeflogen und mußte mit Alarmtauchen hinuntergehen. Als das Boot um 19.30 das letzte Mal auftauchte, mußte sich Lüth eingestehen, daß er durch diese Flugzeuge zu sehr aufgehalten worden war. Um 20.30 Uhr wurde ein Zerstörer auf südlichem Kurs gesichtet. Lüth ließ auf Parallelkurs gehen, um sich zum Angriff vorzusetzen. Bei Backen verschwand dieser Zerstörer in einer schwarzen Wolkenwand im Osten.
Es wurde eine sehr dunkle Nacht mit teilweise schwarzen Wolken

an der Kimm. Lüth ließ Suchkurs nach Osten steuern. Um 21.10 Uhr kam der Zerstörer bei glatter See und Meeresleuchten im Nordosten in spitzer Lage in Sicht. Er hat in 40 Minuten kaum 3 kn Vormarschgeschwindigkeit gehabt. Auf der Hundekurve lief U 43 mit kleiner Fahrt zum Angriff an und schoß um 21.18 Uhr einen Dreierfächer aus einer Distanz von 1500 m bei einer Fahrtstufe von 10 kn, Lage 80 Grad und 20 Grad Vorhalt.

Alle drei Torpedos gingen vorbei, und nach der Überprüfung der Ursache dieser drei Fehlschüsse mußte Lüth bekennen: »Die Lage des Zerstörers war tatsächlich nur 50 bis 60 Grad, dafür war die Fahrt 12 bis 13 Knoten. Demnach hätte in jedem Falle ein Torpedo doch noch treffen müssen. Zwei Torpedos durchbrachen nach dem Abschuß die Wasseroberfläche.
Nach dem Schuß habe ich abgedreht, bin dann wieder nachgestoßen und habe dabei den letzten Torpedo nachgeladen.«
Ein FT-Spruch mit der Uhrzeitgruppe 18.17 Uhr und dem Text »Geleit in 5898« zeigte Lüth, daß dieser Konvoi 9 sm südlicher und 10 sm weiter ostwärts als angenommen stand. Der Zerstörer, auf den er geschossen hatte, gehörte wahrscheinlich zu den anderen Gruppen .
Um 21.18 Uhr ließ Lüth einen FT-Spruch über den Fehlschuß auf den Zerstörer absetzen, den er als »vermutlich vordere Sicherung des Geleitzuges« ansprach. Seine Gesamtversenkungen gab er mit drei Dampfern mit insgesamt 25 000 Tonnen an. Der Funkspruch endete: »Noch ein Torpedo, Rückmarsch in sechs Stunden wegen Brennstoff.«
Dies war die einzige Erfolgsmeldung des Kommandanten, die nicht ganz zutraf. Versenkt hatte U 43 zwar drei Schiffe, aber die Gesamttonnage betrug lediglich 17.979 BRT. Die Differenz lag in den Überschätzung der »Astral«.
Um 22.50 Uhr funkte U 434 noch einmal die Meldung, daß es dicht hinter dem Geleit im Quadrat 8262 stehe.
Um Mitternacht sahen die Brückenwächter Cap Sao Vicente etwa 15 sm ostwärts. Das Feuer leuchtete sehr hell. Da aber der Geleitzug trotz dieses hellen Feuerscheins nicht zu sehen war, mußte er noch dichter unter der Küste stehen und wahrscheinlich auch südlicher. Lüth ließ entsprechende Kursänderung vornehmen und stand um 01.43 Uhr noch fünf Seemeilen unter Land, südostwärts des Caps und suchte von dort aus weiter nach Süden und Südwesten.
Um 2.40 Uhr erfolgte ein weiterer Funkspruch vom U 434, das die Sicherung des Geleitzuges nach Backbord umlaufen hatte und

nach Einfall der Dunkelheit der Konvoi wahrscheinlich auf Südkurs gegangen sei und es Wartestellung in 8286 nach Südwest beziehe. Dies wiederum bedeutete für Lüth, daß der Geleitzug im Westen von U 43 stehen mußte. Um 4.00 Uhr ließ Lüth die Suche aufgeben und wegen des gravierenden Brennstoffmangels den Rückmarsch antreten. Der Geleitzug mußte einen Zack nach Südwesten gemacht haben, sonst hätte U 43 ihn erwischt.

Als gegen 11.01 Uhr Rauchwolken unter Land in Sicht kamen, drehte U 43 noch einmal ein, bis diese Rauchwolken als von Fischdampfern herrührend erkannt werden konnten. Vor Flugzeugen ging das Boot kurz nacheinander auf Tiefe. Es sichtete um 16.00 Uhr zwei Küstendampfer, die als Portugiesen aber nicht angegriffen wurden. Um 20.00 Uhr stand das Boot vor Lissabon. Hier waren nur kleine Küsten- und Fischdampfer zu sehen.

Der Rückmarsch am 13. Dezember brachte keine besonderen Ereignisse. Am 14. Dezember lief U 43 bereits in der Biskaya und setzte um 23.35 Uhr das Kurzsignal »Stehe 36 Stunden vor Einlaufhafen« ab.

Am frühen Morgen des 16. Dezember lief das Boot einer Ansammlung von Fischerbooten entgegen und wich diesen hakenschlagend aus. Um 6.33 Uhr wurde der Punkt »Tanne« erreicht, um 0.21 Uhr der Punkt »Ceder«, und um 14.30 Uhr lief U 43 hinter dem bereitstehenden Geleit über Punkt »Luzie« ein und machte um 16.30 Uhr in Lorient fest.

Die Stellungsnahme des BdU zu dieser Feindfahrt lautete:

»Sehr gut durchgeführte Unternehmung mit schönem Erfolg.«

Operationsgebiet Nordatlantik

Die Werftliegezeit für U 43 dauerte vom Eindocken bis zur Ausrüstung zur sechsten Feindfahrt vom 17. bis zum 22. Dezember. Ab dem 23. Dezember wurde das Boot zu seiner neuen und letzten Feindfahrt vor der Grundüberholung und dem Einbau neuer Batterien in der Heimat ausgerüstet.
Am 30. Dezember 1941 lief U 43 um 6.00 Uhr aus. Der Befehl lautete: »Hinhaltender Durchmarsch durch das Gebiet westlich Irland und Schottland. Angriffsverbot gegen Geleitzüge und gesicherte Einzelfahrer in diesem Gebiet.«
Was Wolfgang Lüth ganz besondere Sorgen machte, war der Zustand der Batterie. Darüber schrieb er in das KTB des Bootes vom 16.12.1941 - 22.01.1942:

»Zustand der Batterie:
1) Die Kapazitätsprobe am 20. Dezember hat eine Kapazität von 4050 Ah = 35% ergeben.
2) Die Kapazität ist seit Anfang November 1941 von 57% auf 35% abgesunken. Ein weiteres schnelles Absinken ist möglich.
3) Die Batterie kann nur mit geringen Stromstärken geladen werden, da sie beim Laden warm wird.
4) Die letzten Ah sind nur mit kleiner Fahrt zu entladen. Wenn dann die E-Maschinen hohe Fahrt laufen müssen, ist ein Umkippen der Batterie zu befürchten.«

Dies waren schwerwiegende Mängel, und normalerweise hätte ein so behindertes Boot nicht mehr auslaufen dürfen, doch es sollte noch einmal versucht werden, um dann auf der Rückfahrt in einen Heimathafen einzulaufen und das Boot zur Generalüberholung und Erneuerung der Batterie in die Werft zu geben.
Um 18.49 Uhr wurde auf Punkt L II das Geleit entlassen. Bei hellem Mondlicht und sehr schwach gehender See setzte das Boot seine Fahrt fort, und als um 22.55 Uhr ein Flugzeug über U 43 kreiste, ging es auf kleinste Fahrt, um nach Andrehen der Maschine auf das Boot mit Alarmtauchen in die Tiefe zu gehen.

Mit hoher Fahrt wurde um 23.20 Uhr nach dem Wiederauftauchen weitermarschiert. Der 31. Dezember sah U 43 bereits in der Biskaya.

Gemäß des neuen Befehls über die Fahrt durch die Biskaya wurde um 9.52 Uhr des 31. Dezember getaucht, um dieses gefährliche Gebiet im Unterwassermarsch zu durchlaufen.
Nach einem kurzen Auftauchen zur Aufladung ging es wieder unter Wasser. Der anstehende Tieftauchversuch mußte jedoch aufgeschoben werden, weil sich die Abgasklappen als undicht erwiesen.
Auch am 1. Januar 1942 wurde bis 13.16 Uhr getaucht weitergelaufen. Nach dem Auftauchen wurde das erstemal »Sonne geschossen«, da es bisher stets bewölkt war. Dabei wurde ein konstanter Kreiselfehler von 36 Grad festgestellt, so daß das Boot nicht rechtweisend 270 Grad gesteuert hatte, sondern 306 Grad. Der Grund ließ sich bei einer ersten vorläufigen Untersuchung des Kreisels noch nicht feststellen. Der Kreisel war nach dem Leuchtturm »Pen Man« geprüft worden. Er mußte unmittelbar danach ausgefallen sein. Ein Nachkoppeln bestätigte diese Vermutung. Nach dem Magnetkompaß wurden nun rechtweisend 255 Grad gesteuert. Um 23.17 Uhr konnte Lüth die Passiermeldung für die Biskaya mit einem nachfolgenden Standortkurzzeichen absetzen lassen.
Am 2. Januar 1942 stand das Boot bereits 160 sm südsüdwestlich von Irland. Das in der hellen Mondnacht um 4.00 Uhr genommene Sternenbesteck, bestätigte die Richtigkeit des Sonnenbestecks vom Mittag. Zur Reparatur wurde der Kreisel abgestellt und um 10.26 Uhr zur Kreiselreparatur getaucht.
Um 20.00 Uhr meldeten die Mechaniker dem Kommandanten, daß der Kreisel wieder klar war und lieferten auch die Ursache dazu mit. Es mußte nach den klappernden Geräuschen in der alten Kreiselkugel eine Feder oder gar die Achse gebrochen sein.
Vom 3. Januar 1942 an stand das Boot im Operationsgebiet. Täglich ließ Lüth ein kurzes Prüfungstauchen durchführen, um am 4. Januar die Feststellung treffen zu müssen, daß das Dichthalten der äußeren Abgasklappen jedesmal eine Glückssache war. Um 18.00 Uhr ging das Boot auf die Grönlandschaltung, um am nächsten Tag mit kleiner Fahrt durch die See zu laufen und nach Gegnern zu suchen. Am Morgen des 6. Januar, um 4.00 Uhr, befand sich das Boot im Nordatlantik, westlich von Irland auf 30 Grad West. Bis zum Mittag hatte es sich in jenen Seeraum vorgearbeitet, durch den die größten Kreise von Nordamerika nach Schottland verliefen. Es lief von nun an Suchkurse. Lüth strebte an, etwa zur

Zeit des Neumondes am 16. Januar die Enge Färöer-Shetland-Inseln zu passieren.
Um 11.22 Uhr des 8. Januar tauchte das Boot zum Auffüllen der Batterien mit Wasser, was bei dem jetzigen Zustand der Batterien bereits nach zehn Seetagen notwendig war, statt nach 30 bis 40 Tagen, wie dies normal war.
Gegen Mitternacht ging ein schwerer Hagelschauer auf U 43 nieder. Die Sicht verschlechterte sich, und bis zu den ersten Morgenstunden hatte der starke Wind zum Sturm aufgebrist und jagte mit Stärken von 9 bis 11 aus Südsüdosten über das Boot hinweg. Die Brückenwache war im »großen Seehund« aufgezogen und stand immer wieder bis zur Halskrause im Wasser, wenn hohe Brecher den Turm überwuschen. An diesem Tage konnte das Boot nur 87 Seemeilen zurücklegen.
Bis zum Morgen des 11. Januar wurde der Wind auf Stärken um 11 bis 12 verstärkt. Lüth wußte, wann er sich diesen Gewalten beugen mußte. Dieser Moment war nun gekommen. Er ließ auf 45 Meter hinuntergehen und mit kleiner Fahrt unter Wasser weiterlaufen. Um 13.00 Uhr ging U 43 zum Auftauchen zunächst auf Sehrohrtiefe. Dabei durchbrach das Boot trotz aller Bemühungen des LI die Wasseroberfläche. Lüth ließ auftauchen.

Schnelle Schüsse mit gutem Ergebnis

Unmittelbar nach dem Aufziehen der Brückenwache wurde etwa 3000 m voraus ein Dampfer gesichtet, der in Lage 90 beigedreht

lag und den Sturm abzureiten versuchte. Achteraus kam Sekunden später ein Churchillzerstörer aus dem Dunst heraus. Er stand nur 2500 m ab, in Lage 120 Grad, und lag ebenfalls beigedreht. Dieser Zerstörer, das stellte Lüth rasch genug fest, hatte genug mit sich selbst zu tun, als daß er noch nach einem U-Boot Ausschau halten konnte.
Aus dem Boot wurde vom Funkmaaten das Absaufen des Horchgerätes gemeldet. Das Boot ging mit Alarmtauchen wieder in den Keller und kehrte um 13.50 Uhr an die Wasseroberfläche zurück, um die Fühlung nicht zu verlieren. Ein Dampfer wurde im Osten etwa 2000 m ab in Lage 70 Grad gesichtet. Auch er lag beigedreht. Die Dampfer, die beigedreht in der See lagen, verschwanden immer wieder für längere Zeit in den tiefen Wellentälern, um dann wieder auf dem Kamm einer großen Woge emporgehoben zu werden.
Auch für U 43 war es unmöglich, länger über Wasser zu bleiben, zumal ja jeder Waffeneinsatz ausgeschlossen war. Lüth ließ um 16.05 Uhr erneut tauchen, und als das Boot um 20.00 Uhr an die Wasseroberfläche zurückkehrte, stürmte es noch immer mit Stärke 11 aus Südwest. Der Luftdruck betrug 1004 Millibar.
Wieder wurde — diesmal im Nordosten vom Boot — ein beigedrehter Dampfer gesichtet. In spitzer Lage ließ Lüth zum Angriff andrehen. Auf gutes Wetter zu warten hatte in dieser Witterungslage keinen Zweck, zumal das Boot wegen seiner Batterien den Rückmarsch fortsetzen mußte.
Nach langen ergebnislosen Tagen hieß es wieder einmal:
»Auf Gefechtsstationen!«
Der Doppelschuß aus den Rohren I und II fiel um 20.34 Uhr auf einen 3000-Tonner aus nur 350 m Entfernung. Dennoch gingen beide Aale vorbei. Die Feuerleitanlage war abgesoffen.
Die Nacht wurde so finster, daß die Brückenwächter nicht einmal die eigene Hand vor den Augen sehen konnten. Regenschauer und Seegang verhinderten ein Fühlunghalten. Mit geringer Fahrt lief U 43 quer zur See. Hier gab es eine Menge Schiffe, aber leider waren keine Kameradenboote in der Nähe. Um 22.20 Uhr ließ Lüth folgenden FT-Spruch absetzen:

»AK 0336 zerstreuter Geleitzug, dampft gegen die See. West bis Süd in Stärken von 10 bis 12. Seit drei Tagen kein Waffeneinsatz möglich wegen des Seegangs. Seit Mittag unter Wasser gedrückt. Soeben Fehlschuß. Keine Fühlung. Rückmarsch bei Neumond.«
Um 3.10 Uhr des 12. Januar gab der Funkenpuster des Bootes das Kurzwettersignal ab, und um 6.50 Uhr, mitten in einem dichten Ha-

gelschauer, kam bei schlechter Sicht dennoch ein Dampfer im Südosten in Sicht. Er hatte seine Seitenlaternen gesetzt und dampfte gegen die See an. Zweimal setzte U 43 vergeblich zum Angriff nach. Der Ausguck war auf der Brücke wegen der überkommenden See angeschnallt. Der Dampfer lief immer noch quer zur See und war nur manchmal auf den Wellenbergen zu sehen. Lüth zu diesem Angriff:
»8.02 Uhr: Doppelschuß aus den Heckrohren auf einen beladenen 6000-Tonner. Distanz etwa 400 m, Lage 90 Grad, Vorhalt auf 5 Grad geschätzt, Tiefe 2 m, Abkommpunkt 20 m vor der Brücke, dann 12 Sekunden, nachdem der Dampfer wieder hinter einem Wellenberg verschwunden ist und nach genau 30 Sekunden Laufzeit, als er gerade wieder in Sicht kommt, zwei starke Detonationen im Vor- und Achterschiff.
Dampfer sinkt in einer Minute. Aller Groll gegen die Torpedos ist wieder verschwunden.«
Lüth ließ ein Kurzsignal absetzen: »Habe einen Dampfer versenkt.« Der Grund für diese Meldung war, daß das Boot bis zur Passiermeldung in der Nordsee nicht mehr funken durfte.
»Heute« bemerkte Lüth in seinem KTB, »bin ich ohnehin eingepeilt, auch stehen keine weiteren eigenen Boote in der Nähe, denen ich schaden könnte.«
Es war das schwedische Motorschiff »Yngaren« mit 5246 BRT, das an diesem Vormittag den Torpedos von U 43 zum Opfer gefallen war.
Wegen der orkanartigen Böen, die gegen Mittag über das Boot hinwegfegten und dichte Hagelschauer mit sich führten, ließ Lüth um 12.00 Uhr tauchen. Das Barometer zeigte 967 Millibar an und war, wie man in Fachkreisen sagte: »Unterkante Papier.«
Bis 14.07 Uhr liefen sie unter Wasser in der Generalrichtung weiter, dann ließ Lüth auftauchen. Die Sicht betrug knapp 100 Meter. Die Luft war voller Gischt. Das Boot steuerte quer zur See. Schlingenbewegungen ließen es bis 74 Grad weit überkrängen. Wer nicht angeschnallt war, der wurde über Bord geschleudert.
Auf die Brücke hämmerten so starke Wassermassen nieder, daß die Wachgänger viele Sekunden lang mit angehaltenem Atem unter Wasser stehen mußten. Selbst durch das geschlossene Turmluk drang soviel Wasser ins Boot ein, daß ununterbrochen gelenzt werden mußte. Ein Orkan tobte, der als Naturschauspiel wunderbar anzusehen, doch für die Wachgänger auf dem Turm von erschreckender Gewalt war. 29 Minuten hielt Lüth es über Wasser aus, dann ließ er abermals auf Tiefe gehen, und das Boot in 50 m Wassertiefe einpendeln. Selbst noch in der Tiefe waren die Wellen-

bewegungen wirksam. Erst um 19.25 Uhr erfolgte der Befehl zum Wiederauftauchen. Das Boot marschierte weiter quer zur See, und es schien so, als habe der Sturm abgeflaut.

Dennoch schlugen die mit Stärken 9 und 11 angewehten Hagelschauer die Gesichter blutig. Bis zum Mittag des 13. Januar hatte das Boot in den letzten 24 Stunden 70 Seemeilen über und 14 Seemeilen unter Wasser zurückgelegt.
Um 17.52 Uhr kam ein kleiner Dampfer von achtern, südwestlichen Kurs laufend, trotz der Fahrt des Bootes von 13 kn/h schnell auf. Er stellte sich als Korvette heraus. Diese drehte plötzlich in Lage Null auf das Boot zu und kam so rasch näher. Der Abstand betrug nur noch 5000 Meter, als Lüth mit Alarmtauchen auswich. Das Boot, das nun seitlich aus dem Kurs herausschor, wurde von der Korvette mit langsamer Fahrt überlaufen, wie an den Schraubengeräuschen zu hören war. Das Horchgerät war nach wie vor ausgefallen.
Um 21.09 Uhr ließ Lüth auf Sehrohrtiefe auftauchen und nach einem sicheren Rundblick an die Wasseroberfläche zurückkehren. Die Brückenwächter, die sich im Turm klarhielten, zogen hinter dem Kommandanten auf, der als erster durch das Luk auf den Turm gesprungen war und einen schnellen Rundblick hielt.
Mit hoher Fahrt marschierte U 43 auf östlichem Kurs weiter, um den achterlichen Seegang für die Fahrtbeschleunigung zu nutzen.
Es war 2.29 Uhr des 14. Januar, als Lüth von dem Ruf »Kommandant auf den Turm« geweckt wurde. Er eilte durch das Kugelschott in die Zentrale, ließ sich ins Ölzeug helfen, rief am Niedergang sein »Aufwärts«, damit ihm von oben keiner auf den Kopf stieg und enterte auf.
Ein Zerstörer auf Gegenkurs an Backbord laufend wurde gemeldet. Die Befehle des I. WO hatten das Boot bereits ausweichen lassen. Dann kam plötzlich ein Dampfer in Sicht, auf den U 43 in Rammposition zulief. Eine weitere Ruderkorrektur ließ das Boot auch dieser Kollisionsgefahr ausweichen. Weitere Dampfer bewegten sich aus dem Dunst heraus. Es war ein auf Westkurs laufender Geleitzug, in den U 43 geraten war. Das Boot stand genau zwischen zwei Reihen dieses Konvois. Als Lüth die Lage übersehen hatte, ließ er Parallelkurs laufen.
Um 2.52 Uhr schoß er einen Zweierfächer auf einen 2000-Tonner, der in der nördlichen Reihe lief. Aus nur 400 m Distanz geschossen, waren beide Torpedos entweder vorbeigegangen oder sie hatten den Dampfer untersteuert. Die Feuerleitanlage war abermals kurz vor dem Schuß abgesoffen.
Der zweite Doppelschuß verließ zwei Minuten darauf die Rohre.

Beide Torpedos waren auf einen Dampfer der südlichen Reihe geschossen, der etwa 6000 BRT verdrängte. Aus einer Entfernung von 800 m trafen die Torpedos nach 50 Sekunden Laufzeit. Der Dampfer verlangsamte sofort seine Fahrt und setzte ein rotes Licht. Dabei sackte er rasch tiefer und war nach zehn Minuten von der Wasseroberfläche verschwunden.
Es war der 3838 BRT große griechische Dampfer »Maro«, der hier auf Tiefe ging.
Wegen der schlechten Sicht fiel der dritte Angriff auf den dahinter laufenden Dampfer aus. Das Boot kam zu nahe heran.
Der Kommandant von U 43 versuchte nunmehr wieder — sich der nördlichen Reihe zuwendend — einen weiter entfernt stehenden Dampfer zu finden, der dennoch zum Schuß günstig stand. Um 3.04 Uhr ließ Lüth einen Einzelschuß auf einen 700 m entfernt laufenden Dampfer schießen. Der Torpedo traf nach 40 Sekunden. Die Detonation desselben war im Boot besonders laut zu hören. Auf der Brücke jedoch konnten weder Lüth noch die Wachgänger etwas sehen. Der starke Seegang und Graupelschauer ließen das Boot wie blind erscheinen, und wenige Minuten später wurde es um ein Haar von einem von achtern rasch kommenden Dampfer gerammt. Zwei vergebliche Angriffsversuche auf diesen Dampfer führten wegen der Sichtverschlechterung nicht zum Ziel.
Um 3.28 Uhr wurde ein weiterer Einzelschuß auf einen 5000-Tonner abgegeben. Weil das Boot beim Abkommen zu stark gierte und möglicherweise auch noch wegen des etwas zu großen Vorhalts ging dieser Torpedo vorbei.
Aber Lüth blieb dran! Diese letzte Chance, vor dem Rückmarsch in die Heimat galt es zu nutzen.
An Backbord voraus waren zwei Schatten auszumachen. Achteraus wurde ein Zerstörer gesichtet. Während die Torpedos nachgeladen wurden, lief U 43 im Kielwasser »seines« Dampfers gegen die See an. Trotz des langen und hohen Seegangs gelang das Nachladen. An der Versenkungsstelle, die achteraus lag, war noch immer Scheinwerferleuchten zu sehen.
Bei abflauendem Wind, aber starken Hagelböen kam das Boot um 4.53 Uhr mit den letzten beiden Torpedos auf einen 5000-Tonner zum Schuß. Die Distanz betrug 1400 m, Lage 90 Grad. Nach 92 Sekunden (was einer Distanz von 1380 m entsprach) hieben beide Torpedos in das Schiff hinein. Im Achterschiff brach eine Minute später ein starker Brand aus. Dann erfüllte ein gewaltiges grelles Reißen und Knirschen die Luft, und der Dampfer brach fünf Minuten nach den beiden Treffern in der Mitte durch. Beide Teile sanken sehr schnell.

Es war der britische Dampfer »Empire Surf« mit 6641 BRT, der auf 58.42 Grad Nord und 19.80 Grad West verlorenging.
Der auf der anderen Seite des sinkenden Frachters laufende Zerstörer, der etwa 1200 Meter abstand, schoß Leuchtgranaten. Zwar konnte er das Boot nicht sehen, aber für den vorher beobachteten weiter achteraus stehenden Zerstörer mußte U 43 gut beleuchtet erscheinen. Daher ließ Lüth auf 30 m Tiefe gehen. Wenige Sekunden, nachdem diese Tauchtiefe erreicht war, fielen die Wasserbomben des achteren Zerstörers, der schnell herangekommen war. Kurz darauf wurde das Boot von diesem Zerstörer überlaufen.

Nach Nordosten ablaufend kam U 43 schnell aus dem Gefahrenbereich heraus. Beide Zerstörer hatten offenbar kein Asdic an Bord. Als das Boot um 7.52 Uhr auftauchte, war der Wind auf Stärke 7 abgeflaut. Es lief eine hohe Dünung. Lüth ließ einen von ihm vorbereiteten FT-Spruch absetzen:
»Geleitzug AL 2659, Kurs West, 6 kn/h, West 7, Regenschauer. Daraus drei Dampfer. Gesamt vier Dampfer mit 21 000 BRT. Einmal Sinken nicht beobachtet. Verschossen, Rückmarsch.«
Die vier Dampfer, die Lüth mit U 43 während dieser Feindfahrt versenkte, hatten eine Gesamttonnage von 21 307 BRT.
Am frühen Morgen des 15. Januar wurde zum erstenmal nach vielen Tagen wieder ein Besteck genommen, wenn auch nur zwei Sterne sichtbar waren.
Die Enge zwischen Färöer- und Shetland-Inseln wurde, wie vorher geplant, um 4.00 Uhr des 16. Januar gesichtet, wobei von 11.00 Uhr bis 18.00 Uhr im Unterwassermarsch gefahren wurde.
Am 18. Januar morgens um 8.00 Uhr passierte das Boot 80 sm nördlich der Shetlands eine Treibmine. Um 10.21 Uhr mußte zum Auffüllen der Batterien mit Wasser getaucht werden. Das Boot lief bis 7 Minuten nach Mitternacht des 19. Januar in Richtung Heimat, ehe das Standortkurzsignal abgegeben wurde und das Funkfeuer der Gruppe I angefordert wurde.
Um 20.00 Uhr ging ein FT-Spruch ein: »Einlaufen auf Weg Blau bis AN 9576. Zeitpunkt des Eintreffens 24 Stunden vorher melden.«
Um 7.45 Uhr des 20. Januar ließ Lüth folgenden FT-Spruch tasten: »Tauche Quadrat 3848, stehe auf Treffpunkt am 21. Januar um 9.00 Uhr. Erbitte für Anfang der Nacht Funkfeuer der Gruppe I.«
Diese Anforderung hatte Lüth bereits mehrfach gestellt, ohne daß sie beantwortet worden wäre.
Um 8.25 Uhr des 21. Januar erreichte U 43 den Treffpunkt und fand das Geleit dort bereits vor, hinter dem es um 13.48 Uhr nach Helgoland einlief. Um 16.00 Uhr wurde Helgoland wieder verlassen und

vier Stunden später Cuxhaven passiert. Fünf Seemeilen vor Brunsbüttel mußte das Boot mit dem führenden Sperrbrecher wegen Nebels zu Anker gehen, ehe das Boot 20 Minuten vor Mitternacht in die Brunsbüttel-Schleuse einlaufen konnte. Es machte um 1.30 Uhr im Brunsbütteler Innenhafen fest, von wo aus es um 8.00 Uhr den Marsch durch den Nord-Ostsee-Kanal hinter einem Sperrbrecher antrat und um 15.00 Uhr in Kiel festmachte.
Eine sagenhafte Feindfahrt war zu Ende gegangen. Sie hatte dem Kommandanten abermals einen guten Erfolg gebracht. Sein zähes Dranbleiben trotz des Orkans und der Widernisse mit der Batterie wurden in der Beurteilung besonders gewürdigt.
Wolfgang Lüth mußte nun sein Boot abgeben. Er sollte eines der größten und modernsten Boote übernehmen, die der U-Boot-Waffe ab dem Spätsommer 1942 zur Verfügung standen.

Fernfahrten

Bis zum Eichenlaub

Am 9. Mai 1942 stellte auch Wolfgang Lüth das ihm vom Großen Löwen versprochene Boot des Typs IX D-2 für weite ozeanische Verwendung in Dienst. Es war U 181, das bei der Deschimag in Bremen gebaut worden war. (Technische Daten siehe Anhang: Die Boote des Kommandanten Lüth) Insgesamt wurden von diesem Bautyp 29 Boote fertig. Mit ihrem Fahrbereich von 31 500 Seemeilen konnten sie mehr als einmal den Erdball umlaufen, ohne Treiböl übernehmen zu müssen.
Nach dem Einfahren des Bootes, dem Vertrautwerden der neuen Besatzung miteinander und den letzten Schießversuchen wurde das Boot ausgerüstet und verproviantiert und lief am 12. September zur ersten Feindfahrt aus Kiel aus. Es ging zunächst durch den Kaiser-Wilhelm-Kanal und dann durch die Nordsee in den Atlantik. Operationsgebiet für U 181 und die beiden anderen Boote dieser kleinen Gruppe war der Seeraum um Südafrika. Neben U 181 waren noch U 177 unter Kptlt. Gysae und U 178 unter Kpt.z.S. Ibbecken dabei. Diese drei Boote sollten die im Raume Kapstadt operierende Gruppe »Eisbär« ablösen.
Gleichzeitig mit der Gruppe »Eisbär« war bereits das erste IX D-2-Boot, U 179 unter FKpt. Sobe, am Kap der Guten Hoffnung eingetroffen. Es versenkte am 8. Oktober das erste Schiff, um noch am selben Tage durch den britischen Zerstörer »Active« für immer auf Tiefe geschickt zu werden.
Als die Gruppe »Eisbär« in der zweiten Oktoberhälfte 1942 den

Rückmarsch antreten mußte, trafen auch schon die drei genannten Ablösungsboote in diesem Kampfraum ein. Bereits auf dem Marsch ins Operationsgebiet gelang es U 178 unter Ibbecken am 10. Oktober 1942, den Truppentransporter »Duchess of Atholl« mit 20.119 BRT zu versenken. Ab November befanden sich die drei Boote im Operationsgebiet.

U 181 lief im Seeraum vor Kapstadt mit kleiner Fahrt nach Süden. Der »Löwenrücken« war deutlich zu erkennen. Am 3. November wurde 400 Seemeilen südwestlich von Kapstadt das 8159 BRT große amerikanische Motorschiff »East Indian« versenkt. Es konnte noch einen Notruf absetzen, ehe es auf 37.23 Grad Süd und 13.34 Grad Ost auf Tiefe ging. U 181 setzte sich mit großer Marschfahrt um das Kap der Guten Hoffnung herum ab und stieß am 8. November auf einen Dampfer, der die panamesische Flagge führte. Es war die 5060 BRT große »Plaudit«, die nach dem Torpedotreffer gestoppt liegenblieb.

U 181 lief näher heran, und als die Besatzung das Schiff verlassen hatte, ließ Lüth es mit der 10,5 cm-Bugkanone und der Dreisieben versenken. Der Versenkungsstandort war 36.00 Grad Süd und 26.32 Grad Ost.

Nach nunmehr fast zwei Monaten des Inseestehens kamen Lüths vorbereitete Aktionen für die Besatzung zum Tragen. Wunschkonzerte, Lesestunden und Vorträge wechselten einander ab. Es galt, in der Enge der Stahlröhre miteinander über Wochen und Monate auszukommen. Dazu entwickelte Lüth seine eigenen Vorstellungen, die er für kommende Kommandanten festhielt. Seine Gedanken über das U-Boot, die U-Boot-Fahrt und die Besatzung faßte er in einem Bericht zusammen, den er später weiter vervollständigte.

»Ganz gleich«, schrieb er, »wo man umherfährt, das Leben in einem U-Boot ist immer ungesund«. Den steten Wechsel von Tag und Nacht, von Arbeit und Ruhe gibt es an Bord nicht, weil im Boot dauernd Licht brennt, und es Tag und Nacht gewartet, versorgt und gefahren werden muß. Das Leben ist so unspezifischen Bewegungen ausgesetzt, daß man stets bemüht sein muß, die dadurch der Besatzung erwachsenden Nachteile auszugleichen.

Der dauernde Klimawechsel spielt ebenfalls eine entscheidende Rolle. Auch der härteste und gesündeste Mann ist auf die Dauer gesehen nicht in der Lage, dieses alles ohne Schäden an seiner Gesundheit zu überstehen.

Das Boot kann vom kalten Norden in warme Passatzonen, von dort in die Tropen kommen. Es kann von feuchten Gegenden wieder in Schönwettergebiete gelangen.

Ganz besonders beim Marsch in das Operationsgebiet berührt man während eines Ferneinsatzes sehr rasch eine Klimazone nach der anderen. Dies unter den denkbar ungesündesten Bedingungen eines U-Bootes. Hinzu kommt der unregelmäßige Schlaf, denn die Nacht wird im Boot zur Hauptkampfzeit.
Daß sich die Geruchsbelästigung und die Schäden sowie die Schadstoffbeimengungen in der Luft besonders störend auswirken, ist bekannt. Neben der Kohlendioxyd-Beimengung in gefährlichen Konzentrationen gilt dies insbesonders für die Ölhaltigkeit; weitere Giftstoffe kommen noch hinzu. Selbst die besten Lüfter können diese Schadstoffe nicht ganz beseitigen. Sie wirken zwar nicht tödlich, können aber bei monatelanger Feindfahrt lähmend und ermüdend sein.
Übersehen wir auch nicht den Krach im Boot durch die laufenden Maschinen und den Lärm des andauernden Seegangs. Alle diese Erscheinungen lösen einen Zustand aus, der mit dem Ausdruck »Blechkrankheit« wohl am treffendsten bezeichnet ist.

U 181 setzte seine Feindfahrt nach der Versenkung der »Plaudit« mit kleiner Marschfahrt nach Nordnordosten fort. In den frühen Morgenstunden des 10. November wurde der Kommandant auf die Brücke gerufen. Aufenternd stellte Lüth oben angekommen fest, daß sie einen kleinen »Kolcher« in guter Position hatten.
»Den nehmen wir uns vor!« sagte er und befahl die zur Gewinnung des Vorlaufes notwendige Kurskorrektur. Beide »Jumbos« gingen auf AK, und bis 8.20 Uhr waren sie nahe genug herangekommen.
»Auf Gefechtsstationen! — Rohr I klar zum Überwasserschuß!«
Um 8.27 Uhr verließ der Torpedo das Rohr. Der Zentralemaat flutete den Ausgleichtank, um das Boot wieder in Trimm zu bekommen.
Unmittelbar nach dem Treffer 20 achtern sackte das Schiff tiefer. Der Funker desselben setzte einen Notruf ab. Es war der 3.799 BRT große Norweger »K.G. Meldahl«, der auf 34.59 Grad Süd und 29.45 Grad Ost sank.
Am 13. November wurde der amerikanische Dampfer »Excello« im Unterwasserangriff direkt vor »Port St. Johns« mit einem Torpedo auf Tiefe geschickt. Im Rekord des Bootes schlug diese Versenkung mit 4969 BRT zu Buche.
Nunmehr mußte sich das Boot mit AK beider E-Maschinen aus der gefährlichen Hafennähe absetzen, um nicht von den nach dem Notruf auslaufenden Fahrzeugen gepackt und mit Wasserbomben belegt zu werden. Als es in sicherer Distanz auftauchte, mußte nach zehn Minuten bereits wieder der Weg in die Tiefe angetreten werden, weil der Ausguck-achtern ein herannahendes Flugboot ge-

Captain Walker auf der Brücke von »Starling«.

»Starling« hat Wasserbomben geworfen.

Dieser große Ölfleck kennzeichnet die Stelle des Unterganges eines deutschen U-Bootes.

Das ist »Vanoc«, die U 100 rammte und versenkte.

Auch U 99 wurde Opfer britischer U-Jagd-Gruppen. Hier noch einmal einlaufend.

Kapitänleutnant Otto Kretschmer wird begrüßt.

Dies ist die »Walker«, die U 99 am 17. März 1941 versenkte. Auch dieses Boot ging auf das Erfolgskonto von Commander MacIntyre.

U 29 läuft im Herbst 1940 in Lorient ein.

Die Besatzung von 025 wird in Wilhelmshaven von Konteradmiral Dönitz empfangen.

sichtet hatte. Mit Alarmtauchen ging es hinunter. Das Flugboot hatte sie nicht gesehen und warf nicht.
U 181 setzte seine Feindfahrt fort. Am Abend dieses Tages nahm der Funkenpuster einen FT-Spruch des BdU auf. Der Wortlaut war: »An U 181, Kommandant: Der Führer hat Ihnen als 142. Soldaten der deutschen Wehrmacht das Eichenlaub zum Ritterkreuz des Eisernen Kreuzes verliehen. Gratuliere — Dönitz.«

Wolfgang Lüth als Kommandant

In den nächsten Tagen ging es Schlag auf Schlag. Der Norweger »Gunda« mit 2241 BRT machte am 19. November den Anfang. Wenige Stunden später, es war 1.24 Uhr des 20. November, kam das Boot auf den griechischen Dampfer »Corinthiakos« mit 3562 BRT zum Schuß. Auch dieser Dampfer sank sofort. Knapp 24 Stunden darauf, am 22. November 00.33 Uhr, lief jener Zweierfächer, der einem Dampfer galt, den Lüth auf 7000 BRT geschätzt hatte. Der Doppeltreffer ließ den amerikanischen Dampfer »Alcoa Pathfinder« mit seinen 6797 BRT sinken.
Abermals mußte sich das Boot von seinen Verfolgern absetzen. Es wurde mit Wasserbomben belegt, die jedoch nicht nahe genug detonierten, um das Boot zu gefährden.
Als die Wasserbomben fielen und die ersten Schäden gemeldet wurden, rief Lüth durch das Boot: »Alle mal herhören! Eiserne Ruhe bewahren. Diese Schweinerei geht auch mal vorbei. Angst übernimmt der Kommandant für alle.«
Gelächter flackerte auf und entkrampfte die Situation. Lüth hatte die Sache im Griff und mit ihr jeden einzelnen Mann, der dazu ge-

hörte. Aber einer von ihnen, der bei dieser ersten Feindfahrt auf U 181 mit an Bord war, schien ein notorischer Nörgler zu sein. Dieser war jüngeren Vorgesetzten gegenüber von einem Ungehorsam, den Lüth nicht länger ansehen konnte. Als er dann auch noch hörte, daß der Kerl, nachdem das Boot fast zwei Wochen erfolglos geblieben war, immer noch nicht mit dem Meckern aufhörte, entschloß sich Lüth zu einer Kommandantenmusterung. Dazu bemerkte er:

»Wir tauchten auf 40 Meter. Nur drei Soldaten blieben in der Zentrale des Bootes und bei den E-Maschinen zurück. Ich trat vor die im Bugraum versammelte Besatzung, ließ den betreffenden Matrosengefreiten vortreten und sagte ihm: Entweder Sie kommen als mein Freund und Kamerad nach Hause, oder Sie landen in der Sonderkompanie in Plön.«

Diese Entscheidung gab Lüth dem Gefreiten schriftlich, damit sich dieser die Konsequenzen immer vor Augen halten konnte. Der Mann unterschrieb und war auch bereit, 14 Tage lang den Sonderdienst zu übernehmen, der in zusätzlicher Arbeit bestand.

»Dieser Seemann«, sagte Lüth in seinen Erinnerungen an diese erste Fahrt, »hat die zusätzlichen Arbeiten, trotz der Belastungen durch die tropischen Klimabedingungen, ohne Murren auf sich genommen. Er hat die schlechten Kartoffeln aussortiert und die Bilgen gereinigt.

Er staute den Proviant so um, wie der Koch ihn benötigte und nahm seinen Kameraden, ohne viel zu fragen, manche schwierige und ungeliebte Arbeit ab.

Wochen später konnte, nein, mußte ich ihm das Eiserne Kreuz geben. Er hat sich auch weiterhin tadellos benommen und so ausgezeichnet eingelebt, daß ich ihn meinem Nachfolger sogar als zuverlässigen Rudergänger empfehlen konnte.«

Warum Lüth nichts von einer Bestrafung mit Arrest wissen wollte, die ja erst nach der Rückkehr von der Feindfahrt wirksam werden konnte, erklärte er folgendermaßen:

»Auf einem U-Boot kann man niemanden einsperren oder mit einer Ausgangsbeschränkung bestrafen. Würde ich also jemals einem Soldaten 14 Tage Arrest zudiktiert haben, dann hätte ich dem Delinquenten auch sagen müssen, daß er in einigen Monaten, wenn wir wieder in den Stützpunkt zurückgekehrt waren, brummen müsse. Nach dieser Strafzumessung teilen wir auch weiterhin auf See gemeinsame Gefahren und Erfolge, bei denen sich dieser bestrafte Soldat als Mann, Kamerad und Mensch bewährt. Soll ich ihn dann, heimgekehrt, immer noch und trotzdem vor den Kadi stellen las-

sen? Soll ich eine Bestrafung für ein Vergehen fordern, das Monate zurückliegt?«
Lüths Argumentation und seine entsprechende Handlungsweise bewährten sich auf den beiden Fernfahrten mit U 181 ganz besonders. Es gab keinen Soldaten, der nicht von diesem Kommandanten voll akzeptiert wurde und nicht seinerseits Lüth als Kommandanten voll anerkannte und sich entsprechend verhielt.
Doch zurück zur ersten Feindfahrt mit U 181 und zum 24. November, jenem Tag, an dem Lüth mit diesem Boot zweimal zuschlug. Der erste Gegner, auf den U 181 stieß, war der griechische Dampfer »Mount Helmos« ein 6481 BRT großes Schiff, das um 7.37 Uhr dieses Tages von den beiden Torpedos von U 181 getroffen wurde und mit kleinster Fahrt weiterlief. Lüth brachte nun die Artillerie des Bootes zum Einsatz. Der II. WO, der zugleich Artillerieoffizier war, enterte auf Deck ab und bemannte mit der Bedienung die Kanone. Die ersten beiden Schüsse peitschten dicht vor dem Schiff in die See. Bereits die dritte Granate schlug in die Bordwand unterhalb der Brücke ein. Eine Reihe weiterer Treffer ließen das Schiff auf 26.38 Grad Süd und 34.59 Grad Ost sinken.
Am Spätnachmittag dieses 24. November kam dann ein weiteres Schiff in Sicht. Am Rande der Sichtweite mitlaufend gewann das Boot den zum Unterwasserschuß notwendigen Vorlauf. U 181 ging in Sehrohrtiefe hinunter und drehte in einer schlanken Kurve auf das Schiff ein, das mit 8 Knoten Fahrt durch die See furchte.
Um 20.34 Uhr fiel der Torpedoschuß. Das Schiff blieb nach einer Meile gedrosselter Fahrt schließlich liegen. Lüth sah, daß Rettungsboote gefiert wurden. Leicht nach vorn geneigt, lag der wundgeschossene Dampfer auf der See.

»Wir tauchen auf!« befahl Lüth, »der sinkt nicht. Geschützbedienung sich hinter der Brückenwache klarhalten!«
U 181 kehrte an die Wasseroberfläche zurück. Als erster schwang sich Wolfgang Lüth durch das Turmluk auf die Brücke und suchte die See ab. Es war nichts zu sehen, außer dem gestoppt liegenden Dampfer.
Wieder erfolgte die Beschießung exerziermäßig, bis der Funker die Meldung machte, daß die Funkbude drüben auf dem Dampfer noch besetzt war.
»Der Dampfer macht SOS. — Glaubt, er sei auf eine Mine gelaufen Herr Kapitän!«
»Wie heißt er?« fragte Lüth zurück.
»Sein Name ist 'Dorington Court'. Er hat nach dem Lloyds-Register 5281 BRT.«

Die »Dorington Court« sank auf 27.00 Grad Süd und 34.45 Grad Ost. Mit ihr hatte Lüth auf dieser Feindfahrt bereits sein neuntes Schiff versenkt.
Die nächsten drei Tage verliefen ereignislos. Es war glutheiß in der Röhre, und die Männer lechzten nach frischer Luft. Einzeln konnten sie auf den Turm kommen, um eine Zigarette zu rauchen und sich zu erholen. Selbst die beiden großen Schachgegner wollten in ihrer Freizeit nicht mehr spielen. Lediglich die Skatrunde im Bugraum drosch nach wie vor Karten.
Schallplatten wurden vom Funkenpuster eingespielt. Immer wenn es Alarm gab, hofften sie, einen Gegner vor die Rohre zu bekommen. Aber es waren meistenteils Alarme vor Flugzeugen und einmal vor Zerstörern, die einen riesigen Einzelfahrer geleiteten. Als Lüth daraufzuhielt und Anschluß zu finden versuchte, mußte er sehr rasch die Feststellung treffen, daß sie da nicht mithalten konnten. Der Dampfer und seine Eskorte machten gut 20 Knoten und waren sehr bald hinter der Kimm verschwunden.
»Hier gibt es offenbar nur Einzelfahrer«, meinte der III. WO, als in der Nacht zum 28. November Lüth auf die Brücke kam.
»Sieht so aus«, bestätigte der Kommandant. »Aber auch die schlagen zu Buche, wenn wir nur genügend finden.«
»Hoffentlich klappt es bald wieder.«
»Ich habe so eine gewisse Nase, daß wir bald wieder einen finden werden.«
Eine Stunde, nachdem Lüth in seine Kammer hinuntergegangen war, um zwei Stunden »an der Hängematte zu horchen«, wie dies im Seemannsjargon hieß, kam eine Rauchwolke in Sicht.
»Kommandant auf den Turm!«
Wolfgang Lüth fuhr aus dem Halbschlaf hoch, griff nach seiner Mütze und eilte durch das Kugelschott in die Zentrale. Er rief am Niedergang sein »Aufwärts!«, damit ihm nicht einer der möglicherweise vom Turm abenternden Männer aufs Haupt stieg und eilte nach oben. Er nickte dem Rudergänger zu, glitt durch das Turmluk und erhielt vom I. WO die Einweisung.

Es war inzwischen taghell geworden. Die Rauchsäule stand an Steuerbord etwas achterlicher als querab und bewegte sich vom U-Boot fort.
»Den nehmen wir uns vor!« erklärte Lüth. »Ich übernehme das Boot!« Die Befehle für den Rudergänger kamen wie aus der Pistole geschossen, und dieser bestätigte, daß der neue Kurs anlag.
»Beide Diesel AK voraus!«
Das »Hummeln« der beiden Jumbos wurde lauter und dröhnender.

Das Boot schob sich durch die glatte See und zerteilte sie, als würde eine Silberfolie durchschnitten. Schneller und schneller wurde U 181, und nach zweimaliger weiterer Ruderkorrektur lagen sie auf dem richtigen Kurs und liefen am Rande der Sichtweite zum entdeckten Dampfer mit.
Am Nachmittag konnten sie den Dampfer in 7000 Metern querab deutlich beobachten. Es war kein großer »Eimer«, aber mit geschätzten 4000 Tonnen auch nicht zu verachten, besonders dann, wenn man bereits den vierten Tag ohne Sichtmeldung geblieben war.
Als es dunkel wurde, standen sie in guter vorlicher Position. Das Boot drehte nun zum Angriff ein.
»Auf Gefechtsstationen! Rohr IV klar zum Überwasserschuß. UZO auf den Turm.«
Die Befehle wurden unverzüglich befolgt. Breitbeinig stand der I. WO hinter der UZO, die auf die Zielsäule aufgesetzt war und mit der Rechenanlage gekoppelt war.
Näher und näher kamen sie an den Gegner heran. »Hartlage!« meldete der Zielgeber. Noch einige Sekunden vertickten. Dann gab Lüth den Schuß frei, und der I. WO betätigte die elektrische Abfeuerung, während der Torpedomaat im Bugraum noch zusätzlich auf die Handabzugstaste schlug.
»Torpedo läuft!« meldete der Maat im Bugraum, obwohl alle den Ruck gespürt hatten, der durch das Boot ging, als der Aal das Rohr verließ.
Nun liefen wieder einmal 350 Kilogramm Trinitrotoluol durch die See, suchten den Gegner und — fanden ihn.
Einige Sekunden vor Ablauf der geschätzten Laufzeit stieg mittschiffs am Gegner die feuerdurchmischte Torpedopinie empor.
Das Schiff verlangsamte sofort seine Fahrt. Es machte einen Notruf, wie der Funker meldete und wurde als der dritte Grieche in Reihenfolge notiert. Sein Name lautete »Evanthia«. Dieser Dampfer hatte nur 3551 BRT, und zu allem Überfluß wollte er nicht sinken. Er wurde zwar von seiner Besatzung verlassen, aber Lüth wußte nur zu genau, daß diese Seeleute ihr Schiff wieder besetzen würden, sobald sie wußten, daß das U-Boot nicht mehr in der Nähe lauerte, und sicher sein konnten, daß ihr Untersatz nicht sank. Auch dieses Schiff wurde mit der Artillerie versenkt, denn die Torpedos waren knapp geworden.

Der nächste Tag verlief wieder ohne besondere Ereignisse, aber kurz nach Mitternacht des 30. November sichtete der Bootsmannsmaat der Wache wieder ein Schiff, und das Boot drehte auf diesen

Einzelfahrer ein. Es kam um 5.11 Uhr auf den vierten Griechen, die 4153 BRT große »Cleanthis«, zum Schuß. Aber offenbar waren diese Griechen ganz zähe Brocken, denn auch die »Cleanthis« benötigte 28 10,5-cm-Granaten aus der Bugkanone, ehe sie auf Tiefe ging und der Versenkungsrekord von U 181 um diese 4153 BRT größer wurde.
Der panamesische Dampfer »Amaryllis«, ein Schiff von 4328 BRT, erhielt die letzten beiden Torpedos. Diese brachen dem 4328-Tonner den Kiel, teilten ihn in zwei Stücke und brachten ihn binnen weniger Minuten zum Sinken. Auf 28.14 Grad Süd und 33.24 Grad Ost ging der letzte Dampfer dieser Feindfahrt auf Tiefe.
Von diesem Zeitpunkt an — die in den Oberdeckstuben lagernden zwei Torpedos waren in der kommenden Nacht ins Boot gehievt und genau durchgesehen worden, so daß also noch zwei Aale zur Verfügung standen — lief U 181 vergebens durch die See. 14 Tage lang nichts als glutende Hitze und Verfolgungsjagden hinter Schemen her, die nichts brachten, weil sie entweder keine realen oder zu schnelle Schiffen waren.
Als Wolfgang Lüth den Rückmarschbefehl gab, waren alle Männer froh, dieser Gluthölle entrinnen zu können. Aber der Rückmarsch dauerte noch an. Am 8. Januar 1943, das Boot lag bereits auf Heimatkurs, wurde es auf den Geleitzug TM 1 angesetzt. Dieser sollte ganz in der Nähe stehen. Doch das Boot erhielt keine Fühlung und drehte schließlich, als der Treibstoff nur noch für den Rückmarsch reichte, wieder auf Generalkurs Heimat.
Am 18. Januar 1943 lief U 181 nach 129 Seetagen in den Stützpunkt Bordeaux ein, in dem die Boote für weite ozeanische Verwendung zusammengezogen worden waren. Dazu war eigens die 12. U-Flottille aufgestellt worden. Ihr Chef wurde der bereits mit dem Eichenlaub ausgezeichnete Korvettenkapitän Klaus Scholtz.
Er begrüßte das Boot, als dieses mit 12 Versenkungswimpeln am ausgefahrenen Luftzielsehrohr anlegte. Die Besatzung war, mit riesigen Rauschebärten ausgestattet, aber sonst tipptopp, auf Oberdeck angetreten, als Lüth auf die Pier kletterte und dem Flottillenchef sein Boot zurückmeldete.
Auf dieser ersten Feindfahrt hatte U 181 in 129 Seetagen 12 Schiffe mit 64 364 BRT versenkt.

Nach seiner Meldung beim Führer der U-Boote West, Fregattenkapitän Rösing, und der am nächsten Tage folgenden Kommandantenbesprechung des KTB konnte Lüth ebenso wie seine Besatzung in Urlaub fahren und Kräfte sammeln für die nächste Feindfahrt, die sicherlich nicht weniger anstrengend werden würde.

Fazit der ersten Ferneinsatz-Gruppe

Gleichzeitig mit der Gruppe »Eisbär«, die im Seeraum um Kapstadt zum Einsatz gelangen sollte, war das erste einsatzbereite Boot des Typs IX D-2, U 179 unter FKpt. Sobe, im Seeraum um das Kap der Guten Hoffnung eingetroffen. Sobe hatte dieses Boot am 7. März 1942 als erstes dieser Gruppe in Dienst gestellt. Im Südatlantik hatte dieses Boot — höhere Fahrt laufend als die Gruppe Eisbär — die Gruppe eingeholt. Sobe versenkte im ersten Angriff seines Bootes am 8. Oktober 1942 ein Schiff und wurde noch am selben Tage durch den britischen Zerstörer »Active« vor Kapstadt versenkt.

In der zweiten Hälfte des Oktober, als die Gruppe »Eisbär« den Rückmarsch antreten mußte, trafen die nächsten drei Boote dieses Typs für weite ozeanische Verwendung vor Kapstadt ein. Es waren dies U 178 unter Kpt.z.S. Ibbecken, der das Boot bereits am 4. Februar 1942 in Dienst gestellt hatte, U 177 unter Kptlt. Gysae und U 181 unter Kptlt. Lüth. Dieser war mit der Herstellung der Einsatzbereitschaft seines Bootes am schnellsten fertiggeworden. Mit eiserner Energie schaffte er es, nachdem er U 181 erst am 9. Mai 1942 in Dienst gestellt hatte, bereits in der ersten Gruppe dabei zu sein.

Zum Kapstadt-Einsatz dieser wenigen deutschen U-Boote, bemerkte Großadmiral Dönitz in seinem KTB:

»Die Unternehmung vor Kapstadt war ein voller Erfolg. Wir versenkten dort im Oktober 1942 27 Schiffe mit 161 121 BRT, von denen viele voll wichtiger militärischer Ladung waren. (Siehe auch Roskill The War at Sea, Bd. II)

Mehrere große Truppentransporter gingen hier dem Gegner verloren. Am 9. Oktober wurde die »Oronsay« mit 20 043 BRT versenkt. Am darauf folgenden Tage ging die »Orcades« mit 23 456 BRT auf Tiefe. Nördlich der Insel Ascension wurde die »Duchess of Atholl« mit 20 119 BRT torpediert und sank. Dies waren schwere Verluste, denn solche Schiffe konnten niemals während des Krieges ersetzt werden.

»Wir konnten zufrieden sein!« (Siehe Dönitz, Karl: a.a.O.).

Über die Ausdehnung des Operationsgebietes dieser drei Fernboote notierte Dönitz weiter:

»In den folgenden Wochen dehnten diese drei Boote ihre Operationen in den Indischen Ozean aus. Sie gingen bis zur Küste von Lourenco Marques und versenkten dort bis zum Ende des Jahres etwa 20 weitere Schiffe. Roskill sagt dazu: 'Der Angriff dieser U-Boote war dort sehr ergiebig. Sie haben in diesem Seebereich bei weit geringerem Aufwand mehr Schaden angerichtet, als die getarnten Hilfskreuzer, die ihre Vorläufer auf diesem Kriegspfad gewesen waren.' (Siehe Roskill a.a.O.)«

Auf der Seite des Gegners, bei der Britischen Admiralität, war man seit langem besorgt über die vor Kapstadt stattfindende Häufung unzureichend gesicherter Schiffe. Der »Submarine Tracking Room«, in dem alle Bewegungen deutscher U-Boote verfolgt wurden, hatte am 21. September 1942 bereits eine Warnung herausgegeben, wonach die Südbewegung von deutschen U-Booten im Atlantik angekündigt wurde. Im Raume Kapstadt wurden daraufhin gewisse Schutz- und Vorsorgemaßnahmen getroffen, die allerdings die großen Erfolge dieser wenigen deutschen Boote für weite ozeanische Verwendung nicht verhindern konnten.
Dies zwang die Britische Admiralität dazu, U-Boot-Abwehrgruppen auch in diesen Raum zu entsenden und ihre Sicherungsstreitkräfte weiter aufzusplittern.
Als das Jahr 1942 zu Ende ging, hatten deutsche und italienische U-Boote in diesem Jahr insgesamt 1160 Schiffe mit 6 266 215 BRT versenkt. Die Verluste in diesem Jahr waren geringer gewesen als im vorausgegangenen Jahr, dies trotz der verstärkten Feindabwehr durch Flugzeuge und Überwasserortung.
Trotz dieser großen Erfolge, den größten des Krieges überhaupt, waren die Grenzen des U-Boot-Einsatzes bereits abgesteckt. Dazu Großadmiral a.D. Dönitz:
»Wir waren uns zu diesem Zeitpunkt nach mehr als drei Jahren Kriegsdauer durchaus bewußt, was die zunehmende Entfaltung der Kräfte der beiden größten Seemächte der Welt für die U-Bootwaffe, die allein die Last des Kampfes gegen sie zu tragen hatte, in Zukunft bedeuten konnte. Unterwasserortung und Luftüberwachung des Gegners, machten uns immer mehr Sorge. Wir konnten auch für das Jahr 1943 nur das eine Ziel haben, die Kampfkraft der U-Boote und die Kampfmoral der Besatzungen zu erhalten und sie selbst so erfolgreich und ökonomisch wie möglich einzusetzen.«
Wie der Gegner zu Ende 1942 die Lage der U-Boot-Schlacht im Atlantik beurteilte, wird von Captain Roskill nüchtern dargelegt:
»Während der letzten Tage des Jahres 1942 faßte die Admiralität noch einmal die Probleme und Aussichten der Atlantikschlacht zusammen. Unsere Transportsituation, so trug ein Mitglied der Admi-

ralität vor, sei niemals schwieriger als 1942 gewesen. Die Zahl unserer Sicherungsfahrzeuge und die Luftüberwachung waren noch viel zu gering.
Trotz des Erfolges der Landung in Nordafrika in der Operation »Torch« erfüllte uns schwere Sorge, daß künftige Offensivpläne durch Mangel an Transportschiffen verzögert oder gar vereitelt werden könnten.
Besonders die Ölvorräte waren auf eine sehr geringe Menge gesunken. Mitte Dezember befanden sich nur noch 300 000 tons Bunkeröl in England, während der monatliche Verbrauch sich auf 130 000 tons belief. - - -
Was die Verluste betrifft, die wir in diesem Jahr 1942 erlitten, so steht außer Zweifel, daß uns der Feind sehr geschadet, und daß uns das Jahr 1942 ein weiteres Defizit von einer Million BRT gebracht hat.
Die britische Einfuhr fiel unter 34 Millionen Tonnen. Dies war ein Drittel weniger als im Jahre 1939. Es war der Britischen Admiralität klar, daß die Schlacht auf den Geleitzugwegen noch nicht entschieden war, daß der Feind größere Kräfte besaß als jemals zuvor und daß die Krise in diesem sich lang hinziehenden Kampf noch bevorstand.«
Das Ergebnis der genannten Boote vor Südafrika von Oktober bis Dezember war eindeutig und veranlaßte die U-Boot-Führung eine zweite Gruppe Boote für den nächsten Schlag in diesen Seeräumen zusammenzuziehen. Hier die Zahlen:
Nachdem U 178, eines der drei Boote des Ferneinsatzes Südafrika, bereits auf dem Ausmarsch ins Operationsgebiet am 10. Oktober 1942 den Transporter »Duchess of Atholl« mit 20 119 BRT versenkt hatte, operierten diese drei Boote als zweite Welle nach der Gruppe »Eisbär I« vor Südafrika. U 178 unter Kpt.z.S. Ibbecken versenkte 5 Schiffe mit 6 348 BRT. U 177 unter Kptlt. Gysae konnte sein Erfolgskonto auf 8 Schiffe mit 49 371 BRT vergrößern, und Kptlt. Wolfgang Lüth versenkte 12 Schiffe mit 64 364 BRT.
Das aus dem Mittelmeer kommende und nach Südafrika entsandte U-Boot »Cagni« unter FKpt. Liannazza versenkte auf dem Ausmarsch ins Operationsgebiet ein Schiff und vor Südafrika ein weiteres mit zusammen 5840 BRT.

206 Tage durch die Hölle und zurück

Westlich von Gibraltar

U 181 lief am frühen Morgen des 23. März 1943 »ohne Trara« von Bordeaux zu seiner zweiten Fernfeindfahrt aus. Das Boot wurde von Klaus Scholtz und einigen Kameraden verabschiedet. Der Flottillenchef drückte Wolfgang Lüth die Hand. »Machen Sie es gut, Lüth! Mast und Schotbruch!«
»Danke, Herr Kapitän!« antwortete der schlanke Balte mit dem ernsten Gesicht.
Das Boot legte ab, und als sich Lüth noch einmal umwandte, sah er nur noch die dunkle Stelle dort, wo sein Boot vorhin am Liegeplatz gelegen hatte.
Voll ausgerüstet und verproviantiert, mit Tropenuniformen ausgestattet und mit dem festen Willen, auch auf dieser Fahrt zu einem guten Ergebnis zu kommen, standen die Männer auf ihren Stationen.
Diesmal hatten sie noch besser vorgesorgt, denn wie es den Anschein hatte, würden sie sehr lange in diesen Fernen Gewässern bleiben, und aus einem der Versorger in diesem Seeraum sowohl Treiböl als auch Torpedos und Verpflegung empfangen können.
Ganze Stapel neuer Schallplatten, Bücher und Zeitschriften, Spiele und andere Dinge waren mit eingepackt worden. Lüth hatte an zwei Abenden mit seinen Offizieren das Unterhaltungsprogramm

ausgearbeitet, denn er wußte, was ihrer harren würde und brachte dies mit den Worten zum Ausdruck:
»Meine Herren, auf unserer Feindfahrt werden wir wahrscheinlich wochenlang nichts anderes sehen als Wasser und immer wieder Wasser, aber kein Schiff und keinen Schimmer von Land.«
»Und was wird das für ein Operationsgebiet sein,« fragte einer der jüngsten Offiziere. Lüth zuckte die Schultern.
»Es geht in den Indischen Ozean, mehr weiß ich auch nicht, denn das Operationsgebiet wird später bekanntgegeben. Eines ist jedoch jetzt schon sicher: Wir werden nicht allein dort unten angreifen. U 177, U 178 und U 195 werden mit dabei sein. Hinzu kommen sollten auch noch U 196, U 197 und U 198.«

»Das ist ja die halbe Flottille, Herr Kapitän«, meinte der Leutnant ehrfurchtsvoll. »Da muß sich der 'Große Löwe' aber gewaltige Chancen ausrechnen, wenn er die ganze Mahalla an Booten dorthin in Marsch setzt.«
»Ich rechne mir auch für uns einige Chancen aus«, bestätigte der Kommandant.
Alles war auf das Sorgfältigste vorbereitet worden. Die Prüfungen hatten ergeben, daß das Boot hundertprozentig einsatzbereit war. Wolfgang Lüth war inzwischen d e r Kommandant geworden, der die größte Versenkungszahl aufzuweisen hatte und noch im Einsatz stand. Sein Rivale als Tonnagekönig war Otto Kretschmer gewesen, der allerdings seit dem 17. März 1941 schon aus dem Rennen ausschied, als sein Boot versenkt wurde und er in die britische Gefangenschaft gegangen war. Dennoch führte Kretschmer nach wie vor mit großem Abstand die Versenkungsliste an. Nur Lüth würde im Stande sein, diese Zahl zu überbieten, vorausgesetzt, daß diese Feindfahrt mit einem ähnlichen Erfolg endete, wie die erste Fernfahrt von U 181.
Das Boot lief getaucht durch die Biskaya, denn hier lauerten nicht nur feindliche U-Boote, sondern auch Bomber und Flugboote auf aus- und einlaufende U-Boote.
Als das Boot in der Nacht zum 25. März auftauchte, um den FT-Spruch abzusetzen, daß die Biskaya passiert sei, mußte es gleich darauf wieder mit Alarmtauchen hinuntergehen, als Flugzeuggeräusche gehört wurden. Es erfolgte keine Bombardierung.
Noch während des Ausmarsches ins Operationsgebiet wurde U 181 auf den Sierra-Leone-Geleitzug SL 126 angesetzt. Doch das Boot kam nicht mehr heran. Allerdings bewirkte die Kursänderung, daß sie am 11. April auf den britischen Dampfer »Empire Whimbrel« stießen. Dieser Dampfer mit 5983 BRT sollte das erste Opfer

des Bootes auf seiner zweiten Feindfahrt werden. Er ging auf 02.31 Grad Nord und 15.55 Grad West auf Tiefe.
Von diesem Tage an marschierte U 181 ununterbrochen Tag um Tag, Nacht um Nacht, in Richtung Operationsgebiet. Am 15. April bereits ging nach der Meldung von der Versenkung der »Empire Whimbrel« die Nachricht des BdU ein, daß dem Kommandanten als 29. Soldaten der deutschen Wehrmacht die Schwerter zum Ritterkreuz mit Eichenlaub verliehen worden waren. Das gab nicht nur Wolfgang Lüth sondern der gesamten Besatzung mächtigen Auftrieb.
Dennoch gestaltete sich der Weitermarsch verheerend, denn die See war leer, und sie blieb leer. Mehrfach wurde das Boot von feindlichen Zerstörern gejagt und von Flugzeugen unter Wasser gedrückt.
Bis Ende April stand U 181 vor der Küste von Südafrika. Als hier kein Verkehr lief, umrundete das Boot das Kap und lief an der Ostküste von Südafrika wieder nach Norden in Richtung zum Moçambique-Kanal. Hier stieß es auf das erste Schiff während des Südmarsches. Es war der britische Dampfer »Tinhow« mit 5232 BRT, der um 4.08 Uhr des 11. Mai den tödlichen Torpedo erhielt und auf 25.15 Grad Süd und 33.30 Grad Ost vor Lourenco Marques sank.

Der Bann schien gebrochen. Jetzt mußte es so weitergehen.
In den nächsten Tagen tauchten immer wieder »kleine Äppelkähne« auf, die weder einen Torpedo noch einige Granaten lohnten, zumal dann ja auch ihr Standort preisgegeben war.
Erst am 20. Mai morgens kam das schwedische Motorschiff »Sicilia« in Sicht — auch dieses Schiff ein kleiner Kolcher. Dennoch legte Lüth einen Aal an, weil er inzwischen erfahren hatte, daß sie bald an der »Charlotte Schliemann« versorgen und dort auch neue Torpedos erhalten würden. Der Torpedo traf den kleinen Dampfer, an den Lüth im Unterwasserangriff bis auf 400 Meter heranging, tödlich. Einige Minuten nach dem Treffer sank der 1633 Tonner auf Tiefe.
Das schwedische Motorschiff »Sicilia« konnte noch einen Notruf mit Standortangabe machen, ehe es sank. Eine Stunde nach dessen Sinken stießen aus tiefhängenden Wolkenballen zwei Flugzeuge auf das Boot herunter. Es war für Lüth nicht mehr möglich, sie rechtzeitig zu erkennen.
Mit Schnelltauchmaßnahmen versuchte er, dem Bombenwurf zu entkommen, doch bevor das Boot überhaupt zum Tauchen ankippte, war das zweite Flugzeug direkt hinter ihm und schoß aus allen Bordwaffen. Einer der Brückenwächter erhielt einen Kopf- und ei-

nen Brustschuß und war sofort tot, zwei weitere wurden leicht verwundet. Es gelang noch, die Männer ins Boot zu zerren, und dann ging es mit Schnelltauchen in den Keller.
Hinter dem Boot krachten die Bomben der zweiten Maschine in die See, die ihren Angriff abgebrochen hatte, als sie sah, daß die erste Maschine schon zu nahe am U-Boot war. Allein durch diese gegenseitige Behinderung der Flugzeuge war es U 181 gelungen, der Vernichtung zu entgehen.
Der tote Seemann wurde nach dem Wiederauftauchen in der See bestattet. Lüth hielt eine kurze Trauerrede und sprach dann mit den Männern ein stilles Gebet.
Der gefallene Seemann fehlte natürlich in einer Besatzung, in der jeder Mann seinen Platz hatte. Für Lüth kam es darauf an, einen Ersatz zu bekommen. In einem FT-Spruch meldete er den Tod des Besatzungsmitgliedes und erhielt wenig später zur Antwort, daß er bei dem Versorger »Charlotte Schliemann« Ersatz bekommen würde.
Zunächst aber wurde die Feindfahrt fortgesetzt.
Die »Harrier«, ein kleiner südafrikanischer Kolcher, der nur 193 BRT hatte, zerlegte am 7. Juni nach dem Treffer binnen zweier Minuten in seine Einzelteile.
Damit mußte sich das Boot zunächst begnügen, denn es kam nichts mehr in Sicht. Nach Aufnahme des FT-Spruchs der Operationsabteilung lief U 181 nach Osten in den freien Seeraum des Indischen Ozeans, um an dem aus der Sundastraße kommenden Versorger, der »Charlotte Schliemann« Öl, Proviant und Torpedos zu ergänzen, um für eine weitere Schießzeit draußen bleiben zu können. Er traf dort am 21. Juni 1943 ein.
Als U 181 am 21. Juni als erstes Boot an der »Charlotte Schliemann« längsseits ging, fragte Lüth den Kapitän des Schiffes, ob er ihm einen Ersatzmann abgeben könne. Der Kommandant hatte bereits vom BdU entsprechende Weisung erhalten.
»Wollen Sie einen Seemann oder einen Maschinengasten?« fragte er.
»Einen Seemann«, antwortete Lüth »und wenn dies möglich ist, einen jüngeren«.
»Ich kann Ihnen einen guten Mann geben, wenn es Sie nicht stört, daß der Junge seit vielen Jahren in Japan gelebt hat und noch auf keinem Kriegsschiff gestanden, also auch keine entsprechende Ausbildung erhalten hat. Aber von der Seefahrt versteht er etwas.«
»Das geht klar, Herr Kapitän«, sagte Lüth. »Wenn Sie sagen, daß der Junge in Ordnung ist, dann ist er das auch. Alles andere werde ich schon hinbiegen.«

Als der Leichtmatrose in Turnschuhen und mit Strohhut an Bord von U 181 kam, zum Turm hinüberschlenderte und gemächlich aufenterte, sah er sich Lüth gegenüber, der sich in seiner Uniform in nichts von den übrigen Männern abhob. Nach der Überlieferung soll sich folgendes »Gespräch« ergeben haben:
»Wer ist denn der Alte hier auf dem Untersatz?«, fragte der Sailor mit einer Handbewegung zu Lüth hin, weil dieser ihm wegen seines langen Bartes am ehesten als Gesprächspartner geeignet erschien.
»Der mit der weißen Mütze auf dem Kopf«, antwortete Lüth, den Gleichgültigen spielend. Der Matrose blickte sich um, sah nur einen Mann mit Mütze auf dem Kopf, nämlich seinen Ansprechpartner, und stellte zielsicher fest:
»Dann sind Sie also der Kommandant. Tach Käpten, ich soll hier bei Ihnen einsteigen!« Sprach's und reichte Lüth eine kehrschaufelgroße Pranke.
Die Brückenwächter hielten den Atem an. Sie warteten jetzt auf das wie ein Taifun auf den Sailor niederprasselnde Unwetter, das aber zu ihrer Verblüffung ausfiel.
Lüth nahm die dargebotene Hand. »Tach, mein Jung«, sagte er trocken. »Willkommen an Bord!«
Das war das Einmalige an ihrem »Alten«, daß er alle immer wieder aufs Neue überraschte.
Wolfgang Lüth stellte einen erfahrenen Bootsmannsmaaten ab, der dem »Neuzugang« »Gehen und Stehen, Sprechen und Schweigen auf einem U-Boot beizubringen hatte.« Dazu mußte er den unerfahrenen jungen Mann über die unerläßlichen Formen gegenüber einem Offizier und gegenüber dem Kommandanten des Bootes »aber schonend« aufklären.
14 Tage später wurde der neue Marinesoldat vereidigt. Dazu ließ Lüth das Boot auf 40 Meter Wassertiefe tauchen und eine kleine Feierstunde halten. Da war keiner der Männer, der nicht mit frischgewaschenem Gesicht und im blendendreinen Tropenzeug angetreten wäre. Das brauchte der Kommandant nicht einmal zu sagen: das wußten sie aus Erfahrung. Selbst die Haare waren frisiert — bis auf die Bärte, die bis zum Einlaufen in den Heimathafen stehenbleiben mußten, damit nicht Rasmus oder Klabautermann, oder alle beide, auf dem Boot zustiegen und Unfug anrichteten.

Es wurden einige Lieder gesungen. Lüth übergab dem neuen Matrosen der Kriegsmarine eine selbstverfaßte Schrift über »Die Pflichten des Soldaten«.
Dieser Neue wurde ein ausgezeichneter Soldat, er war von Lüth mit

dem EK II. ausgezeichnet worden. Und als das Boot schließlich nach 206 Seetagen in Bordeaux einlief, da waren diesem Mann alle Dinge geläufig, die auf einem U-Boot anfielen. Nur die Rang- und Dienstgradabzeichen saßen noch nicht sicher. Aus diesem Grunde ließ Lüth ihn zuerst nur in Begleitung einiger Kameraden ausgehen, die ihm sagten, wann und wen er zu grüßen hatte.
Bei der »Charlotte Schliemann« trafen kurz danach auch U 177, U 178, U 196, U 197 und U 198 ein. Gemeinsam mit den Kommandanten dieser Boote Gysae, Dommes, Kentrat, Bartels und dem »Altmeister« der U-Boot-Fahrt Werner Hartmann, auf dessen Friedensboot noch Günther Prien in spanischen Gewässern operiert hatte, saß Lüth auf dem Versorger beisammen, um Erfahrungen auszutauschen. Alle hatten bereits Erfolge gehabt, Eitel Friedrich Kentrat sollte diesmal die längste Feindfahrt der Kriegsgeschichte mit 225 Tagen in See fahren, und auch Werner Hartmann wußte noch nicht, daß er erst nach 200 Seetagen wieder in den Stützpunkt Bordeaux einlaufen würde. Er hatte, als er mit U 198 bei der »Charlotte Schliemann« längsseits ging, bereits elf Dampfer vor die Rohre bekommen und neun davon sicher versenkt, darunter den 9076 BRT großen schwedischen Motortanker »Sveaborg«.
Als erstes Boot mußte U 181 den Tanker am 26. Juni wieder verlassen. Der Befehl des BdU an ihn lautete, in die Nähe der Insel Mauritius zu laufen, weil dort Verkehr festgestellt worden war. Lüth verabschiedete sich von seinen Kameraden und legte nach einem letzten Gruß der an Oberdeck angetretenen Besatzung ab.
Auf dem Marsch in dieses neue Operationsgebiet stellte U 181 nördlich von Mauritius auf 19.30 Grad Süd und 55.30 Grad Ost am 2. Juli den 2798 BRT großen britischen Dampfer »Hoihow«. Der erste Torpedoschuß nach der Versorgung wurde ein Volltreffer. Die »Hoihow« sank, und das Boot setzte seinen Marsch fort.
Wieder vergingen die Tage in der Gluthölle dieses Seeraums, die das Innere des Bootes auf 55 Grad anheizte. Der 15. Juli sah schließlich den nächsten Erfolg. Es war der britische Dampfer »Empire Lake«, auf den Lüth zwei Torpedos schießen ließ. Das Boot hatte sich am Nachmittag unter Wasser dicht herangepirscht, und beide Treffer schlugen im Abstand von fünf Sekunden zueinander in den Dampfer hinein.
Als der diensttuende Funker, Obgefr. Krüger, bereits den Siegesmarsch auflegen wollte, wie dies nach jeder Versenkung gehandhabt wurde, befahl der Kommandant, noch damit zu warten.
Durch sein Sehrohr sah Lüth, daß die achtern und mittschiffs getroffene »Empire Lake« schlagartig tiefer sackte. Als sie etwas höher steuerten, um die Antennen hinauszubringen, hörte der Funker

SOS-Meldungen und konnte den Namen und die Tonnage dieses Schiffes nennen.
Lüth sah die gefierten Boote, die mit aller Macht aus der Nähe des sinkenden Schiffes herauszukommen trachteten. Dann brach die »Empire Lake« plötzlich auseinander. Der quirlende Sinkstrudel drohte die Rettungsboote mit den Wrackteilen zusammen in die Tiefe zu zerren. Nur mit letzter Kraft gelang es den Sailors, dieser drohenden Gefahr zu entkommen.

»Auftauchen! — Brückenwache und Turmwaffen-Crew sich klarhalten.«
Als das Boot die Wasseroberfläche durchbrach, glitt Lüth als erster auf den Turm. »Wache aufziehen, Waffen besetzen!« befahl er für alle Fälle. Doch hier brauchte er keine Waffen mehr. Das Chaos war vollständig. An Steuerbord querab schwammen einige Schiffbrüchige im Wasser und riefen das zunächst stehende Rettungsboot um Hilfe an.
»Die lassen ihre eigenen Sailors glatt ersaufen«, meinte einer der Brückenwächter. Lüth ließ das Boot in Richtung des zunächst stehenden Rettungsbootes laufen. Als sie nahe genug herangekommen waren, sahen sie, daß die Besatzung die Hände erhoben hatte.
»Ist der Kapitän an Bord?« fragte Lüth durch die Flüstertüte. Die Männer in diesem Boot schüttelten die Köpfe. »Oder einer der Offiziere?« forschte Lüth weiter.
Diesmal hatte er Glück. Lüth befahl den Offizier an Bord und gab den pullenden Sailors Weisung, sich um ihre im Wasser schwimmenden Kameraden zu kümmern.
Die Befragung des Offiziers ergab, daß die »Empire Lake« aus Australien kam und Gefrierfleisch für England an Bord gehabt hatte. Dazu 1800 Tonnen Pflanzenfett. Lüth lief mit dem Offizier zum zweiten Rettungsboot und gab ihn an dieses Boot ab. Er war sicher, daß nach dem SOS-Rufen bald ein Schiff aus Mauritius auslaufen und sie finden werde. Lüth riet den Männern, in Richtung Küste zu pullen, dann würden sie sicher gefunden werden. Er ließ den Schiffbrüchigen noch Tauwerk und eine Drahtrolle herunterreichen, damit sie ein Floß aus Wrackteilen für alle jene zusammenbasteln konnten, die nicht in die beiden Boote hineingingen. Dazu Verpflegung und Wasser.
»Wer hier schwimmen muß«, meinte der Bootsmannsmaat der Wache, der hinter dem Kommandanten stand, »der wird bald zu Haifutter.«
»Dann werden wir zusehen müssen, daß wir nicht in die Verlegen-

Der Bug eines VII C-Bootes (U 86).

Hier ein Boot des Typs IX-B
(U 123).

Wolfgang Lüth stellte am 27. Juni 1940 U 138 in Dienst.

Admiral Dönitz begrüßt eine angetretene Besatzung.

Der Dieselmotorenstand Backbord.

Dieselmaschinenraum achtern.

Der Tiefenruderstand.

Im Bugraum. Mittagspause auf den Torpedos sitzend.

Die »Jumbos« wollen gepflegt und gehegt sein.

Der Funkraum: Verbindungsstelle mit der Heimat und mit Kameradenbooten.

heit kommen, baden gehen zu müssen. Und das hängt von uns allen ab.«
»Für mich ist das Wasser ohnehin zu warm«, meinte der Bootsmannsmaat trocken.
Das Boot setzte seinen Suchmarsch fort. Bereits am Vormittag des kommenden Tages sichteten die Brückenwächter einen Dampfer. Die Meldung »Kommandant auf die Brücke« ließ Lüth von seinem KTB aufsehen. Er griff nach der Mütze, eilte auf die Brücke und sah bereits den Dampfer, der soeben mit seinen Aufbauten über der Kimm erschien.
Nachdem Kurs und Geschwindigkeit geschätzt waren, drehte U 181 auf Generalkurs zu diesem Gegner ein, und als er weit genug Vorlauf erreicht hatte, ließ Lüth auf Sehrohrtiefe tauchen und im Unterwassermarsch zum Angriff herandrehen.
Der moderne britische Dampfer »Port Franklin« blieb nach dem Zweierfächer gestoppt liegen und sackte rasch tiefer. Er konnte noch einen Notruf absetzen, aus dem Lüth seinen Namen erfuhr, und nach einer Konsultation des Lloyds-Registers konnte Lüth weitere 7135 BRT versenkten feindlichen Handelsschiffsraumes seinem Konto gutschreiben.
Die »Port Franklin« sank um 12.00 Uhr auf 22.36 Grad Süd und 51.22 Grad Ost.
Der 4. August sah das Boot ein weiteres Mal erfolgreich, als es den 4558 BRT großen britischen Dampfer »Dalfram« stellte und ihn versenkte. Drei Tage später wurde ein Zweierfächer auf die »Uvuma« geschossen. Auch diese 4419 BRT wurden dem Versenkungskonto gutgeschrieben.
»Was uns jetzt noch fehlt, ist ein guter Zehntausendtonner«, bemerkte der Zentralemaat, als sich das Boot absetzte.
Der 11. August sah das letzte Duell des Bootes gegen die »Clan MacArthur«, ein britisches Kühlschiff mit 10 528 BRT. Dieses schnelle Schiff versuchte, nachdem es die Gefahr erkannte, mit äußerster Kraft laufend zu entkommen. Es war vollbeladen und versuchte, einen rettenden Hafen der Insel Mauritius zu erreichen, aber U 181 schnitt ihm nach stundenlanger Verfolgung den Kurs ab und kam gegen Mittag zum Zweierfächerschuß. Beide Torpedos trafen das große Schiff und ließen es in seiner Geschwindigkeit rasch langsamer werden. Aber die »Clan MacArthur« benötigte noch einen dritten Torpedo, ehe sie auf 23.00 Grad Süd und 53.11 Grad Ost auf Tiefe ging.
Mit U 196 wurde U 181, das sich bereits auf dem Rückmarsch befand, Ende August zur Suche nach dem verschollenen U 197 angesetzt. Das Boot, das unter Kptlt. R. Bartels auf dieser Feindfahrt

drei Schiffe mit 21 167 BRT versenkt und ein viertes mit 7181 BRT torpediert hatte, war bereits am 20. August 1943 südwestlich von Madagaskar durch Fliegerbomben der britischen Squadrons 259 und 265 versenkt worden.
Das Boot setzte einige Tage später den Rückmarsch fort. Als es am 14. Oktober 1943 nach 206 Seetagen in Bordeaux einlief, flatterten 10 Versenkungswimpel am ausgefahrenen Sehrohr. U 181 hatte abermals einen großen Erfolg errungen und auf dieser Feindfahrt insgesamt 45 331 BRT versenkt.
Bereits am 11. August, nach der Meldung von der Versenkung der »Clan MacArthur« waren Lüth als 7. Soldaten der deutschen Wehrmacht die Brillanten zum Ritterkreuz mit Eichenlaub und Schwertern verliehen worden. Damit war er der erste Soldat der Kriegsmarine, der diese höchste deutsche Tapferkeitsauszeichnung erhielt. Nach ihm sollte nur noch ein Mann der Kriegsmarine diese Auszeichnung erhalten. Auch er ein U-Boot-Kommandant: Albrecht Brandi.
In tadelloser Ordnung, zwar einschließlich des Kommandanten mit riesigen »Bettsäcken« von Bärten ausgestattet, aber einwandfrei in Anzug und Sauberkeit, stand die Crew auf Oberdeck angetreten, als Klaus Scholtz und der Führer der U-Boote West, Fregattenkapitän Rösing, den Heimkehrer begrüßten und dieser ihnen Meldung machte.

Es gab ein ausgelassenes Wiedersehensfest, und bei der ersten Flasche Bier, einem dicken Packen zusammengebündelter Briefe und einen Blumenstrauß mußte Wolfgang Lüth dem Führer der U-Boote West und seinem Flottillenchef einen ersten Bericht erstatten. Keiner von ihnen wollte — einmal von dem Rauschebart abgesehen — glauben, daß Wolfgang Lüth, der da zwischen ihnen beiden saß, 206 Tage unterwegs gewesen war, See und glutende Sonne, Wasserbomben und Fliegerbomben hatte über sich ergehen lassen, Verantwortung für die sieben Offiziere und 57 Soldaten seiner Besatzung getragen hatte und dennoch so frisch wirken konnte.
Wolfgang Lüth hatte nach dieser Feindfahrt zu Otto Kretschmer aufgeschlossen. Er war, wenn man die sicher getätigten, aber vom Gegner nicht bestätigten Versenkungen hinzunahm, der erfolgreichste Kommandant der U-Boot-Waffe geworden.
Am nächsten Tage feierte Wolfgang Lüth mit der gesamten Besatzung und allen wachfreien Männern des Stützpunktes seinen 30. Geburtstag. 206 Tage hatte er die Besatzung von U 181 eisern geführt, hatte dem letzten Manne Vertrauen und Zuversicht in das

Boot und in sich selbst vermittelt und eine dementsprechende Leistung erzielt.
In 16 Operationen mit insgesamt 609 Seetagen hatte Wolfgang Lüth den absoluten Rekord gebrochen. Er hatte 49 Schiffe torpediert, von denen 46 sanken. Damit wurde er der erfolgreichste U-Boot-Kommandant des Zweiten Weltkrieges. Lüth war stolz auf seine Männer und ebenso auf seine Offiziere. In einem Bericht über sie schrieb er:
»Ich habe auf allen meinen Booten insgesamt 17 Offiziere gehabt. Nur vier von ihnen konnten sich schwer einleben. Von den sieben Fähnrichen, die mir anvertraut waren, wurde nur einer ein Versager.
Man muß die Offiziere, wenn es sich irgendwie einrichten läßt, auch einmal in der Messe allein lassen, damit sie Zeit und Gelegenheit haben, über ihren Alten zu schimpfen.
Es ist doch so: Wenn Wasserbomben fallen, sieht alles auf den Offizier an Bord. Das ist eine Binsenweisheit. Auf unserer langen Madagaskar-Mauritius-Feindfahrt hatte ich einen Offizier an Bord, der fast der Gipfel an vorbildlicher Ruhe und Gelassenheit war, und der außerdem mit seinem begnadeten Humor auch in den schwierigsten Situationen oben schwamm. Er war so herrlich dickfellig, daß er bei einer Wasserbombenverfolgung fest einschlief und erst wieder aufwachte, als ihm einige Armaturen auf den Kopf fielen. Da er Freiwache hatte, schlief er gleich wieder ein. Er knurrte nur etwas von »scheußlich unruhigen Zeiten« vor sich hin.
Als wir bei einer anderen Gelegenheit auftauchten und in ein Minenfeld gerieten, fragte ich ihn: 'Was meinen Sie, sollen wir mehr nach Steuerbord oder mehr nach Backbord halten?'
Sagte doch dieser Mann treuherzig: 'Das scheint mir in diesem Falle egal, Herr Kapitän. Wenn wir morgen früh wieder aufwachen, dann sind wir richtig gefahren!'«
Die mit U 181 gemeinsam in dem soeben abgehandelten Seeraum eingesetzten Boote waren ebenfalls erfolgreich gewesen, wie Lüth bei der Kommandantenbesprechung am nächsten Tage erfuhr.

Hier die Erfolgsliste der daran teilnehmenden Boote:

U 177, Kptlt. Gysae:	6 Schiffe mit 38 017 BRT
U 178, KKpt. Dommes:	6 Schiffe mit 32 683 BRT
U 181, KKpt. Lüth:	10 Schiffe mit 45 331 BRT
U 195, KKpt. Buchholz:	2 Schiffe mit 14 391 BRT
torp.:	1 Schiff mit 6797 BRT
U 196, Kptlt. Kentrat:	2 Schiffe mit 12 282 BRT

U 197, Kptlt. Bartels:	3 Schiffe mit 21 267 BRT
torp.:	1 Schiff mit 7181 BRT
U 198, Kpt.z.S. Hartmann:	7 Schiffe mit 36 778 BRT

Dies bedeutete einen Gesamterfolg von insgesamt 36 versenkten Schiffen mit 200.753 BRT und zwei Torpedierungen mit insgesamt 13.978 BRT. Ein U-Boot, U 197, wurde — wie im Vorausgegangenen dargelegt, durch Catalina-Flugboote mittels Funkpeilung geortet und versenkt.
Trotz des vermeintlich frischen Aussehens der Besatzung konnte eine durchgeführte Untersuchung nicht verhehlen, daß alle Soldaten dieses Bootes nach dieser Feindfahrt nicht mehr dieselben waren. Für sie kam nur ein langer Erholungsurlaub in Frage, und in einigen Fällen mußten Soldaten dieses Bootes in die Lazarette eingeliefert werden, um ihre Einsatzbereitschaft wiederherzustellen.
Wolfgang Lüth wurde nach Berlin beordert, wo Großadmiral Karl Dönitz nach seiner Ernennung zum Oberbefehlshaber der Kriegsmarine am 30. Januar 1943 ins Hotel am Steinplatz hatte einziehen müssen, um zu den von ihm geforderten Lageberichten und Unterrichtungen im Führerhauptquartier näher verfügbar zu sein.
Hier erfuhr Lüth, daß der Großadmiral mehr mit ihm vorhatte, als ihn eine dritte Feindfahrt mit U 181 machen zu lassen.
Wolfgang Lüth mußte sein Boot U 181 an Kapitän zur See Freiwald, abgeben, der es zu den nächsten Einsätzen in Ostasien führte.
Bereits auf dem Ausmarsch zur nächsten Feindfahrt versenkte Freiwald mit U 181 ein Schiff mit 5312 BRT. Im Operationsgebiet Indischer Ozean Ende Juni 1944 eingetroffen, konnte er im Arabischen Meer drei Schiffe mit insgesamt 19 557 BRT versenken und entging einer kombinierten Luft-Seeverfolgung. Als eines der ersten in Penang eingelaufenen Ostasienboote sollte U 181 mit Rohstoffen beladen nach Europa zurückkehren.

Das Boot lief am 19. Oktober 1944 aus Djakarta aus, versenkte am 2. November 1944 im Indischen Ozean einen Tanker mit 10 198 BRT und mußte südlich des Kaps der Guten Hoffnung wegen eines irreparablen Lagerschadens nach Djakarta zurückkehren, wo U 181 am 5. Januar 1945 wieder einlief. Das Boot kam nicht mehr zum Einsatz und wurde nach Kriegsschluß in Europa in die japanische U-Boot-Waffe überführt und als I 501 in der Endphase des Krieges im Pazifik verwandt.
Für Wolfgang Lüth war die Zeit als U-Boot-Kommandant zu Ende. Er sollte sein reiches Wissen und Können zunächst als Flottillen-

chef einer Schul-Flottille an junge Kommandanten weitergeben, eine Aufgabe, die seinen pädagogischen Fähigkeiten sehr entgegenkam. Was Lüth aber nicht wußte, war die Tatsache, daß Großadmiral Dönitz ihn nach einer Zwischenstufe im Schulbereich zu seinem Nachfolger als Befehlshaber der U-Boote machen wollte, um Generaladmiral von Friedeburg, der dieses Amt versah, für besondere Aufgaben freizustellen.
Im Gespräch mit dem Großadmiral kamen während der vielen Treffen des Autors mit demselben immer wieder die besonderen Qualitäten von Wolfgang Lüth zur Sprache, und Dönitz sagte einmal sinngemäß über diesen Frühvollendeten:
»Lüth war der geborene Führer der U-Boote. Er verlor in keiner Situation die Übersicht, er war ein Vorgesetzter, der durch die Kraft seiner Persönlichkeit zu überzeugen wußte. Deshalb benötigte er die Möglichkeiten von Disziplinarstrafen zur Aufrechterhaltung der Disziplin nicht. Er disziplinierte durch sein Dasein und durch sein Vorbild.
Die deutsche U-Boot-Waffe hat eine Vielzahl guter und eine Handvoll hervorragender Kommandanten gehabt. Aber nur einen Wolfgang Lüth.«

Der Kommandant und der Mensch

Über U-Boot-Fahrt — und U-Boot-Besatzungen

Wolfgang Lüth war nach seiner Erholungspause und dem Urlaub, den er ganz seiner Familie widmete, ein gefragter Mann geworden. Er wurde von einem Interview zum anderen weitergereicht und hatte einige Fototermine wahrzunehmen, bis er diesen Schnickschnack energisch abstellte.
Als er aber die Anfrage erhielt, ob er auf einer Tagung des Führerkorps der Kriegsmarine in Weimar Ende Oktober 1943 einen Vortrag über seine Erfahrungen, Ansichten und Überzeugungen über die Menschenführung auf einem U-Boot halten wollte, sagte er sofort zu.
Dieser Vortrag zeigt besser als jede andere Darstellung über ihn, als jeder Bericht über die eine oder andere Feindfahrt den Menschen und Seeoffizier Lüth. An dieser Stelle deshalb ein Auszug aus dem damaligen Vortrags-Manuskript:
»Meine Aufgabe als U-Bootskommandant besteht darin, Schiffe zu versenken. Dazu brauche ich ein Boot und vor allem eine Besatzung, die mitmacht, damit alles klappt. Wenn diese Besatzung erfolgreich sein soll, dann muß sie nicht nur etwas können, sondern muß auch Freude am Dienst haben.
Ich war in den vergangenen vier Kriegsjahren auf Feindfahrt. Auf

jeder Unternehmung war es anders, insbesondere, weil ja auch immer andere Offiziere und Mannschaften um mich waren. Während meiner 16 Feindfahrten habe ich ständig hinzugelernt, so daß ich auf der letzten, über siebeneinhalb Monate dauernden Unternehmung schon reichlich Erfahrung hatte.

Das Leben an Bord ist lange Zeit hindurch eintönig. Viele Wochen muß man auf Fernfahrten Mißerfolge ertragen. Wenn Wasserbombenverfolgungen hinzukommen, bedeutet dies einen »Nervenkrieg«, der vornehmlich auf den Vorgesetzten lastet. Es geht uns ungefähr so, wie einem Flieger, der in der Luft hängt, und von sagen wir, drei anderen Jägern angegriffen wird. Dieser Flieger müßte — wenn er in unserer Situation wäre — jeden einzelnen Schuß hören, auch wenn dieser 1000 Meter vorbeigeht und alle Schüsse in einer aufpeitschenden Lautstärke. Das ist bei uns der Fall. Und dazu geht auch noch das Licht aus; er befindet sich im Dunkeln und sieht plötzlich nichts mehr. Im Dunkeln steigt die Angst.

Das Flugzeug aber k a n n vor den drei Gegnern wegfliegen. Unser U-Boot hingegen kann das nicht. Es steht quasi auf der Stelle. Es kann sich nicht rühren und nicht zurückschießen, ist also wehrlos. Dies alles verlangt von den Soldaten in der Röhre starke Herzen. Hinzu kommt, daß das Leben auf einem U-Boot unnatürlich und ungesund ist, im Vergleich zum Leben auf einem Segelschiff.«

Wolfgang Lüth zählte alle jene Faktoren auf, die das Leben im U-Boot bestimmen. Die Tatsache, daß es weder Tag noch Nacht gibt, weil im Boot ständig Licht brennen muß, daß die verschiedenen klimatischen Bedingungen während einer weiten Feindfahrt ebenso schwerwiegende Beeinträchtigungen bedeuten wie Geruchsbelästigungen an Bord und oftmals schwere See. Alles dies zusammengenommen, erklärte Lüth, »ergibt die Blechkrankheit«.

Er fuhr in seiner Aufzählung fort: »Nicht außer Acht lassen darf man auch das Rauchen (Auf dem Turm möglich) und den starken Kaffee, den es überall gibt. Beide wirken auf Magen und Nerven des U-Boot-Mannes, namentlich bei nächtlichem Genuß auf nüchternen Magen. Ich habe beobachtet, daß kräftige junge Kerls von 23 Jahren innerhalb von zwei Jahren U-Boot-untauglich wurden.

Ich selber habe während meiner Feindfahrten nie den Mittelwächter - (über Mitternacht gehende Wache) Kaffee getrunken, der so scheußlich schmeckt, weil er viel zu stark ist. Ich rauche nicht mehr als zwei Zigarren täglich und habe mich an Land selten betrunken.

Der Geist einer Besatzung ist abhängig von der Disziplin, die sie zu halten versteht, und vom Erfolg des Kommandanten. Wenn ein

Kommandant Erfolg hat, dann wird ihn seine Besatzung — ob er ein Dummkopf ist oder nicht — immer mehr lieben als einen, der keinen Erfolg hat. Aber gerade der Kommandant, der Mißerfolg hat, m u ß eine Besatzung haben, die von einem guten Geist erfüllt ist. Darüber hinaus kommt es auf die gute Organisation des täglichen Lebens an Bord an, auf die einwandfreie Haltung, auf das Vorbild der Offiziere und auf eine wirkliche, geistige Führung der Männer, verbunden mit einer einwandfreien Truppenbetreuung.«

Dies waren Fakten, die von vielen Kommandanten, vor allem aber von einigen Stabsstellen, noch immer als revolutionär angesehen wurden. Was Lüth aber anschließend über die Disziplin an Bord sagte, das gehörte noch mehr in diese Rubrik der Revolutionierung:

»Der Kommandant hat an Bord seines Bootes dafür zu sorgen, daß bei ihm der Geist der guten Soldaten herrscht und nicht die Meinung der wenigen Blindgänger unter ihnen. Er muß sich an Bord wie ein Gärtner verhalten, der das Unkraut herausreißt und gute Pflanzen pflegt. Das ist nicht so schwer, wie es sich anhört, denn wir haben überwiegend junge freiwillige Soldaten an Bord, die einsatzbereit und einsatzwillig sind. Die Männer sind 20 bis 22 Jahre, die Unteroffiziere 23 bis 25 Jahre alt.

Von besonderem Vorteil ist, daß die Männer fast sämtlich Handwerksberufe gelernt haben und keine Halbgebildeten dabei sind, welche die Höhere Schule nur zur Hälfte besucht haben, weil sie zu dumm waren und rausgeflogen sind. Solche Soldaten können sich ungünstig auf die gesamte Besatzung auswirken. Wenn man aber gut auf sie achtet, kann man auch ihre Fähigkeiten fördern und in den Dienst des Bootes stellen.

Meine Besatzungen setzten sich aus Männern zusammen, die aus allen Teilen Deutschlands stammten. Sie kamen zu etwa 20 Prozent aus dem Rheinland und zu jeweils 10 Prozent aus allen übrigen Gauen Deutschlands und aus dem Sudetenland.

Ich habe mit allen täglich meine gleichen guten und schlechten Erfahrungen gemacht. Die meisten Unteroffiziere waren verheiratet, der Rest ehrlich verlobt. Ich halte das für günstig. Ich weiß, daß die Frauen die kämpferische Moral der Soldaten zermürben können, weiß aber auch, daß sie den Mann in seiner Haltung zu stärken vermögen und habe immer wieder erlebt, daß gerade Verheiratete besonders gut erholt aus dem Urlaub zurückkehrten und erholt zu einer neuen Feindfahrt antraten.

Ich war sehr froh, als ich in der Heimat einmal die Gelegenheit hatte, die meisten Frauen meiner Soldaten zu einem Kaffee einladen

und sie kennenlernen zu können. Damals konnte ich sagen, daß von ihnen eine tapfere Haltung erwartet wird. Ich glaube, daß manchem von ihnen dadurch das Rückgrat gestärkt wurde. Meine Frau bat ich, ihnen ab und zu zu schreiben und die Fühlung mit ihnen zu halten.
Über Ordensverleihungen ist viel geschrieben worden und wird noch viel mehr gestritten. Dies zeigt, wie wichtig diese Frage ist. Wenn zwei Soldaten für das EK I. heranstehen, und ich habe nur eines, dann gebe ich dies lieber jenem Kameraden, der an Bord bleibt und nicht jenem, der das Glück hat, als Unteroffizier oder Feldwebel aussteigen zu können. Schließlich ist die Verleihung des Eisernen Kreuzes eine Belohnung wegen Tapferkeit vor dem Feinde, die gerade n a c h der Verleihung erneut verdient werden muß.
Disziplinarstrafen kann ich auf einer langen Feindfahrt nicht gebrauchen, weil ich niemanden einsperren kann. Einen Mann nach Rückkehr von der Feindfahrt für längst vergangene Sünden zu bestrafen, halte ich für unklug. Dennoch halte ich auch auf See Rapporte ab. Bei schweren Fällen sind dann alle Offiziere dabei.«
Lüth zählte im weiteren Verlauf dieses Vortrages alle Möglichkeiten auf, Vergehen von Soldaten an Bord mit wirksamen Mitteln zu behandeln, die auch durchführbar waren und eine heilsame Wirkung auf die Sünder hatten. Er erklärte ferner, wie entscheidend wichtig es sei, j e d e Schikane zu vermeiden und daß niemals einer der Männer irgend eine Verärgerung an seinem Kommandanten entdecken dürfe. So weit müsse sich jeder Kommandant in der Hand haben.
»Jedes Besatzungsmitglied muß fühlen, daß der Kommandant ihn gern hat und achtet und ihn als vollwertigen Kameraden schätzt, a u c h und gerade, wenn er einmal hart angefaßt werden muß. Klare Befehle erleichtern das Gehorchen. J e d e Strafe soll einen Soldaten erziehen helfen, ihn aber nicht verziehen. Die Chance einer Bewährung gibt straffällig gewordenen Soldaten einen besonders starken Auftrieb.
Daß die Bordroutine eingehalten werden muß, daß die Wache pünktlich abgelöst wird, ist Ehrensache. Daß an Bord die Etikette gewahrt bleiben muß, ist selbstverständlich. Im Hafen natürlich mehr als auf See, wo es genügt, daß in jenen Räumen »Ordnung« gerufen wird, die der Kommandant zum erstenmal am Tage betritt und daß stets der anwesende älteste Soldat meldet, was gemacht wird. Ebenso hat sich der auf der Brücke stehende Wachoffizier entsprechend zu melden.
Daß auf dauernde Ordnung im Boot und Sauberkeit der Besat-

zungsmitglieder täglich geachtet wird, ist Voraussetzung für das Gelingen einer Feindfahrt, besonders auf längeren Einsätzen.
Das wichtigste aber ist an Bord eines Bootes, daß der Kommandant zu jeder Zeit und für jeden Mann zu sprechen ist.
Der Ausguck ist besonders wichtig auf einem Boot. Das ist noch mehr eine Frage des Charakters als eine der guten Augen. Trotzdem erlaube ich den Männern, auf Wache zu reden und zu rauchen. Ich weiß, daß man dies den jungen Besatzungen in der Heimat verbieten muß.

Da darf auf Wache kein Wort gesprochen werden. Da muß erst »Grund in den Ausguck hereinkommen!«
Aber wenn man monatelang draußen ist, kann man die Männer nicht vier Stunden Wache gehen lassen, ohne daß sie ein einziges Wort reden. Wenn ich weiß, daß sie aufpassen, dann lasse ich es zu, daß sie auch mit dem Glas an den Augen Rücken an Rücken langsam zusammenschleichen und ein paar Worte wechseln.
Ob bei Nacht auf der Brücke geraucht wird, das entscheidet je nach den Sichtverhältnissen der Wachoffizier. Nebenbei bemerkt verbiete ich den jungen Soldaten das Rauchen auf nüchternen Magen von vier bis acht Uhr morgens vor dem Frühstück.
Alkohol darf es an Bord nicht geben. Die Männer sind aber dankbar, wenn sie ab und zu einen Schluck aus der Pulle nehmen können. Sei es, wenn ein Dampfer versenkt worden ist, jemand Geburtstag hat oder jemand bei seiner Arbeit an Oberdeck besonders naß geworden ist.
Je besser Unteroffiziere und Offiziere zusammenarbeiten, desto größer die Disziplin an Bord. Deshalb unterstützte ich die Unteroffiziere an Bord, wo ich nur kann, sage ihnen nicht nur alles das, was verboten ist und was sie nicht tun dürfen, sondern auch das, was ihnen erlaubt ist. Jeder Kommandant muß bereit sein, auf seine Soldaten zu hören und auf sie zu achten. Wenn sie Kummer drückt, und man sich mit ihnen darüber unterhält, kommt man sich manchmal schlecht vor, daß man ihnen nicht schon früher geholfen hat.«

Über den Einsatz

Erfolge, liebe Kameraden, sind leichter zu ertragen, sie heben die Stimmung. Mein Bestreben an Bord geht aber immer dahin, daß die Männer wacker sind, wenn Mißerfolge eintreten. Jeder gute Soldat kann seine Härte erst bei Mißerfolgen zeigen. Wenn aber Erfolge da sind, dann muß die Besatzung sie miterleben können.
Es ist natürlich eine Temperamentsfrage, wie der Kommandant seinen Männern die Erlebnisse des Kampfes mitteilt. Der U-Bootfahrer hat es schwer, er kann nicht aktiv mitkämpfen. Aber wenn nur ein einziger versagt, dann geht der sorgfältig und nach oftmals langer Jagd vorbereitete Schuß vorbei.
Mitten in der Nacht prallte ich einmal auf einen Geleitzug. Knapp konnte ich einem Zerstörer ausweichen, mich dicht an einem anderen vorbeischleichen und mitten zwischen die Dampfer-Kolonne gelangen. Bei mäßiger Sicht hatte ich noch keinen Überblick über die Lage und ging auf kleine Fahrt, weil ich mir sagte: »Wer langsam denkt, muß langsam fahren, damit ihm nichts passiert.«

Nachdem die wichtigsten Befehle ins Boot hinuntergegeben waren, rief ich dem LI, der in der Zentrale war, kurz hinunter, was oben anlag. Er unterrichtete über die Lautsprecheranlage die Besatzung. Da die Männer wußten, was sich ereignen würde, war es nicht notwendig, sie außerdem noch zur Eile anzutreiben. Bevor das Boot zum Angriff andreht, gebe ich hinunter:
»Anlauf beginnt!«
Dies gibt einmal der Besatzung ein Gefühl der Sicherheit und bereitet sie zum anderen auf den Höhepunkt des Angriffs vor.
Während dann der Torpedo läuft, füge ich hinzu: »Es wird mindestens 40 Sekunden dauern, bis der Aal trifft.«
Wenn dann das ganze Boot mitzählt und die Siegesflasche bereits vorsorglich entkorkt und der Siegesmarsch für den Lautsprecher klargelegt wird, dann vergehen die Sekunden.
Wenn schließlich zwei Minuten herum sind, und es hat immer noch nicht geknallt, dann wird die Wartezeit von mir mit dem Stichwort »Schiet!« beendet.
Gibt es nach dem Treffer Wasserbomben, so findet sich dann auch meistenteils Gelegenheit, den Männern noch einige interessante

Einzelheiten über den Angriff zu erzählen. Ist es möglich über Wasser zu bleiben, können einzelne gute Soldaten zur Belohnung kurz auf die Brücke kommen, um den sinkenden Dampfer zu sehen, oder bei Tage auf Sehrohrtiefe dürfen sie einen Blick durch den Spargel tun. Bei der Härte des Kampfes läßt sich so etwas zwar nicht ständig durchführen. Gerade deshalb sollte man jede günstige Gelegenheit dazu nutzen.
Einen Tag, nachdem ich die Brillanten bekam, erwischte ich einen großen Dampfer, der ebenso schnell wie unser Boot war. Ich konnte ihn nach langer Jagd, gewissermaßen als Dank für die Brillanten, versenken. Bei solch einer Jagd lasse ich die Männer gern einmal auf das Koppelblatt blicken, lasse sie mit in die Schiffsliste schauen und nach dem Typ und der Größe des Dampfers suchen, so daß das ganze Boot allmählich in Jagdfieber gerät. Einzelne Soldaten lasse ich auf die Brücke kommen und mit dem Doppelglas den Dampfer suchen. An solchen Erlebnissen muß die gesamte Besatzung teilnehmen können.
Vor dem Einlaufen gehe ich in der Biskaya noch einmal auf Tiefe und mache Musterung. Ich sage den Männern, was sie zu Hause sagen dürfen, also nicht nur, was verboten ist.

Der Alltag auf dem U-Boot und seine Organisation

Neben diesen Erfahrungsberichten des Einsatzes auf einem U-Boot, in Bezug auf Menschenführung und Disziplin war es für

Lüth von entscheidender Bedeutung, den Alltag auf dem Boot so zu organisieren, daß Reibungspunkte und Kollisionsmöglichkeiten weitgehend ausgeschaltet blieben. Darüber berichtete er in dem genannten Vortrag:

»Der Alltag an Bord muß tadellos eingeteilt sein. Das Boot muß dem darauf fahrenden Soldaten zum Heim werden, dies bedeutet, daß nicht allzuviel organisiert wird. Es gilt hier der Grundsatz, daß Freizeit und Schlaf dem U-Boot-Fahrer heilig sind. Der Rhythmus des normalen Lebens muß gewahrt bleiben, soweit dies nur möglich ist. Da der Wechsel vom Tag zur Nacht im Boot nicht zu spüren ist, muß man ihn künstlich herstellen. Zum Abendessen wird Dämmerbeleuchtung eingeschaltet, und eine halbe Stunde vor und eine halbe Stunde nach dem 20.00 Uhr-Wachwechsel wird das Abendkonzert von Schallplatten gesendet.

Der Sonntag wird besonders herausgehoben. Er beginnt mit einem Frühkonzert, und die erste Platte, die aufgelegt wird, ist: »Ja das ist mein Sonntagsvergnügen, bis zehn Uhr im Bettchen zu liegen. . .« Das Abendkonzert wird mit einer anständigen Platte beendet. Beispielsweise mit dem »Abendlied« von den Regensburger Domspatzen gesungen.

Der Besatzung sage ich: »Wenn ihr schon mal ein sauberes Hemd anzieht, dann tut dies nicht am Freitag oder Dienstag, sondern am Sonntag, damit wenigstens einige in Festtagskleidern herumlaufen.«

Die Frage des Klarschiffmachens und der Abortbenutzung war von besonderer Bedeutung. Lüth fand es interessant, daß er fast der einzige Mensch an Bord war, der sich darin auskannte, wie man richtig Reinschiff machte, Farben wusch, Deck und Bänke scheuerte.

Dazu Lüth:

»Dieses Reinschiffmachen findet Samstags statt und wird von flotter Schallplattenmusik begleitet, damit es mehr Spaß macht. Jeder weiß, daß dies keine Schinderei ist, sondern Lebensnotwendigkeit, will man nicht während einer monatelangen Fahrzeit im Dreck ersticken.

Die Aufstellung des Speisezettels ist eine schwierige Sache. Denn worüber wird leichter und ausgiebiger gemeckert als über das Essen? Deshalb lasse ich die einzelnen Wohnräume ihren eigenen Speisezettel aufstellen. Bei zunehmender Länge der Fahrt muß natürlich immer mehr kontrolliert werden, damit die guten Sachen nicht am Anfang aufgegessen werden.

Ich achte darauf, daß anständig gegessen wird. Besonders im U-Raum, nicht, weil ich ein Ästhet bin, sondern weil ich glaube, daß die Autorität der Unteroffiziere darunter leidet, wenn sie nicht in j e d e r Lage auf sich halten. So mußte ich einmal erleben, daß ein Unteroffizier in offener Kleidung am Mittagstisch saß und einen Backschafter anfuhr, weil der Teller nicht ganz sauber sei. Neben sich hatte er einen Mann sitzen, der mit schmierigen Händen seinen Teller verdreckte. Diese Uneinheitlichkeit im Lebensstil macht die Backschafter unsicher und führt zu ewigen Anschnauzern und Unruhe unter der Besatzung. So etwas kann leicht vermieden werden. Man muß erreichen, daß an Bord äußerst selten, vor allem n u r in berechtigten Fällen, über die Verpflegung gemeckert wird. Es gilt, besonders auf die Kantine zu achten, nach dem Grundsatz, daß j e d e r das Gleiche bekommt. Der Kommandant nicht mehr als der jüngste Matrose. Wenn bei bestimmten Artikeln Ausnahmen gemacht werden, dann muß der Besatzung vorher ganz klar gemacht werden, warum dies geschieht. In allen diesen Fragen muß der Erste Wachoffizier wirklich auch der erste Kamerad seiner Männer sein.«

Daß die Frage der ärztlichen Behandlung vor allem bei Fernfahrten der großen Boote, aber auch bei jedem anderen Einsatz eine sehr ernste Rolle spielt, ist aus der Gegebenheit der U-Bootsfahrt erklärlich. Lüth hat auch diesen wichtigen Komplex des U-Boot-Lebens genau durchdacht und über ihn folgendermaßen berichtet:

»Wir haben an Bord keine Revierstunden gehabt, das hielt ich bei 50 gesunden Soldaten für überflüssig. Aber ich erzog die Männer dazu, schon mit Kleinigkeiten zum Arzt bzw. zum Kommandanten zu kommen. Dies in der Absicht, sie auf Dauer diensttauglich zu halten. Es ist besser, wenn ein Furunkel sofort behandelt wird, als daß der Mann, etwa aus Scham, damit wartet, bis es gefährlich geworden ist.

Eine gesunde Lebensführung an Bord ist unerläßlich. Ich befehle nicht nur, daß jeder eine Leibbinde tragen muß, sondern gebe dies auch bei Einbruch der Dunkelheit Abend für Abend durch Lautsprecher bekannt. Ich erlaube nicht, daß in den Tropen Eiswasser getrunken wird. Für die jungen Soldaten habe ich Rauchen auf nüchternen Magen verboten und halte darauf, daß der Mittelwächterkaffee nicht ganz so stark gemacht wird wie sonst bei der Marine.

Auf einer Feindfahrt hatten wir einen Fall von Diphterie. Zum Glück merkten wir es erst nachher, als der Mann bereits ganz gelähmt und die Ansteckungsgefahr vorüber war. Sonst hätten wir vor lauter Angst so lange gegurgelt, bis wir alle Halsschmerzen gehabt hätten. Der Gelähmte ist nach vielen Wochen doch noch diensttauglich geworden und hat in den letzten zwei Monaten der Feindfahrt wieder Dienst gemacht, obwohl er während seiner Krankheit

stets im Heckraum gelegen und kaum das Tageslicht gesehen hat.«
Lüth sprach in diesem Vortrag auch das sexuelle Problem an Bord an und erklärte, daß es ein solches an Bord seiner Boote nicht gegeben habe, auch nicht auf seiner 206 Tage langen Feindfahrt. Dazu Wolfgang Lüth:
»Ich habe auch nicht zugelassen, daß die Männer Wände und Kojen mit Bildern von nackten Mädchen austapezierten. Wenn man Hunger hat, soll man sich kein Brot an die Wand malen. Es ist auch gut, wenn man alle Bücher, die man an Bord hat, ab und zu einmal durchblättert. Man findet immer wieder eines, das man außenbords werfen kann, weil es an die niedere Phantasie der Menschen appelliert.
Wenn wir in den Hafen kommen, lege ich Wert darauf, daß die Männer recht viel für ihre Angehörigen kaufen, damit sie ihr Geld auf vernünftige Weise ausgeben. Natürlich muß man sie im Stützpunkt auch mal ungezwungen feiern lassen.«

Das Vorbild der Offiziere

Daß der Geist und die Einsatzbereitschaft der U-Bootsbesatzungen vor allem von einem vorbildlichen Offizierskorps abhängen, war allen Soldaten der U-Boot-Waffe klar. Ihre Offiziere waren es, die in entscheidenden Momenten jene Befehle zu geben hatten, die über Sein oder Nichtsein der Boote entschieden. Sie hatten in der kritischsten Situation kühles Blut zu wahren und die richtigen Befehle zu geben, weil eine einzige Fehlentscheidung die Vernichtung des Bootes bedeuten konnte.

Aus diesem Grunde konnten nur Offiziere ein Boot führen oder als Wachoffiziere und Leitende Ingenieure eingesetzt werden, die diese Voraussetzungen mitbrachten und sie durch ständiges Training auch in die Praxis der Bootsführung umzusetzen verstanden.
Wolfgang Lüth hat dieses Problem folgendermaßen umrissen:
»Das Leben in der Offiziersmesse muß vorbildlich sein, denn die Besatzung schaut auf ihre Offiziere. Deren Zusammenarbeit überträgt sich auf sie. Deshalb rede ich auch alle meine Männer mit 'Seeleute' an, denn sie fahren ja alle zur See, ob an der Maschine stehend, oder auf der Brücke. Auch diese Kleinigkeit hilft mit, eine anständige Bordgemeinschaft zu werden.
Mit jungen Offizieren muß man sich schon Mühe geben, denn es ist verständlich, daß sie alle verschieden sind und auch mal gern einen Bolzen schieben. Klar ist, daß auf einem U-Boot während der langen Fahrten keine Zoten oder schmutzige Witze erzählt werden. Nicht nur aus moralischen Erwägungen, sondern auch, weil es sonst leicht kein Halten mehr gibt und es schwer wird, Grenzen zu ziehen und vor allen Dingen bei der Besatzung Schule machen wird.
Auf der Brücke unterhalte ich mich oft mit den Wachoffizieren. Ich frage sie, was machen wir bei den heutigen Witterungsverhältnissen für Ausweichbewegungen bei plötzlich in Sicht kommenden Zerstörern? Wann tauchen wir heute vor einem Flugzeug und wann bleiben wir oben? Wann wollen wir angreifen und welche Seite wäre am günstigsten zum Schuß? Ich bespreche diese Lagen anhand der Karte und lasse sie Vorschläge machen. Es müssen positive Vorschläge sein, die von Angriffsgeist diktiert sind, denn Angst habe ich oft genug selber und brauche mir nicht noch zusätzlich welche machen zu lassen.
Gewiß müssen sie auch in der Offiziersmesse allein gelassen werden, damit sie 'mal Zeit haben, über ihren Kommandanten zu schimpfen. Die Mahlzeiten werden natürlich gemeinsam eingenommen, im anständigen Anzug und mit einem weißen Bettlaken als Tischtuch. Der tägliche Doppelkopf der wachfreien Offiziere sei nicht vergessen. Schön ist es auch, wenn ein Buch die Runde macht und man darüber diskutiert.
Mit meinen Fähnrichen habe ich gute Erfahrungen gemacht. Anfangs sind sie noch sehr jung und verstehen vom praktischen U-Boot-Leben natürlich nichts. Ich habe mir als erstes überlegt, wo ich sie unterbringe. Im Offiziersraum war kein Platz, und in den U-Raum will ich sie auch nicht hineinstecken. Da habe ich sie in den Bugraum eingewiesen. Dort lernen sie von der Pike auf, wie das Leben an Bord verläuft. Sie werden natürlich öfter zum Essen

Wolfgang Lüth, Träger des Ritterkreuzes mit Eichenlaub, Schwertern und Brillanten.

Weitere Asse: Julius Lemp

Günther Hessler, der die erfolgreichste Feindfahrt mit 14 Schiffsversenkungen unternahm.

Erich Topp, Kommandant des Bootes der „Roten Teufel“

Ein deutsches U-Boot, durch britischen Bomber vorn getroffen.

Voll eingedeckt. Das Boot sinkt.

Die Torpedopflege ist oberstes Gesetz an Bord.

Die 8,8 cm-Kanone zum Anhalten und Vernichten kleinerer Fahrzeuge war mehrfach entscheidend. Sie half Torpedos sparen.

Die Kojen in einem U-Boot waren eng. Kameradschaft und Rücksichtnahme wurden groß geschrieben.

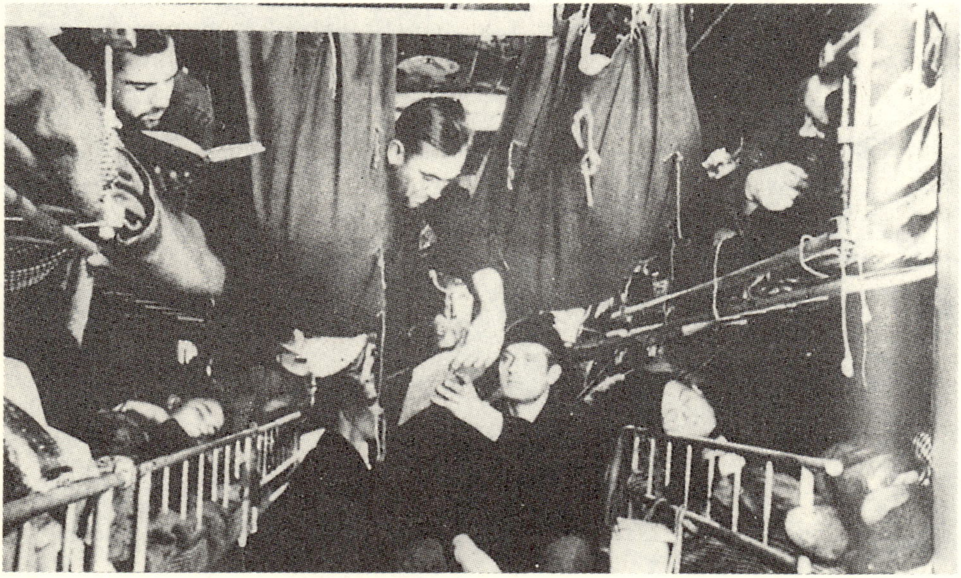

in die Offiziersmesse eingeladen oder zu Spielen und Unterhaltungen hinzugezogen. Im übrigen aber lasse ich sie bewußt mehr Dienst machen als alle anderen Seeleute an Bord. Wenn diese Freizeit haben, dann müssen die Fähnriche noch Bestecke rechnen, oder Trimmrechnungen machen oder bekommen Unterricht, so daß sich die Männer nur sagen können:
»Fähnrich sein ist doch nicht s o schön, wie das im Film aussieht. Die müssen ordentlich 'ran, wenn sie etwas werden wollen'.
Von den technischen Maßnahmen zum Halten des Bootes soll hier nicht die Rede sein, sondern von Kleinigkeiten, auf die zu achten sich lohnt.
Neben dem Offizier trägt der Funker die Hauptlast. Er sitzt am Horchgerät und hört den Zerstörer bereits lange, bevor die Besatzung etwas davon bemerkt. Ich verbiete ihm, den Zerstörer und seine Bewegungen laut zu melden. Jede Meldung aus dem Funkraum wird mir durch einen Befehlsübermittler gebracht, einen ruhigen besonnenen Mann, der mir diese Meldung leise sagt. Das Wort »Zerstörer« gibt es bei mir nicht. Bei mir heißt es nur »kleines Fahrzeug«.
Man muß es immer hinkriegen, daß sich die Freiwache hinlegt und schläft. Dabei muß man bei Unterwasserfahrt darauf achten, daß jeder Mann auch durch Kali-Patronen atmet, selbstverständlich auch die wachfreien Offiziere. Und wenn es noch so unbequem ist.

Wenn alles getan ist, ist es auch für den Kommandanten an der Zeit, sich hinzulegen. Das freut die Besatzung, weil sie dann weiß, daß alles nur halb so schlimm ist, wenn sogar der Kommandant pennt. Manchmal gehe ich auch durch das Boot, um den Männern auf den Stationen zu erklären, was wir alles unternehmen, um einen Verfolger zu leimen. Das sollte man nie versäumen, sobald sich die Gelegenheit dazu bietet.
Der I. WO sollte der Vertrauensmann zwischen der Mannschaft und dem Kommandanten sein. Das ist für einen jungen Offizier, besonders einem gleichaltrigen Unteroffizier gegenüber, nicht leicht.
Da der LI keine Wache mitgeht, muß er sich besonders bemühen, mit seinen Männer öfter einen »Rees« zu machen und in enge Verbindung zu ihnen zu kommen.«
Anhand einer Fülle von Beispielen verstand es Wolfgang Lüth, den Zuhörern klarzumachen, daß das Leben an Bord eines U-Bootes bei guter Führung durch die Offiziere nicht derart vernichtend eintönig zu sein brauchte, wie es oftmals von Außenstehenden empfunden wurde.
Schach- und Skatturniere, Weihnachtsbäckerei, die Äquatortaufe,

die einzelnen Geburtstage der Besatzungsmitglieder, alles das bot Anlaß, aus der Tagesroutine auszubrechen und die Männer aufzurütteln. Über den Ablauf einer solchen Geburtstagsfeier berichtete Wolfgang Lüth:
»Zum Auftakt ertönte über Lautsprecher das 'Geburtstagsständchen' unseres Paul Lincke. In der Zentrale erschienen der Kommandant und die Offiziere mit einer Dose Obst, einem Kuchen, einer Flasche Cognac, und jeder bekommt einen Schluck ab zur Feier des Tages. Das Geburtstagsständchen wird so lange gespielt, bis die Feier zu Ende ist.«
Lüth war ein begnadeter Menschenführer, ein Kommandant, wie er selten auf einem U-Boot gefahren ist. Er schaffte es, an Tagen absoluter Stille und Untätigkeit, die Männer mit der Geschichte des Reiches ebenso zu begeistern, wie mit einem Thema beispielsweise über den Rohstoff Kohle oder andere Wissensgebiete. Lüth stellte lockere Unterrichtspläne auf. Danach machten beispielsweise die Wachoffiziere Unterricht mit der eigenen Wache über Wind und Wellengang, Flaggen, Reedereizeichen, über das Kartenlesen, das Standortkoppeln und andere mehr. Die Bordzeitung wurde vom Kommandanten nach den Radiomeldungen, den BdU-Nachrichten und den Ereignissen der letzten Tage an Bord gemacht.
Der auf den langen Feindfahrten an Bord gestiegene Bordarzt unterrichtete die Soldaten in Hygiene und Gesundheitspflege.
Zum Schluß seines Vortrages erklärte Lüth:
»Der Kommandant und seine Offiziere sind letzten Endes immer daran Schuld, wenn etwas schiefgeht. Denn sie müssen wissen, daß es Situationen gibt, in denen nicht hinter jedem Soldat ein Vorgesetzter stehen kann, wo Befehle zu spät kommen, wo es darauf ankommt, daß die Männer mit Leib und Seele mit ihrem Boot verbunden sind. Ich bin davon überzeugt, daß manches Boot durch solche Kleinigkeiten verlorengegangen ist und daß sich mancher Erfolg nicht einstellte, weil er an solchen unwägbaren und unvorhergesehenen Störungen scheiterte.

Es ist die Pflicht des Kommandanten, Vertrauen zu seinen Männern zu haben. Er muß es haben w o l l e n, auch dann, wenn sie ihn in manchen Fällen enttäuscht haben. Denn darüber hinaus ist Tatsache, daß unsere jungen Soldaten mit ihrer uneingeschränkten Einsatzbereitschaft an den Feind drängen, und das ist ein wichtiger Vorsprung. Wenn sie dazu mit dem nötigen vorwärtsdrängenden Schwung geführt werden, dann folgten sie willigen

Herzens zu immer neue Einsätzen und Angriffen. Wir müssen sie nur achten und gern haben.«
Aus diesen Worten spricht der Kommandant und Menschenführer Lüth, der mit seinen 30 Lebensjahren nach unseren heutigen Begriffen noch ein junger Mann war und dennoch bereits den Zenit erreicht hatte und alle Ehrungen erfahren hatte, die sich ein U-Boot-Kommandant nur wünschen konnte.
In Lüths Worten steckt jener U-Boots-Fahrergeist, den sich diese Waffe immer bewahrt hat und der auch durch anderslautende Veröffentlichungen welcher Art auch immer, niemals in Mißkredit gebracht werden kann. Die Leistungen dieser Waffe und ihrer Soldaten sprechen für sich. Daß sie nicht mit einem Sauhaufen erzielt werden konnten, wie dies andernortes dargestellt wurde, ist jedem Leser klar, der diese Feindfahrten kennt.
Wolfgang Lüth hat mit diesem Vortrag d a s ausgesprochen, was die überwiegende Mehrzahl der Kommandanten anstrebte, ja, er hat es vorgelebt: Auf vier Booten in 609 Seetagen, mehr als jemals ein anderer U-Boot-Fahrer auf See verbrachte!

Wolfgang Lüth — Unvergessen

2. November 1952: Marineschule Mürwik

Sieben Jahre waren nach dem tragischen Tod von Kapitän zur See Wolfgang Lüth vergangen, als am 2. November 1952 ehemalige Marineoffiziere und ihre Angehörigen in der Aula der früheren Marineschule zu Mürwik zusammenkamen. Dort, wo sich seit 1909 jeden Sonntag Offiziere und Fähnriche dieser Schule zum Gottesdienst versammelt hatten, wollten sie ihrer toten Kameraden gedenken.

Die Kapitäne Henne und Wilke, ersterer vor der Mississippimündung mit seinem U-Boot in See geblieben und letzterer auf seinem Torpedoboot im Kanal gefallen, wurden genannt. Alle erinnerten sich an den Stabskapitän, Kapitän zur See Wagner, der bei der Verteidigung von Kolberg sein Leben ließ, ebenso an den unvergessenen Rolf Mützelburg, für den sie alle bereits im September 1942 in diesem Raum die Trauerfeier gehalten hatten.

Der Marinepfarrer war es, der alles das aussprach, was zu sagen den Menschen in Deutschland verboten worden war:

»Mit der Erinnerung an diese Kameraden überkommt uns die Scham darüber, daß wir erst jetzt ihrer in Ehren gedenken. Es überkommt uns aber auch die Frage, ob denn wieder alle diese Blutopfer umsonst gewesen sein und wir nichts daraus gelernt haben sollten? Es überkommt uns die Sorge, wer unter uns in der Lage sein könnte, die stummen Münder aller jener zum Reden zu bringen, und das Vermächtnis aller derer zu deuten, mit denen wir damals auf der Förde zusammen gesegelt und in den umliegenden Wäldern spazierengegangen sind. Jene, mit denen wir im Remter gemeinsam gegessen und hinterher in der O-Messe beieinander gesessen haben. Mit denen wir uns — nicht zuletzt sei dies gesagt — in ernsthaften Nachtgesprächen über den Weg klarzuwerden versuchten, den unser Volk gehen müßte.

Was aber sollen wir raten, was als Vermächtnis unserer gefallenen Kameraden weitergeben? Ich meine: wenigstens das eine, was sie uns vorgelebt und bis zum Tode bezeugt haben: daß keiner unter uns für sich selber lebt und für sich selber stirbt, daß ein Volk ohne ein gemeinsames Ziel nicht leben und keine Opfer bringen kann. Das Ziel aber, für das sie lebten und starben, hieß Deutschland. Welches aber ist unser Ziel, unser Ideal, für das wir leben und opfern wollen, für das wir unsere heranwachsende junge Generation erziehen und begeistern wollen? N i c ht s macht die deutsche Tragödie seit 1945 so offenbar wie die Frage: Welches Deutschland meinen wir heute? Das Deutschland von Gnaden des Ostens oder jenes von Gnaden des Westens? Oder gar ein neutralisiertes Deutschland?
Ich kann hier nur für mich selber sprechen und auch nur für mich selber antworten und will dies auch tun: Das Ziel, für welches ich die unter uns heranwachsende Generation begeistern und hinerziehen möchte, heißt: Ein Deutschland, das unter dem Geist Jesu Christi steht, Menschen in unserem geliebten deutschen Vaterland, die nicht für sich selber leben, sondern für den Herrn.
Mir sind damals, wie so vielen unter uns, alle Ideale zerbrochen. Ich habe erfahren und aus solchen Erfahrungen gelernt, wie selbst die besten Ideale durch ihre schlechten Träger verraten werden können und habe nunmehr erlebt, daß Ideale heute jenes Gefälle haben, zur Ideologie zu verkommen, die zum Schluß den Menschen selber auffrißt.
Wahre Ideale in jungen Menschen wachzuhalten, sie auch zum Leben für andere bereit zu machen, das sind wir vor allem auch unserem nach Kriegsende gefallenen letzten Kommandeur Wolfgang Lüth schuldig, der dies alles mit seinem tapferen und treu durchgestandenen Leben verkörperte. Wie er, so müßte jeder Stellung beziehen und der fragenden und drängenden Jugend Rede und Antwort stehen, weil wir ihr und den gefallenen Kameraden, die nicht

für sich selber lebten und starben, sondern für ein klares Ziel, dies eine schuldig sind.«

Die Rede des Fregattenkapitäns Otto Schuhart

Fünf Jahre darauf, am 17. November 1957, sprach vor der Einweihung des Gedenksteines für Wolfgang Lüth Fregattenkapitän Schuhart in der Aula der Marineschule Mürwik das aus, was alle Versammelten dachten:
»Eines Mannes oder seiner Taten zu gedenken, einer Erinnerung also, die uns würdig erscheint, überliefert zu werden, das ist der Sinn eines Gedenksteines, wie wir ihn zu weihen im Begriff sind.

Zum anderen soll er uns daran erinnern, daß eine jede große Tat, soll sie letzten Endes nicht umsonst gewesen sein, Nachfolger erwartet und fordert.
Kapitän zur See Wolfgang Lüth wurde, nachdem er sich über Jahre hinweg als U-Bootskommandant aufs Höchste bewährt hatte, mit dem Kommando über die Marinekriegsschule Mürwik betraut. Er sollte dem jungen Offiziersnachwuchs Vorbild und Beispiel sein. Als Vorbild und Beispiel stand er damals vor den Fähnrichen und allen jenen, die unter ihm Dienst zu tun die Ehre hatten. Und so lebt er in der Erinnerung aller, die ihn kannten: Zuversichtlich und lebensbejahend; ein Mann, der den Kampf nicht um des Kampfes, sondern um des Lebens willen bejahte; ein Mensch, der das Leben

im edlen Sinne des Wortes liebte, bewährt und frei, jederzeit zum Opfer bereit.
Das Schicksal hat dieses Opfer von ihm verlangt, aber nicht im Kampf, sondern nach der Schlacht, unweit jener Stelle, an der wir uns hier befinden.
Wir Menschen bemühen uns, auch in dem für uns Unverständlichen noch einen Sinn zu suchen. In diesem Falle finden wir keine Antwort. Vielleicht sollte es aber der Sinn s e i n e s Todes sein, uns, die Überlebenden und Nachfolgenden, umso nachdrücklicher an die Verpflichtung gegenüber allen denen zu erinnern, die der große Krieg verschlang.
So soll dieser Stein, den meine Freunde und Kameraden dem großen U-Bootkommandanten und letzten Kommandeur der Marineschule Mürwik setzten, denen, die ihn täglich vor Augen haben und die eine alte Aufgabe neu fortführen, immer wieder die Frage vorlegen:
»Lebst du groß und frei, wie jene starben?«

Wie es zur Aufstellung dieses Findlings kam, das hat FKpt. Dr. Paul Heinsius in seinem Bericht zum 14. Mai 1945 dargestellt:

Meine Erinnerungen an Wolfgang Lüth

Lüth war nach seiner überaus erfolgreichen U-Bootstätigkeit wegen seiner besonderen erzieherischen Begabung und der Fähigkeit zur Menschenführung von Großadmiral Dönitz zum Kommandeur der Marineschule Mürwik eingesetzt worden. So hat er zusammen mit dem damaligen Fregattenkapitän Schuhart weitgehend die letzten Offiziersjahrgänge der Marine erzogen und geprägt. Dazu ließ er die damals dumpf und dunkel wirkenden Innenräume der 1909 gebauten Marineschule vollständig renovieren. In kurzer Zeit brachte er es fertig, daß die hohen großen Räume wieder frei und aufmunternd wirkten, so daß der Charakter des Gebäudes als Ordensschloß für junge Soldaten wieder herauskam.

Im Remter ließ er, zum Stil des historischen Gebäudes passend, helle Fresken mit historischen Hinweisen, vor allem auf die Hanse, anbringen. Sie schauen noch heute jeden Tag auf die Offiziersanwärter der Bundesmarine herab.
Auch die Aula befreite er von einigem neugotischen Flitter. Besonders trägt aber noch ein Saal seinen Charakter: der »Pepermintsaal«. Diesen zuvor dumpfen, engen und verräucherten Kantinenraum gestaltete Lüth völlig neu. Durch Age Nissen ließ er eine Seeräuberstory an die Wände malen. Hier kamen jugendlicher Humor und Lebensfreude zum Durchbruch. In diesen Gemälden verknüpfen sich Geist und Schwung der Jugendbewegung mit den romantischen Phantasien angehender Seefahrer. Ein Prosatext dazu, der ebenfalls aufgemalt wurde, »brachte«bei der Einweihung Lüth, Dr. Fugl (damals Museumsdirektor in Flensburg) und Age Nissen zusammen. Nach dem dabei im Jahre 1945 gereichten Getränk, einem Pfefferminzschnaps, bekam der Held der Geschichte den Namen »Jan Pepermint«.
Das Gebäude der Schule und die Fresken an den Innenwänden wurden vor allem durch die darin (neben der PH) untergebrachten Zollbeamten trotz vieler Widerstände in den Nachkriegsjahren sorgsam bewahrt.

So konnte die junge Bundesmarine mit der Offiziersausbildung unter Admiral von Wangenheim und Kpt.z.S. Schuhart in diesen Räumen wieder beginnen. Der »Pepermintsaal« animierte die erste Crew, ein modernes Seemannslied — den heute bei allen Seeoffiziersanwärtern beliebten »Pepermintsong« — zu dichten und zu komponieren.

Auch an Wolfgang Lüth wurde beim Wiederaufbau der Bundesmarine gedacht. Auf Initiative des damaligen Kapitänleutnants Peter, »Charly« genannt, richteten in den ersten Jahren Offiziersanwärter der Bundeswehr in der Nähe der Stelle seines Todes einen Findling als Gedenkstein auf. Regelmäßig werden hier durch Offiziersanwärter Kränze und Blumen niedergelegt.«

Über den Gedenkstein berichtete Kptlt. »Charly« Peter:
»Ich war zu jener Zeit Hörsaalleiter, Gruppenoffizier, wie es damals hieß, und trat durch Zufall in Lüths näheren Gesichtskreis. Ich mochte ihn vom ersten Augenblick an. Seine frische und mitreißende Art, sein etwas eckiger baltischer Dialekt, sein goldiger Humor zogen stark an, so daß es kein Wunder war, daß meine Frau und ich bald in einem engen, persönlichen Kontakt zu ihm und seiner Familie standen. In unserer kleinen Dachwohnung im Hause Fördestraße 3 ist gemeinsam mit Wolfgang Lüth viel gelacht worden.
Ich sah Lüth zum letzten Male, etwa zehn Stunden vor seinem Tode, am Nachmittag des 13. Mai. An jenem Tage hatte ein britischer Hauptmann die fünf Familien unseres Hauses wissen lassen, daß wir das Haus noch am selben Tage räumen müßten. Es lag dem deutschen Regierungssitz am nächsten und sollte für irgend einen britischen Zweck verwendet werden.
Diese Notlage veranlaßte mich, an jenem Nachmittag Lüth aufzusuchen und ihn um ein Notquartier für die fünf Familien zu bitten. Lüth war ja neben seiner Eigenschaft als Kommandeur der Marinekriegsschule zugleich auch Standortältester.

Wir trafen uns im Säulengang der Schule vor meinem jetzigen Dienstzimmer. Bleich, mit eingefallenen Wangen und von den vielen Nächten ohne Schlaf tief in den Höhlen liegenden Augen stand er vor mir, seiner Art entsprechend zu sofortiger Hilfeleistung bereit. Innerhalb von wenigen Stunden hatten wir ein Notquartier und konnten mit dem Umzug beginnen.
Als ich am anderen Morgen zu Fuß an der Sportschule vorbei in Richtung Solitude zu meinem Räumboot ging, berichtete mir jemand, Lüth sei tot. Ich konnte es nicht glauben.
Zwei Tage darauf, am 16. Mai, ab 10.00 Uhr morgens, begann in der Aula unserer Schule die Trauerfeier. Sechs mit dem Ritterkreuz ausgezeichnete U-Bootskommandanten hielten am Sarg die Ehrenwache.
Lüth ruht heute gemeinsam mit Generaladmiral von Friedeburg, der sich am 23. Mai in Meierwik der Gefangenschaft durch den Freitod entzog, auf dem Adelbyer Friedhof.
Am Volkstrauertag des Jahres 1957 setzte ich mit den Fähnrichen der Crew V/56 im Kreise von Frau Lüth und ihren Kindern jenen Findling am Rande des Sportplatzes, der an Kapitän zur See Wolfgang Lüth erinnert.
Meine Frau und ich haben diesen schweren Findling lange gesucht und ihn schließlich in der Nähe der Autostraße Mürwik-Glücksburg, unweit Solitude gefunden. Ein Straßenbauunterneh-

men schaffte ihn kostenlos zum Steinmetz in der Marinehölzung. Dieser schlug die Inschrift für einen niedrigen Preis. Die Rechnung wurde durch eine Sammlung der Crew V/56 und ihrer Vorgesetzten beglichen.«

Schlußworte des Flottillenadmirals von Wangenheim

Unser Volk ist nach der fast vollkommenen Zerschlagung seiner geschichtlich gewachsenen Ordnung in der Katastrophe von 1945 mit einer solchen Flut von Schmähungen überschüttet worden, daß es Jahre dauerte, bis im großen Kreise, als Ausdruck der staatlichen Gemeinschaft, wieder der Männer gedacht wurde, die vor dem Feind gefallen waren. Dort, wo ihr Tod die Lücke gerissen hatte, waren sie n i c h t vergessen. Aber erst seit kurzem sammelt sich das Volk wieder zu gemeinsamem Gedenken.
So heute, am Volkstrauertag, den wir Soldaten zuerst dem Gedenken derer weihen, die vor uns und mit uns zur Verteidigung der Heimat Waffen trugen.

Daß wir uns heute zu unserer eigenen Feier abgesondert haben, hat besondere Gründe. Vor einem Jahr begannen wir hier wieder an der Aufgabe, die uns gestellt ist. An einer Stätte, wo vor uns unzählige — wie wir heute — geschult wurden, die Verteidigung der Heimat sicherzustellen. Hier in unserem Lebenskreis sind Namen überliefert, die zu ihrer Zeit einen besonderen Klang hatten und die auch heute nicht in Vergessenheit geraten sollen.

Ich glaube, daß es deshalb gerechtfertigt ist, daß wir uns in diesem Kameradenkreis heute treffen, denn in engeren Kreisen muß zuerst lebendig werden, was im Großen wirken soll.

Diese Namen wurden von vielen genannt, ohne daß der Zusammenhang bekannt ist und ehe der Bereich, in dem wir hier arbeiten, sein Gesicht den neuen Aufgaben entsprechend wieder ändert, wollen wir sie uns lebendig werden lassen.

Draußen steht das Trempedach-Lager, genannt nach dem Korvettenkapitän Claus Trempedach, der vor dem Kriege hier zwei Jahre als Erzieher der Offiziersanwärter diente, danach Kommandant eines Zerstörers war, als der er schon in den ersten Monaten des Krieges in der Nordsee fiel.

Rolf Mützelburg, Kapitänleutnant und Kommandant von U-Booten, nach großen Erfolgen ausgezeichnet mit dem Eichenlaub zum Ritterkreuz des Eisernen Kreuzes. Er war einer von den jungen Offizieren, die kühn und wagemutig den Angriff hinaustrugen, im Kampf gegen die Übermacht der ganzen Welt. Geblieben im Atlantik im September 1942 auf der Höhe der Erfolge unserer U-Boote. Das Lager, das nach ihm benannt ist, wird zwar verschwinden. Sein Name aber wird weiterleben.

Heinz Krey, Ingenieur-Offizier der Crew 1939, als junger Offizier im Kriege Leitender Ingenieur auf U 752. Draußen im Atlantik wurde sein Boot schwer beschädigt, durch feindliche Flugzeuge kampfunfähig geschossen und war in Gefahr geraten, vom Gegner weggenommen zu werden. Sich seiner Pflicht als Offizier bewußt, blieb er an Bord und stellte die Versenkung des Bootes sicher, das mit wehender Flagge unterging, mit sich in die Tiefe nehmend all jene Dinge, deren Besitz für den Gegner von unschätzbarem Wert gewesen wäre und ihn selber, den tapferen jungen Offizier, der wohl wußte, daß die Erfüllung der Pflicht höher steht als das Leben Einzelner.

Soll ich mehr nennen unter den vielen, die gleich ihm kämpften? Admirale, die als Chefs von Verbänden fielen? Kommandanten, die mit ihren Schiffen untergingen? Offiziere, die als Führer ihrer Männer ihre Stellung an Bord und an Land bis zum Letzten ausfüllten? Unteroffiziere, die als Rückgrat der Manneszucht in der Kampfgemeinschaft standen? Alle Männer, die tapfer und pflichttreu dort kämpften, wo das Schicksal ihnen den Platz zugewiesen hatte?

Auf großen Schiffen, auf Kreuzern und Zerstörern, auf Minensuch- und Geleitfahrzeugen, auf Schnellbooten in kühnem Angriff, als Seeflieger über allen Meeren, als standfeste und tapfere Marine-Artilleristen. All die Männer der Flak, alle jene, die an Bord und an

Land in unermüdlichem, oft kühnem Einsatz die Truppe versorgten über Meere und an allen Fronten?

Die vielen Frauen und Mädchen, die als Krankenschwestern oder Helferinnen den Männern im Kampf zur Seite standen, wie in alten Zeiten, wenn die Mannschaft auf die Wälle gerufen wurde, und die Frauen in letzter Not den Männern zur Abwehr des tödlichen Angriffs die Waffen reichten?
Der Volkstrauertag umschließt alle, die in echter Gesinnung ihr Leben einsetzten. Doch e i n e r liegt uns heute besonders am Herzen. Ihn stellen wir in den Mittelpunkt der heutigen Feier. Den E i n e n für alle die V i e l e n, derer wir heute gedenken: Wolfgang L ü t h!
Geboren im einstmals deutschen Baltenland, wo die Deutschen mit dem Blick von außen auf das Reich abseits von innerem Zwist die großen Schicksalsfragen oft klarer erkannten, und aus dieser Erkenntnis alle ihre Kraft für die Erhaltung der Heimat einsetzten. Er trat im Jahre 1933 in die Reichsmarine ein, wurde frühzeitig eingesetzt im Aufbau der neu erstehenden deutschen U-Boot-Waffe. Nacheinander Kommandant von U 9, U 138, U 43, U 181, mit dem er zwei Fahrten machte, darunter eine von siebeneinhalb Monaten Dauer, eine der längsten, die überhaupt von einem U-Boot durchgehalten wurde. Allein als Kommandant mit seiner Besatzung weit draußen im Atlantik und im Indischen Ozean.
Nachdem er fast 50 Feindschiffe und ein U-Boot versenkt hatte, wurde er schon im August 1943 mit dem Ritterkreuz mit Eichenlaub, Schwertern und Brillanten ausgezeichnet, der höchsten Tapferkeitsauszeichnung, die in der deutschen Wehrmacht verliehen werden konnte.
Er hatte sich durch die Kraft seiner Persönlichkeit in seinen Besatzungen Kampfgemeinschaften geschaffen, auf die er fest und zuversichtlich rechnen konnte, die ihm und seinem Stern unbedingt vertrauten, die es ihm erlaubten, durch volle Beherrschung der technischen Möglichkeiten, über die er verfügte, die ungewöhnlichen Erfolge zu erzielen. Lesen wir sein Buch »Boot greift wieder an«, das seinen unbeugsamen Kampf- und Angriffswillen widerspiegelt, der ihn auch nach Mißerfolgen nicht erlahmen ließ. Hören wir, was er selber an anderer Stelle über seine Männer sagt:
»Es ist Pflicht des Kommandanten, Vertrauen zu seinen Männern zu haben. Er muß es haben wollen, auch wenn sie ihn in Einzelfällen enttäuscht haben. Wir müssen sie nur achten und müssen sie gern haben.«
Das war der Kommandant, wie er sein sollte! Nach seinen einmali-

gen Erfolgen als U-Boot-Kommandant wurde er ausgewählt als Kommandeur der Marinekriegsschule in Mürwik, um dem jungen Nachwuchs Vorbild, Führer und Erzieher zu sein für den harten Kampf, der ihrer wartete. Fast ein Jahr hat er an dieser Stätte noch gewirkt, bis die Übermacht der Welt unser Volk zerschlagen hatte und in der Katastrophe der Kampf und auch sein Leben hier endeten.

Freunde und Kameraden haben einen Stein gesucht, der wert wäre, sein Gedenken wachzuhalten und haben ihn draußen unter einer jungen Eiche gesetzt, an der Stelle, an der er starb.
»Kapitän zur See Wolfgang Lüth« lesen wir auf diesem Stein, den Namen eines Einzelnen, der doch viel mehr bedeutet, als die Erinnerung an einen einzelnen Menschen, der eine Gemeinschaft von Männern zu beispiellosen Erfolgen geführt hat, weil er ein Symbol war für den Geist der Soldaten, die an seiner Seite kämpften und fielen.
So gedenken wir, wenn wir heute als besonderes Anliegen der Marineschule Mürwik für den letzten Kommandeur der Marinekriegsschule Mürwik diesen Stein setzen, mit ihm all' der vielen anderen, die gleich ihm fielen. Denn ein Mann ist, der die Aufgabe höher stellt als sein Leben! Und wir gedenken ihrer, weil wir wissen, daß der Mensch kein Einzelwesen ist auf dieser Erde, sondern ein Glied in der Kette und ein Teil der Gemeinschaft, in die ihn Geburt, Berufung und sein eigener Wille hinstellen.
Daß die, die vor uns waren, Forderungen an uns zu stellen haben, dieses Bewußtsein läßt uns die Grenzen unserer Freiheit erkennen, und es umreißt Pflichten, die uns binden. Und wir hören die Mahnung, die aus den Gräbern und über die See zu uns dringt:

> »Wir Toten fordern unser Recht
> die alte Treue vom neuen Geschlecht.«

Menschenführung auf einem U-Boot

Einzelheiten aus der menschlichen Führung einer U-Boot-Besatzung auf Feindfahrt

Vortrag von Korv.Kpt. Lüth

Gehalten auf der Befehlshabertagung der Kriegsmarine in Weimar am 17. Dezember 1943.

Herr Großadmiral, meine Herren!

Meine Aufgabe als U-Boot-Kommandant besteht darin, Schiffe zu versenken. Dazu brauche ich eine Besatzung, die mitmacht, damit alles klappt. Wenn sie mitmachen soll, dann muß sie nicht nur etwas können — all den Kleinkram im täglichen Dienst — sondern dann muß sie auch Freude am Dienst haben.
Ich will Ihnen hier verschiedene Einzelheiten schildern, die zeigen sollen, in welche Bahnen ich das Leben an Bord geleitet habe, wie das Leben an Bord geführt wird. Ich war lange auf Feindfahrt, die ganzen vier Jahre. Was ich hier sage, beruht nur auf eigenen Erfah-

rungen, sind eigene Gedanken. Ich werde mich bemühen, an den grundsätzlichen Dingen vorbeizugehen, Binsenwahrheiten zu vermeiden und nur Einzelheiten zu bringen als Anregung, wie man es machen kann. Auf jeder Fahrt ist es anders gewesen. Es waren ja auch immer andere Offiziere und Mannschaften um mich. Man kann kein Rezept geben, das für alle Fälle gilt. Ich habe auf meinen 16 Feindfahrten ständig zugelernt, so daß ich auf der letzten, über 7 1/2 Monate dauernden Feindfahrt schon reichlich Erfahrung in diesen Dingen hatte.

Besonderheiten des U-Boot-Lebens

Ich schildere nun kurz die Verhältnisse auf einem U-Boot, weil sie ganz anders sind als bei anderen Marineeinheiten.
Das Leben an Bord ist lange Zeit hindurch eintönig. Lange Wochen hindurch muß man Mißerfolge ertragen können, und wenn dann Wasserbomben hinzukommen, ist das ein »Nervenkrieg«, der allerdings vornehmlich auf den Vorgesetzten lastet. Es geht uns dann ungefähr so wie einem Flieger, der in der Luft hängt und von, sagen wir, drei Jägern angegriffen wird. Dieser Flieger aber müßte jeden Schuß, der ihm gilt, laut hören, auch wenn er fehlgeht, ja auch, wenn er mehrere 1000 m vorbeigeht. Er spürt also nicht nur die Schüsse, die ins Bein treffen, sondern jeden einzelnen Schuß, der gefeuert wird. Und alle Schüsse haben eine aufpeitschende Lautstärke. Dann geht das Licht aus, und er sitzt im Dunkeln, und wenn es dunkel ist, steigt bei allen Menschen die Angst. Das U-Boot kann auch nicht wegfliegen, wie es das Flugzeug tun kann, es steht auf der Stelle und kann sich nicht rühren, es kann nicht wiederschießen und kann sich nicht wehren, das alles verlangt starke Herzen von den Soldaten.

Es kommt hinzu, daß das Leben auf einem U-Boot unnatürlich und ungesund ist im Vergleich zu dem Leben auf dem Segelschiff; ebenso ungesund, wie das Großstadtleben gegenüber dem Landleben.
Den steten Wechsel zwischen Tag und Nacht gibt es nicht, weil das Licht im Boot dauernd brennen muß. Es gibt keinen Sonntag und keinen Wochentag und keinen gleichmäßigen Wechsel der Jahreszeit. Das Leben verläuft also unrhythmisch und eintönig, so daß der Kommandant sich bemühen muß, diese Nachteile weitgehend auszugleichen. Hinzu kommt der dauernde Klimawechsel, der auch dem gesunden Menschen auf die Dauer Schwierigkeiten macht. Das Boot kommt aus der Passatgegend in die Tropen, von feuchten Gegenden in Schönwettergegenden, es berührt namentlich auf dem Marsch eine Klimazone nach der anderen. Dazu kommen der unregelmäßige Schlaf, da die Nacht die Hauptkampfzeit ist, und die wochenlange ständige Verantwortung des Vorgesetzten, die andauernd seine Spannkraft erfordert. Störend wirken auch der Mief an Bord, der Krach, der Seegang; all dies fördert die sogenannte Blechkrankheit. Aber nicht außer acht lassen darf man das Rauchen und den starken Kaffee, beides wirkt auf Magen und Nerven der Soldaten, namentlich, wenn es nachts auf nüchteren Magen genossen wird. Ich habe beobachtet, daß junge Kerls von 23 Jahren innerhalb von zwei Jahren U-Boot-untauglich wurden. Man darf sich natürlich an Land nicht allzuoft betrinken, das kann man sich nur im Frieden leisten. Ich habe während meiner Feindfahrten niemals den so beliebten Mittelwächterkaffee getrunken, der so scheußlich schmeckt, weil er viel zu stark ist, und habe nicht mehr als eine bis zwei Zigarren täglich geraucht und mich an Land nur manchmal betrunken.

Der Geist der Besatzung ist abhängig
1. von der Disziplin der Besatzung und
2. vom Erfolg. Wenn einer Erfolg hat, dann wird ihn, mag er auch ein Dummkopf sein, die Besatzung immer mehr lieben, als einen, der keinen Erfolg hat. Aber gerade der Kommandant, der Mißerfolge hat, muß eine Besatzung haben, die vom guten Geist erfüllt ist. Und dann kommt es
3. vor allem an auf eine gute Organisation des täglichen Lebens an Bord.
4. Auf das Vorbild und die einwandfreie Haltung der Offiziere und
5. auf eine wirklich geistige Führung der Männer, verbunden mit einer einwandfreien Truppenbetreuung.

Kommandanten, die mit Booten des Typs IX D-2 für weite, ozeanische Verwendung im Einsatz standen:

Werner Hartmann, U 198

Karl-Heinz Wiebe, LI auf U 178

Eitel-Friedrich Kentrat, U 196

Helmut Witte, (mit einem IX C-Boot) U159

Erfolgreiche Kommandanten der Fernfahrt:

Siegfried Lüdden, Kommandant von U188.

Robert Gysae, Kommandant von U 177.

Wilhelm Dommes, Kommandant von U 178.

Wolfgang Lüth, Kommandant von U 181.

Von einer der längsten Feindfahrten der U-Boot-Geschichte zurück: Nach 206 Tagen wieder im Stützpunkt. Wolfgang Lüth und seine Männer.

Der erste Bericht, von links: FKpt. Rösing, Führer der U-Boote West, Lüth, und KKpt. Klaus Scholtz, Flottillenchef der Fernkampfboote in Bordeaux.

KKpt. Lüth nach der Verleihung der Brillanten.

U 181 mit 48 Siegeswimpeln des Kommandanten läuft zur Generalüberholung nach Kiel ein.

1. Zur Disziplin

Der Kommandant hat die Aufgabe, dafür zu sorgen, daß auf seinem Boot der Geist der guten Soldaten vorherrscht und die Meinung der schlechten Soldaten wenig gilt. Er muß sich an Bord vielleicht wie ein Gärtner verhalten, der das Unkraut ausreißt und die guten Pflanzen pflegt. Das ist auch gar nicht so schwer, denn wir haben ja meist junge Soldaten an Bord, die einsatzbereit sind. Die Männer sind 20 bis 22 Jahre, die Unteroffiziere 23 bis 25 Jahre alt. Es ist auch vorteilhaft, daß die Männer fast alle Handwerksgesellen waren und kaum sogenannte Halbgebildete dabei waren, die die Höhere Schule nur halb besucht haben, weil sie dann rausgeflogen sind oder zu dumm waren. Solche Soldaten können sehr ungünstig auf die Besatzung wirken. Wenn man jedoch gut auf sie achtet, kann man auch ihre Fähigkeiten günstig ausnutzen.
Meine Besatzung setzte sich aus Männern zusammen, die aus allen Teilen Deutschlands stammten. Sie kamen zu 20% aus dem Rheinland und zu 10% aus allen übrigen Gebieten Deutschlands, auch aus der Ostmark und dem Sudetenland, und ich habe täglich mit allen gleichmäßig meine guten und schlechten Erfahrungen gemacht. Die meisten Unteroffiziere waren verheiratet, der Rest ehrlich verlobt. Ich halte das für günstig. Ich weiß wohl, daß die Frauen die kämpferische Moral des Soldaten zermürben können, weiß aber auch, daß sie den Mann in seiner Haltung stärken können, und ich habe oft erlebt, daß gerade Verheiratete besonders gut erholt vom Urlaub zur neuen Feindfahrt antraten. Man muß den verheirateten Unteroffizieren sagen, was sie von einer Soldatenfrau verlangen müssen.
Ich war froh, als ich in der Heimat einmal die Gelegenheit hatte, die meisten Frauen meiner Soldaten zu einem Kaffee einladen zu können, sie kennenzulernen und ihnen sagen zu können, daß von ihnen eine tapfere Haltung erwartet wird. Ich glaube, daß mancher von ihnen das Rückgrat dadurch gestärkt wurde, und ich habe meine Frau gebeten, ihnen ab und zu zu schreiben und Fühlung mit ihnen zu halten.

Über Ordensverleihungen ist viel geschrieben worden und wird noch viel gestritten werden. Dies zeigt aber, wie wichtig diese Frage ist. Es darf nicht bekannt werden, daß es Soldaten gibt, die nach der Verleihung des EK I oder eines höheren Ordens, plötzlich irgendwelche Krankheiten bekommen, die nicht durch den Röntgenapparat zu sehen sind. Herz, Magen, Rheumatismus sind die Schlagworte. Wenn sich jeder U-Boot-Fahrer nach bürgerlichen Gesichtspunkten untersuchen ließe, würden nur noch wenige tauglich sein. An den eisernen Willen, seine Gesundheit zu erhalten und kleine Schwierigkeiten zu überwinden, muß appelliert werden. Wenn zwei Soldaten zum EK I heranstehen, und es kann nur einem verliehen werden, so gebe ich es lieber dem, der an Bord bleibt und weiterfährt, als dem, der das Glück hat, Unteroffizier oder Feldwebel werden zu können und deshalb aussteigen muß. Schließlich ist das EK keine Wohlfahrtseinrichtung, sondern eine Belohnung für Tapferkeit vor dem Feinde, die gerade noch nach der Verleihung erneut verdient werden muß.

Erläuternde Bemerkung des Ob.d.M.

Es handelt sich im Folgenden um Ausführungen über Sondermaßnahmen eines besonders bewährten Kommandanten auf dem Gebiet der Verbüßung von Disziplinarstrafen, die infolge einer 7 1/2 monatigen Feindfahrt auf einem Boot notwendig wurden und deswegen nachträglich für diesen Fall gebilligt werden. Wie weit die Form der Strafverbüßung auf einem U-Boot den dort gegebenen Notwendigkeiten angepaßt werden kann, wird geprüft und noch entschieden.

Die Disziplinarstrafordnung kann ich auf langer Feindfahrt in der Form der Strafverbüßung nicht gebrauchen, weil ich niemanden einsperren kann und auch Ausgangsbeschränkung oder Soldverwaltung haben wenig Zweck. Wenn ich einen Soldaten mit 14 Tagen Arrest bestrafe, dann muß ich ihm sagen: »Nach einigen Monaten kommen wir nach Hause, dann mußt Du brummen.« Nun kommen Erfolge und Gefahren, die wir gemeinsam erleben, in denen sich der Mann bewährt. Wir kommen nach Hause in der Hochstimmung, etwas geschafft zu haben, und dann soll ich den Mann einsperren für ein Vergehen, das Monate zurückliegt? Ich halte das für unklug. Aber Rapporte halte ich trotzdem auf See ab. Bei schweren Fällen sind alle Offiziere dabei.

Ich lege Wert darauf, daß alle einen ordentlichen und gleichmäßigen Anzug anhaben. Wenn einer z.B. pampig gegen seinen Vorgesetzten war oder sonst etwas verbockt hat, was ihm drei Tage kosten könnte, dann diktierte ich ihm drei Tage »hartes Lager« zu. Er schläft dann an Deck ohne Matratze und ohne Decke, und da das unbequem ist, wirkt es besser als drei Tage Arrest. Auf langen Feindfahrten wird von den jungen Soldaten auch viel Geschirr zerschlagen. Zureden hilft bekanntlich wenig, zumal bei Seegang die Backschaft oft schwierig ist. Ich lasse nun jede Woche eine Geschirrmusterung machen, und wenn zu viel fehlt, dann muß der Backschafter drei Tage aus der Konservendose essen. Eine harte Strafe ist auch das Rauchverbot. Drei Tage Spielverbot für Skatlöwen wirkt auch Wunder. Auf einer Fahrt wurde der Proviant knapp, und trotzdem hatte sich einer in unkameradschaftlicher Weise zusätzlich Proviant »besorgt«, und zwar so viel, daß hart durchgegriffen werden mußte. Ich bestrafte ihn mit 14 Tagen »Verschiß«, wie es früher bei den Kadetten üblich war, und tatsächlich hat keiner mit ihm gesprochen, und er hat so lange auf hartem Lager geschlafen. Anschließend war der Fall ausgestanden, es wurden keine Worte mehr darüber gesprochen, und die Kameradschaft war wieder voll hergestellt.

Einmal hatte ich einen ewigen Nörgler an Bord, der auch gegen Vorgesetzte, die ihm nicht gewachsen waren, gern ungehorsam war, und der über alles meckerte, ähnlich wie einige Typen aus dem Zivilleben. Als wir wochenlang keinen Erfolg hatten, und er durch sein Miesmachen den Geist der Besatzung zu stören drohte, habe ich eine Musterung gemacht. Ich tauchte auf 40 m, steuerte das Boot gut ein, ließ drei Soldaten in der Zentrale und in der E-Maschine, versammelte die Besatzung im Bugraum und sagte laut zu dem Mann: »Entweder kommst Du nach Hause als mein Freund oder Du kommst nach Hause, und ich schicke Dich in eine Strafkompanie an die Ostfront. Jetzt machst Du 14 Tage Strafarbeitsdienst nach einer genau festgelegten Routine«.

Dasselbe gab ich ihm schriftlich und ließ es von ihm unterschreiben. Dann setzte ich dies in die Bordzeitung, die einmal am »Schwarzen Brett« gegenüber dem Funkraum hängt und einmal im Heckraum auf dem Lokus, wo man sie mit der nötigen Ruhe durchlesen kann. Der Mann hat in den Tropen seinen Strafarbeitsdienst tadellos getan. Er hat die schlechten Kartoffeln aussortiert, die Bilgen gereinigt, den Proviant umgestaut und seinen Kameraden solche Arbeit abgenommen, die notwendig getan werden mußte, aber sehr unbequem war. Es hat sich weiterhin so tadellos gemacht, daß er nun das EK trägt und ich ihn meinem Nachfolger als Gefechtsrudergänger empfohlen habe.

Obst, Schokolade und ähnliche schöne Sachen lasse ich nicht stur durch den Menageunteroffizier verteilen, sondern halte meinen

Daumen darauf. Obst als Belohnung für eine tüchtige Arbeit oder seine Entziehung zur Strafe für Gefräßigkeit ist ein gutes Erziehungsmittel auf langer Fahrt.
Das alles sind Sachen, die sich an Bord sehr gut machen lassen und die, sinngemäß angewandt, besser wirken als die Strafen der Disziplinarstrafordnung. Wichtig ist, daß jede Strafe in geeigneter Form der Besatzung bekanntzugeben ist, sei es durch Bordpresse, Schwarzes Brett oder Musterung. Jede Schikane muß verhütet werden, und niemals darf der Mann irgendeine Verärgerung bei seinem Kommandanten merken. Er muß fühlen, daß man ihn letzten Endes gern hat und ihn als vollwertigen Kameraden schätzt. Im allgemeinen hatte ich das Bestreben, möglichst wenig zu bestrafen. Das macht man nicht so, daß man die Hände in den Schoß legt und alles treiben läßt, sondern indem man sich besonders um seine Soldaten kümmert, sie wirklich führt, wirklich erzieht und ihnen durch klare Befehle das Gehorchen erleichtert.
Einen Tag, nachdem ich auf See das Eichenlaub bekommen hatte, sah mein achterer Ausguck einen Zerstörer zu spät. Da blieb uns nun nichts anderes übrig als zu tauchen und abzuwarten. Der Erfolg war gefährdet, und die unnütze Gefahr war da. Ich habe den Mann trotzdem nicht bestraft. Wir bekamen soviel Zunder, daß wir erst nach 15 Stunden wieder auftauchen konnten. Die Blicke seiner Kameraden zu Beginn der Wasserbombenverfolgung waren für ihn Strafe genug. Daß ich ihn nicht bestraft habe, hat sich gut ausgewirkt, es funktioniert jetzt prima.
Ich habe auch Männer mit Gefängnisstrafen an Bord gehabt, und ich bin mit ihnen gut gefahren. Selbstverständlich dürfen es keine Kameradendiebe gewesen sein oder ähnlich minderwertige Typen. Wir bekamen Wasserbomben von einem Zerstörer, da platzte auf großer Tiefe ein Ventil in der Lenzleitung. Wasser spritzte ins Boot, die E-Schalttafel in der Zentrale brannte, und das Licht ging aus. Ich hatte zum Glück einen Vorbestraften an Bord, der sich bewähren wollte. Dieser sprang in die Flammen und hat sie gelöscht. Er hat das EK I bekommen und ist jetzt Unteroffizier. Es war für beide Teile, für ihn wie für mich, ein Geschäft. Die Strafe soll ja in fast allen Fällen den Soldaten erziehen, aber nicht vernichten. Die Chance zur Bewährung gibt solchen Männern oft einen starken Auftrieb.
Es ist klar, daß an Bord die Routine scharf eingehalten wird; daß die Wache pünktlich abgelöst wird, ist Ehrensache, und ebenso lege ich Wert darauf, daß die Etikette an Bord gewahrt bleibt. Im Hafen natürlich mehr als auf See, wo es genügen muß, daß in den Räumen »Ordnung« gerufen werden muß, die der Kommandant zum erstenmal am Tage betritt, daß stets der älteste anwesende

Soldat meldet, was gemacht wird, ebenso, wie sich der W.O. auf der Brücke zu melden hat. Im Hafen muß in der Werftliegezeit mindestens einmal täglich zur Musterung angetreten werden. Besonderen Wert lege ich auf eine würdige Flaggenparade. Auch auf See muß die Spindordnung ab und zu kontrolliert und auf dauernde Ordnung im Boot geachtet werden. Dazu muß noch erwähnt werden, daß es selbstverständlich ist, daß der Kommandant zu jeder Zeit an Bord zu sprechen ist und nicht durch falschen Abstand von ihm oder Furcht vor seiner schlechten Laune wichtige Meldungen aufgeschoben werden.

Der Ausguck ist besonders wichtig auf dem U-Boot, er ist noch mehr eine Frage des Charakters als der guten Augen. Wir haben während meiner Fahrzeit weit über 100 Flugzeuge gesehen, und wir sind nur dreimal gebombt worden. Selbst bei Nacht hat der Ausguck mehrmals Flugzeuge gesehen und in zwei Fällen sogar rechzeitig gehört. Trotzdem erlaube ich den Männern auf Wache zu reden und zu rauchen. Ich weiß, daß man das den jungen Besatzungen in der Heimat verbieten muß. Da darf auf Wache kein Wort geredet werden. Da muß erst »Grund hereinkommen« in den Ausguck. Aber wenn man monatelang draußen ist, kann man die Männer nicht vier Stunden Wache gehen lassen, ohne daß sie ein einziges Wort reden. Wenn ich weiß, daß sie aufpassen, dann lasse ich es zu, daß sie auch — mit dem Glas an den Augen — Rücken an Rücken langsam zusammenschleichen und ein paar Worte reden. Ob nachts geraucht wird, entscheidet je nach Sicht der WO. Nebenbei bemerkt, verbiete ich den jungen Soldaten das Rauchen auf nüchternem Magen von 4.00 Uhr bis 8.00 Uhr morgens vor dem Frühstück.

Ich habe auf See einen Toten gehabt und ein paar Verletzte. Als Ersatz holte ich mir von einem deutschen Dampfer auf See einen kriegsfreiwilligen Leichtmatrosen. Er war 19 Jahre alt, seit dem 14. Lebensjahr auf deutschen Schiffen im Ausland. Er kam mit einem Strohhut auf dem Kopfe an Bord und sagte: »Tag Käp'ten, ich soll hier einsteigen.« Er hatte keine Ahnung von der äußeren Form des Soldatentums. Ich habe ihm meinen besten Uffz. als Korporal gegeben, der ihn Gehen und Stehen gelehrt und ihm die grundlegenden Themen beigebracht hat. Nach 14 Tagen haben wir ihn vereidigt. Wir haben dazu getaucht, den Bugraum mit Flaggen ausgeschmückt und diese Vereidigung zu einer richtigen Feierstunde gestaltet. Den Eid hatte der Mann vorher auswendig gelernt. In meiner Ansprache erzählte ich ihm von den Pflichten eines deutschen Soldaten. Die Besatzung saß einheitlich im braunen Tropenhemd da. Zur Feier des Tages hatten sich alle einen ordentlichen

Haarschnitt zugelegt, und vorher waren die Lieder, die die Feier umrahmen sollten, festgelegt, so daß der Gesang auch wirklich klappte. Dem jungen Seemann haben wir außerdem die »Pflichten des Soldaten« geschenkt, einer hatte sie in Schönschrift geschrieben. An solche Kleinigkeiten muß man denken, wenn man solche Feier improvisiert.
Militärische Feiern müssen ab und zu steigen, um die Begeisterungsfähigkeit des Soldaten nicht abflauen zu lassen. Er wurde ein tadelloser Soldat, hat das Eiserne Kreuz und das U-Boots-Abzeichen erhalten und bleibt ohne die übliche Grundausbildung an Bord. Als er auf Urlaub fuhr, habe ich ihm zur Sicherheit einen Kameraden mitgegeben, damit dieser ihm sagen konnte: »Hier, den mußt Du grüßen, das ist ein Vorgesetzter, und vor diesem dort mußt Du Dich in acht nehmen, er gehört zur Zugstreife, und dieser Admiral in der prächtigen Uniform ist ein Eisenbahner, der tut Dir nichts.«
Alkohol darf es normalerweise an Bord nicht geben. Die Männer sind aber dankbar, wenn sie ab und zu mal einen Schluck aus der Pulle nehmen können. Sei es, wenn ein Dampfer versenkt worden ist, einer Geburtstag hat oder einer bei seinen Arbeiten an Oberdeck besonders naß geworden ist.
Je besser die Unteroffiziere mit ihren Offizieren zusammenarbeiten, desto fester die Disziplin an Bord. Deshalb unterstütze ich die Unteroffiziere an Bord, wo ich nur kann, sage ihnen nicht nur, was alles verboten ist, und was sie nicht tun dürfen, um sich Gehorsam zu verschaffen, sondern gerade, wie viele Möglichkeiten es gibt, und welche Maßnahmen ihnen zustehen, um sich bei ihren Soldaten durchzusetzen. Sie sind meistens so jung, daß sie diese Hilfe nötig haben, und ich rufe sie beim Tauchen manchmal zusammen und unterrichte sie in disziplinaren Fragen und veranlasse sie, mir all ihren Kummer in allen Dingen zu erzählen. Wenn man sich dann mit ihnen ausgesprochen hat, kommt man sich schlecht vor, daß man ihnen nicht schon früher dabei geholfen hat. Ebenso halte ich es für einen Fehler, einen bewährten Obergefreiten ebenso zu behandeln wie einen jungen Matrosen. »Der Soldat muß sich können fühlen« ist ein alter Grundsatz. Der Obergefreite muß, wenn möglich, mehr Verantwortung tragen als seine jungen Kameraden.

Erfolge auf See

Erfolge sind leicht zu ertragen, sie heben die Stimmung. Mein Bestreben an Bord aber geht dahin, daß die Männer auch wacker sind, wenn Mißerfolge auftreten. Denn der gute Soldat kann seine Härte erst beim Mißerfolg zeigen. Es kommt auf Feindfahrt nicht alles ganz so gut, wie man denkt, aber auch niemals ganz so schlecht. Man muß sich nur genügend viel vornehmen. Wenn dann Erfolge da sind, dann muß auch die Besatzung sie miterleben können. Das ist eine Temperamentsfrage, wie der Kommandant seinen Männern das Erlebnis des Kampfes vermittelt. Denn der U-Boot-Fahrer hat es schwer, er kann nicht aktiv mitkämpfen, kann nicht ohne weiteres Heldentaten vollbringen. Aber wenn nur ein einziger Mann Mist macht, dann geht der sorgfältig und lange vorbereitete Schuß vorbei.

Mitten in dunkler Nacht prallte ich einmal auf einen Geleitzug. Knapp konnte ich einem Zerstörer ausweichen und mich dicht an einem Dampfer vorbeischleichen — mitten zwischen die Dampfer. Bei mäßiger Sicht hatte ich noch keinen Überblick über die Lage und ging auf kleine Fahrt, weil ich mir sagte: »Wer langsam denkt, muß langsam fahren, damit ihm nichts passiert.« Nachdem die wichtigsten Befehle ins Boot hinuntergegeben waren, rief ich dem LI, der in der Zentrale war, kurz hinunter, was oben anlag, und er unterrichtete über die Lautsprecheranlage die Besatzung. Da die Männer wußten, was gespielt wurde, war es also nicht nötig, sie noch außerdem zur Eile anzutreiben.

Bevor das Boot zum Angriff andreht, gebe ich hinunter: »Anlauf beginnt«, das einmal der Besatzung das Gefühl übermäßiger Sicherheit gibt und zum anderen auf den Höhepunkt des Angriffes vorbereitet, und während z.B. der Torpedo läuft, füge ich hinzu: »Es wird mindestens 40 Sekunden dauern, bis er trifft.« Wenn dann das ganze Boot mitzählt und die Siegesflasche schon vorsorglich entkorkt wird, und der Siegesmarsch für den Lautsprecher klargelegt wird, dann vergehen die Sekunden, und wenn zwei Minuten herum sind, und es immer noch nicht geknallt hat, dann wird die Warterei mit dem Stichwort »Schiet« beendet. — Gibt es nach dem Treffer Wasserbomben, so findet sich auch dann meistens Gelegenheit, den Männern noch einige interessante Einzelheiten über den Angriff zu

erzählen. Kann man sogar über Wasser bleiben, so können einzelne gute Soldaten zur Belohnung kurz auf die Brücke kommen, um den sinkenden Dampfer zu sehen. Oder bei Tage auf Sehrohrtiefe gibt es doch immer wieder Situationen, in denen man einige seiner Soldaten durch das Sehrohr schauen lassen kann. Bei der Härte des Kampfes läßt sich so etwas nicht oft durchführen. Gerade deshalb sollte man günstige Gelegenheiten dazu stets ausnutzen.
Einen Tag, nach dem ich die Brillanten bekam, erwischte ich einen großen Dampfer, der ebenso schnell wie das U-Boot war. Ich konnte ihn nach langer Jagd versenken (sozusagen als Dank dafür). Bei so langer Jagd lasse ich die Männer gern einmal auf das Koppelblatt sehen, lasse sie mit in die Schiffsliste gucken und nach dem Typ und der Größe des Dampfers suchen, so daß das ganze Boot allmählich in Jagdfieber gerät. Einzelne Männer lasse ich auf die Brücke kommen und mit dem Koppelglas den Dampfer suchen. An solchen Erlebnissen muß die ganze Besatzung teilnehmen können.
Vor dem Einlaufen in den Hafen gehe ich in der Biskaya noch einmal auf Tiefe und mache Musterung. Ich sage den Männern, was sie zu Hause erzählen dürfen, nicht nur, was verboten ist. Weil jeder Deutsche denkt: »Nur geheime Sachen sind interessant«, zeige ich ihnen, daß auch viele Dinge interessant sein können, die nicht geheim sind. Ich habe auch einmal einen Musterbrief ans »Schwarze Brett« geschlagen: »Liebe Erika, bin glücklich eingelaufen. Wir haben schönen Erfolg gehabt und einige Dampfer versenkt. Einmal haben wir sogar einen Haifisch gefangen, und in dem Schachturnier habe ich den ersten Preis gemacht. . .« Ich schreibe dann noch alles Mögliche darauf, und sie können sich dann heraussuchen, was für sie paßt.

Gute Organisation des Alltags

Der Alltag muß tadellos organisiert sein. Das Boot muß den Soldaten zur Heimat werden. Es darf natürlich nicht zu viel organisiert werden. Denn, da Ruhepausen auf dem U-Boot besonders nötig sind, gilt der Grundsatz, die Freizeit und der Schlaf sind dem U-Boot-Mann heilig.

Der Rhythmus des normalen Lebens muß möglichst gewahrt bleiben. Da der Wechsel von Tag und Nacht im Boot nicht ohne weiteres zu spüren ist, muß man ihn künstlich herstellen. Zum Abendessen wird Schummerbeleuchtung im Boot eingeschaltet und eine halbe Stunde vor bis eine halbe nach Wachwechsel (20.00 Uhr) das Abendkonzert mit Schallplatten gesendet. Der Sonntag wird hervorgehoben und beginnt mit einem Schallplattenkonzert, und dieses stets mit der Platte: »Ja, das ist mein Sonntagsvergnügen, bis 10.00 Uhr im Bett zu liegen.«
Das Abendkonzert wird mit einer anderen Platte beendet, dem »Abendlied«, gesungen von den Regensburger Domspatzen. Der Besatzung sage ich: Wenn Ihr schon mal ein sauberes Hemd anzieht, dann tut das nicht am Freitag oder Dienstag, sondern am Sonntag, damit wenigstens einige in Festtagskleidern herumlaufen.« Jeder von der Besatzung bringt so viele illustrierte Zeitschriften mit, daß es möglich ist, jeden Sonntag davon sechs neue auszugeben. Es wird so eingeteilt, daß beim Einlaufen die letzten Zeitungen herausgegeben werden können. Selbstverständlich richtet sich auch die Menage danach und stellt den Speisezettel so auf, daß man merkt, es ist Feiertag. Die Lokusfrage kann zu Beginn der Fahrt zu Schwierigkeiten führen, wenn noch unerfahrene Soldaten da sind, die mit den Pumpen nicht klarkommen. Sicherheitshalber hängt da ein Schild mit der Aufschrift: »Fasse Dich kurz«. Dort lag auch ein Notizbuch, in dem jeder Besucher seinen Namen einschreiben mußte. Ist dann der Lokus nicht in Ordnung, dann kralle ich mir den letzten, und der muß pumpen. Damit die Maßnahme nicht so bösartig aussieht, konnte jeder kleine Verse hineinschreiben, diese wurden allmählich so zahlreich, daß man einen halben Bierabend damit ausgestalten konnte. Auf langer Fahrt muß natürlich auch Reinschiff gemacht werden. Es ist interessant, daß ich fast der einzige Mensch an Bord war, der wußte, wie man so richtig Reinschiff macht, Farbe wäscht, Decks und Bänke scheuert, wo man so etwas lernen kann. Dieses Reinschiffmachen findet Samstags statt und wird von munterer Schallplattenmusik begleitet, damit es mehr Spaß macht.
Die Aufstellung des Speisezettels ist eine schwierige Sache, denn es wird nur zu leicht über das Essen gemeckert. Ich lasse deshalb die einzelnen Wohnräume die Speisezettel aufstellen. Bei zunehmender Länge der Fahrt müssen sie natürlich immer mehr kontrolliert werden, damit die schönen Sachen nicht alle zu Anfang aufgegessen werden. Ich achte auch darauf, daß anständig gegessen wird, namentlich auch im U-Raum. Nicht weil ich Ästhet bin, sondern weil ich glaube, daß die Autorität der Unteroffiziere darunter

leidet, wenn sie nicht in jeder Lage auf sich halten. Ich habe es erlebt, daß Unteroffiziere mit offener Kleidung am Mittagstisch saßen oder einen Backschafter anfahren, weil der Teller nicht ganz sauber sei, und neben sich einen Mann haben, der mit schmierigen Händen seinen Teller verdreckt. Diese Uneinheitlichkeit im Lebensstil macht die Backschafter unsicher und führt zu ewigen Anschnauzern, und das kann leicht vermieden werden. Es muß erreicht werden, daß an Bord nur selten und in berechtigten Fällen über das Essen gemeckert wird.

Es wird auch Brot an Bord gebacken. Da der Backofen nicht in Ordnung war, wurde es eine schwierige Sache. Da haben wir uns durch einen Bäckerwettbewerb geholfen. Vier Mann, die Bäcker von Beruf waren, mußten um die Wette backen, und wir haben für jedes gebackene Brot durch Rundfunk und Bordpresse so eine Reklame gemacht, wie sie bei den Reichstagswahlen nicht besser sein kann. Auf diese Weise haben wir schließlich doch anständiges Brot gehabt. Aber auch an andere Kleinigkeiten muß man denken. Wenn keine Wäschetinte da ist und keine Namenläppchen, und deshalb die zum Trocknen in der E-Maschine aufgehängten Kleidungsstücke nicht gezeichnet sind, dann gehen sie auch mal verloren, und es gibt unnützen Ärger. Sie finden sich nach Erfahrung erst nach rund 14 Tagen wieder ein. Auch auf die Kantine muß man achten, und es gilt der Grundsatz, daß jeder das Gleiche bekommt, der Kommandant nicht mehr als der jüngste Matrose. Wenn bei bestimmten Artikeln Ausnahmen gemacht werden, dann muß dies der Besatzung ganz klar bekanntgegeben werden. In all diesen Fragen muß der WO wirklich der erste Kamerad seiner Männer sein und ein Vermittler zwischen Kommandant und Besatzung. Er kann ihn aber nur über Unstimmigkeiten unterrichten, wenn seine Männer ihm davon erzählen, er muß also ihr Herz besitzen.

Ärztliche Behandlung

Wir haben keine Revierstunde an Bord gehabt. Ich halte sie bei 50 gesunden Soldaten für überflüssig. Aber ich habe die Männer dazu erzogen, daß sie schon mit Kleinigkeiten zum Arzt bzw. zum Kommandanten kommen. Nicht aus Wehleidigkeit etwa und nicht deshalb, um sich vor dem Dienst zu drücken, sondern gerade, um dauernd diensttauglich zu bleiben.

Denn jeder U-Bootfahrer hat die Pflicht, sich gesund zu erhalten. Es ist besser, wenn ein Furunkel sogleich behandelt wird, als daß der Mann aus falscher Scham erst wartet, bis es groß geworden ist. Eine gesunde Lebensführung an Bord ist notwendig. Ich befehle nicht nur, daß jeder eine Bauchbinde tragen muß, sondern gebe es auch bei Einbruch der Dunkelheit jeden Abend durch Lautsprecher bekannt. Ich erlaube nicht, daß in den Tropen Eiswasser getrunken wird. Ich habe für die jungen Soldaten das Rauchen auf nüchternen Magen verboten und halte darauf, daß der Mittelwächterkaffee nicht ganz so stark wie bei der Marine üblich gemacht wird. Wir hatten auf einer Fahrt einen Fall von Diphterie, zum Glück merkten wir dies erst nachher, als der Mann schon vollständig gelähmt und die Ansteckungsgefahr vorüber war. Sonst hätten wir vor lauter Angst so lange gegurgelt, bis wir alle Halsschmerzen gehabt hätten. Der Gelähmte ist nach vielen Wochen wieder diensttauglich geworden und hat die letzten zwei Monate wieder voll Dienst gemacht, trotzdem er stets im Heckraum gelegen und kaum das Licht der Welt gesehen hat. In der Heimat angekommen, ist er dann für längere Zeit U-Bootuntauglich geschrieben worden. Ich habe mich darüber geärgert. Denn es gibt körperliche Leiden, mit denen man recht wohl ein guter U-Bootmann sein kann. Es sind — sicher viele — U-Bootsoldaten dienstuntauglich geschrieben worden, die es nach den Bestimmungen auch waren, und bei denen keiner die Verantwortung übernehmen wollte, sie wieder an den Feind zu schicken, obgleich es gegangen wäre. Aber wenn so viele Soldaten ihr Leben einsetzen, dann müßten andere in einem harten Kriege auch ihre Gesundheit aufs Spiel setzen können. — Ich habe auch Fälle von Tripper und sogar Syphilis an Bord gehabt, die aber durch den Arzt geheilt werden konnten. Ich verbiete drei Tage vor dem Auslaufen unvorhergesehen das Anlandgehen, damit die Soldaten nicht noch zum Abschied schnell in den Puff laufen.

Ein sexuelles Problem hat es an Bord nie gegeben, auch nicht auf der 7 1/2 monatelangen Fahrt. Ich habe es allerdings auch nicht zugelassen, daß die Männer Wände und Kojen voll mit nackten Mädchenbildern behingen. Wenn man Hunger hat, soll man sich auch kein Brot an die Wand malen. — Es ist auch ganz gut, wenn man Bücher an Bord ab und zu durchblättert, man findet immer mal wieder eins, das man außenbords werfen kann, weil es nur an die niedere Phantasie der Menschen appelliert.

Wenn wir in den Hafen kommen, lege ich Wert darauf, daß die Männer recht viel für ihre Angehörigen kaufen, damit sie ihr Geld auf vernünftige Weise ausgeben. Man muß sie auch im Stützpunkt mal ungezwungen feiern lassen, denn viele flüchten sich in den Puff, einfach, weil es dort »netter und interessanter« ist, und sie sich dort unbeobachtet fühlen.

Vorbild der Offiziere

Der Geist der Besatzung hängt vornehmlich von einem vorbildlichen Offizierskorps ab. Ich habe bisher 17 Offiziere auf meinem Boot gehabt, darunter nur vier, die sich nur schwer einleben konnten, und sieben Fähnriche, darunter ein Versager. Alle anderen waren besonders gut und haben geholfen, das Leben an Bord so zu gestalten, »daß jeder Tag ein Sonntag war«.
Das Leben in der Offiziersmesse muß vorbildlich sein, denn die Besatzung schaut auf die Offiziere, und deren Zusammenhalt überträgt sich auf die Besatzung. Ich rede auch meine Männer alle zusammen mit »Seeleute« an. Denn sie fahren ja alle zur See, und ob der eine jetzt an den Maschinen steht oder ob er in früheren Jahrzehnten die Segel bedient hat, sie tun es ja doch alle für ihr Schiff. Auch diese Kleinigkeit kann mithelfen zu einer anständigen Bordgemeinschaft zu kommen.
Mit jungen Offizieren muß man sich schon Mühe geben. Denn es ist klar, daß sie alle verschieden sind und auch mal gern einen Bolzen schieben. Es ist auch klar, daß auf dem engen Boot und der langen Fahrt keine Zoten oder schmutzige Witze erzählt werden. Nicht nur aus moralischen Erwägungen, sondern weil es dann leicht kein Halten mehr gibt, weil es schwer ist, dann Grenzen zu ziehen, und weil es vor allen Dingen Schule bei der Besatzung macht.

Es gibt Dinge, die man auf keinen Fall durchlassen darf. Ich hatte einmal einen W.O., der schlief immer ausgezogen auf seiner Koje und nicht genug damit, er kam nachts auch nicht auf Gefechtsstation, ohne sich vorher angezogen zu haben. Er vergaß dabei nicht mal die Ölhose oder Ölhut. So wichtig war ihm sein persönliches Wohlergehen, ehe er auf Gefechtsstation erschien. Er trank keinen Kaffee, weil er Hypochonder war und glaubte, er hätte etwas am Magen; dann trank er statt dessen eine Tasse Milch. Da wir keine Kühe an Bord hatten und deshalb nicht soviel Milch, verbot ich das. Er goß dann etwas heißes Wasser in die Milch und sagte, das wäre der Ersatz für Kaffee. Dann aß er dieses und jenes nicht und beanspruchte im buchstäblichen Sinne eine Extrawurst für sich. Ehe so etwas der Kommandant merkt, hat die Besatzung dies natürlich schon lange spitz, und die Offiziersmesse ist blamiert.
Auf der Brücke unterhalte ich mich mit den Wachoffizieren. Ich frage sie, was machen wir bei den heutigen Witterungsverhältnissen für Ausweichbewegungen bei plötzlich aufkommenden Zerstörern, wann tauchen wir heute vor einem Flugzeug, und wann bleiben wir oben? Wann wollen wir angreifen und von welcher Seite usw.? Ich bespreche mit ihnen die Lage an Hand der Karte und lasse sie Vorschläge machen. Aber es müssen positive Vorschläge sein, sie müssen von Angriffsgeist diktiert sein. Denn Angst habe ich selbst genug und brauche mir nicht noch welche machen zu lassen.

Gewiß müssen sie auch oft in der Offiziersmesse allein gelassen werden, damit sie Zeit haben, über ihren Kommandanten zu schimpfen. Aber die Mahlzeiten werden natürlich gemeinsam eingenommen im anständigen Anzug und mit weißem bzw. noch leidlich weißem Bettlaken als Tischtuch. Dann ist der tägliche »Doppelkopf« auch nicht zu vergessen oder was sonst zum gepflegten Zusammensein gehört. Schön ist es auch, wenn ein Buch die Runde macht und man sich darüber aussprechen kann.
Mit den Fähnrichen habe ich gute Erfahrungen gemacht. Anfangs sind sie manchmal noch sehr jung und verstehen vom praktischen U-Boot-Leben natürlich nichts. Ich habe mir als erstes überlegt, wo ich sie unterbringe. Im Offiziersraum war kein Platz, und im U.O.-Raum wollte ich sie auch nicht unterbringen, da habe ich sie in den Bugraum gesteckt. Erstens, weil sie nur so wirklich von der Pike auf lernen, wie das Leben an Bord läuft. Zweitens, weil sie nach meinen Erfahrungen doch in recht kurzer Zeit den Männern überlegen sind. Sie werden natürlich öfter in die Offiziersmesse zum Essen, zum Spielen oder zur Unterhaltung eingeladen. Im übrigen lasse ich sie aber bewußt mehr Dienst machen als alle ande-

ren Soldaten. Wenn diese Freizeit haben, dann müssen die Fähnriche noch Bestecke rechnen oder Trimmrechnungen machen oder bekommen Unterricht, so daß sich die Soldaten nur sagen können: 'Fähnrich sein, ist doch nicht so schön, wie es im Film aussieht, die müssen doch ordentlich 'ran, wenn sie was werden sollen.' Der Erfolg dieser Bemühungen war, daß die Fähnriche was konnten, gut funktionierten, und ich gerne mit ihnen gefahren bin.
Wenn Wasserbomben kommen, dann schaut alles auf die Offiziere, das ist eine Binsenwahrheit. Ich habe einen Offizier gehabt mit solch trockenem Humor und solch einer Ruhe, daß er während einer Wasserbombenverfolgung fest einschlief und erst aufwachte, als ihm verschiedene Armaturen auf den Kopf fielen. Da er Freiwache hatte, schlief er tatsächlich gleich wieder ein und knurrte bloß etwas von »unruhigen Zeiten«. Als wir auftauchten und in ein Minenfeld gerieten, fragte ich ihn: »Was meinen Sie, sollen wir nach Steuerbord oder nach Backbord halten«? Ich bekam die treuherzige Antwort: »Das ist egal, wenn wir morgen früh aufwachen, dann sind wir richtig gefahren«. Das war nicht Schnoddrigkeit, sondern paßte zu seiner Kriegernatur.
Von den technischen Maßnahmen zum Halten des Boots ist hier nicht die Rede, sondern von Kleinigkeiten, auf die es sich zu achten lohnt. — Neben dem Offizier trägt eine Hauptlast der Funker, der am Horchgerät sitzt und den Zerstörer schon hört, wenn die Besatzung noch nichts davon merkt. Ich verbiete ihm, mir den Zerstörer und seine Bewegungen laut zu melden. Jede Meldung wird mir durch einen Befehlsübermittler überbracht, von einem ruhigen Mann, der sie mir leise sagt. Das Wort »Zerstörer« gibt es dabei nicht, es heißt dann nur »kleines Fahrzeug«, damit sich nicht irgendwelche Männer unnütz aufregen. Man muß es hinkriegen, daß sich die Freiwache hinlegt und schläft. Man muß darauf achten, daß sie auch durch Kali-Patronen atmet; selbstverständlich auch die wachfreien Offiziere, gerade, weil es unbequem ist. — Wenn nun alle Vorbereitungen getroffen sind, ist es gut, wenn sich der Kommandant schlafen legt. Das freut die Besatzung, und die Männer denken dann, es ist alles bloß halb so schlimm. Und dann gehe ich durch das Boot und erzähle den Männern, was wir alles machen, um den Gegner zu leimen, das darf man nicht versäumen, wenn die Gelegenheit dazu da ist.
Der I. WO. soll der Vertrauensmann zwischen den Männern und dem Kommandanten sein. Es ist aber nicht so einfach für einen jungen Offizier, namentlich den gleichaltrigen Unteroffizieren gegenüber. Ich stütze ihn durch Hinweise. Es können sich nur ganz wenige junge Offiziere erlauben, ihre Männer z.B. zu duzen. Das ist

keinesfalls immer nötig, um ihr Vertrauen zu erwerben. — Da der L.I. keine Wache mitgeht, muß er sich besonders bemühen, mit seinen Männern öfter einen »Rees« zu machen, um in enge Verbindung mit ihnen zu kommen.
Die Offiziere müssen einfallsreich sein, die Männer müssen begeisterungsfähig gehalten werden, gerade auf solch langen Fahrten. Ich mache es nicht so, daß ich selber alles in die Hand nehme, was in der Freizeit geschehen soll, sondern ich hole mir die Offiziere und Männer und sage ihnen: »Sehen Sie zu, daß wir einmal wieder etwas organisieren. Vielleicht so und so, und in dem oder jenem Sinne« und mache ihnen dazu einen Vorschlag, bleibe aber selbst im Hintergrund und lasse die Männer allein weitermachen.
Schach- und Skatturniere sind einfach durchzuführen. Durch Lautsprecher und Presse wird der Stand der Runden bekanntgegeben, und die ersten zwei Male ist alles mit Schwung dabei, aber später wird auch das langweilig, und man muß sich wieder etwas anderes ausdenken. Da sind die Feste und Feiertage, die man schön gestalten kann. In der Adventszeit brannten in jedem Raum die Adventskerzen auf Tannenkränzen, die aus zusammengedrehten Handtüchern und grünbemaltem Lokuspapier hergestellt waren. 14 Tage lang war die Weihnachtsbäckerei in Betrieb, und jeder durfte auch mal dran naschen, genau so wie zu Hause. Zum Weihnachtsabend steht im festlich geschmückten Bugraum ein selbstgemachter Weihnachtsbaum. Es erscheint der Weihnachtsmann, der in den Tropen nur ein Bettlaken umgehängt trägt, und schenkt jedem Soldaten Süßigkeiten und ein Buch mit Widmung, alles natürlich von schönen Versen und Redensarten begleitet. Wir haben Weihnachtslieder gesungen, und der Kommandant hat eine Weihnachtsansprache gehalten. Nach der Feier wurde in den Räumen an den festlich geschmückten Tischen Abendbrot gegessen. Die Offiziersmesse wurde aufgelöst, und die Offiziere verteilten sich auf die Räume.
Über die Äquatortaufe ist nichts Neues zu schreiben. Sie wird von langer Hand vorbereitet und kann trotz erschwerter Luftlage zwar im beschränkten Umfange, aber schön durchgeführt werden. Der erzieherische Wert der Taufe ist nicht gering, wenn sie hart genug durchgeführt wird. Ich bin der Auffassung, daß die jungen Soldaten es einmal erleben müssen, wie viele Plagen ein gesunder Körper aushalten kann, und es bleibt für den Kommandanten nur übrig, aufzupassen, daß die Härte nicht in Sadismus ausartet.
Wenn einer Geburtstag hat, dann ertönt über die Lautsprecher das »Geburtstagsständchen« von Paul Lincke. In der Zentrale erscheinen der Kommandant und die Offiziere mit einer Dose Obst, einem

Kuchen, einer Flasche Cognac und jeder bekommt einen Schluck ab, zur Feier des Tages. Und das »Geburtstagsständchen« wird so lange gespielt, bis die Zeremonie beendet ist. Wir sagen auch sonst manches an Bord mit Musik. Wenn getaucht wird, dann erfährt das die Freiwache dadurch, daß sie den schönen Einsteuerungsmarsch hört. »Wir schaffen es schon, wir schaffen es schon, wir werden das Ding schon drehen«, den wir für unseren L.I. spielen, wenn er sich um die Tiefensteuerung müht. Wenn sich die Wache klarmachen soll zum Auftauchen, dann erfährt sie es durch den Marsch: »Heut stechen wir ins blaue Meer«.
Wenn wir Walfische sehen oder gar ein toter Walfisch irgendwo mit riesiger Ölspur herumtreibt, wenn Rettungsboote zu sehen sind, wenn es gewittert, ein Elmsfeuer oder ein Nordlicht zu beobachten ist, wird die Besatzung, wenn möglich, einzeln heraufgeholt, damit sie auch diese Erscheinungen miterleben kann.
All dies sind natürlich Kleinigkeiten, man kann sie lassen, man kann sie auch ganz anders machen. Aber man kann nicht verkennen, daß sie in ihrer Gesamtheit das Leben und den Geist an Bord beeinflussen.

Geistige Führung und Truppenbetreuung

Auf langen Fahrten machen wir mit den Männern Unterricht. Ich stelle lockere Unterrichtspläne auf, an die sich Offiziere und Unteroffiziere halten können. Genaue Pläne lassen sich natürlich auf Feindfahrt nicht durchführen. Jeder Wachoffizier macht Unterricht mit seiner eigenen Wache, und zwar über Dinge, die jeder Seemann wissen muß, aber leider nicht weiß: über Wind und Wellen,

Großadmiral Karl Dönitz ist zur Begrüßung einer Besatzung erschienen.

Auch Werner Hartmann war mit
U 198 200 Tage in See.

Auf See: Im Indischen Ozean siebenmal erfolgreich.

Werner Hartmann (links) nach
200 Seetagen mit seinem LI,
Kptlt. Johann Friedrich Wessels,
der ebenfalls das Ritterkreuz erhielt.

Sinkende Schiffe: ein in der Mitte durchgebrochener Frachter.

Hier ein über alles brennender Tanker.

Die Bomben liegen dicht am Ziel.

Volltreffer! Zur Vernichtung verdammt.

Flaggen und Abzeichen, Koppeln und Kartenlesen und so weiter. Wie üblich haben wir auch eine Bordzeitung. In einem ersten Teil bringt sie politische Nachrichten in kurzem Auszug. Ich halte diesen Teil für so wichtig, daß ich das immer selbst gemacht habe. Im zweiten, dem lokalen Teil, werden in launiger Form die Begebenheiten der letzten Tage geschildert. — Besonders wurden die »B.d.U.-Nachrichten« empfunden, die in Verbindung mit der Funkpresse eine solche Unterrichtung über die politische Lage ermöglichten, daß wir nach 7 1/2 Monaten über die politische Lage vielleicht besser unterrichtet waren als Menschen daheim, die durch die vielen kleinen Dinge des Alltags den Blick für die großen Dinge verlieren könnten.
Vor Antritt der Fahrt muß man sich darum kümmern, daß genügend Bücher an Bord kommen. Gute Bücher und auch leichtere in einer vernünftigen Mischung, denn der Seemann liest gerne an Bord, wenn er auf der Koje liegt. Und da Bücher einen Menschen stark beeinflussen können, hat sich der Kommandant darum zu kümmern, was gelesen wird. Dabei ist noch eine Kleinigkeit zu erwähnen. Es ist praktisch, sich mit Bordmitteln für alle Kojen in den Mannschaftsräumen kleine Leselampen anzufertigen, damit die Männer auch tatsächlich einigermaßen bequem lesen können. Denn man kann nicht erwarten, daß sie in der Freizeit nun auch noch an der mehr oder weniger wackligen Back sitzen, soweit das überhaupt möglich ist, da ja oft Torpedos im Raum liegen: außerdem ist die Beleuchtung dort zum Lesen nur mäßig. Darüber hinaus haben die Männer auf Wache lange genug gestanden und wollen nun mal bequem liegen.
Man kann noch so viele Schallplatten an Bord haben, auf langen Fahrten werden sie einem doch bald langweilig. Deshalb lasse ich täglich nur eine Stunde Musik machen. Dazu kann jeder Raum abwechselnd das Programm aufstellen oder auch die Geburtstagskinder, so daß jeder Geschmack zu seinem Recht kommt. Ich teile dazu meine Schallplatten in mehrere Gruppen ein: in gute, schwere, aber schwer verständliche Musik, die an Bord nicht gespielt werden kann: Rienzi, Le Prelude von Liszt und so fort. Von diesen Platten muß täglich eine zu Beginn des Konzertes gespielt werden. Dann kommt die gute, leicht verständliche Musik, meist aus deutschen Operetten, die einen großen Teil des Programms ausmacht. Der Rest des Programms wird von der leichten und leichtverständlichen Musik bestritten, wobei ich darauf achte, daß nicht allzu viel sentimentale und schmalzige Lieder gespielt werden, da sie mir nicht immer in den Kram passsen, weil die Soldaten zur Härte erzogen werden sollen. — Unsere Soldaten haben viel mehr Sinn für

unsere deutschen Kulturgüter, als man allgemein annimmt. Wenn wir mal z. B. Mozarts »Kleine Nachtmusik« spielen wollten, hat der I. WO vorher über den Lautsprecher einige Worte dazu gesagt und den Männern erzählt, worum es sich handelt, und sie haben sich das dann auch mit etwas mehr Verständnis angehört. Selbstverständlich ist es nicht zu erreichen und auch nicht nötig, die Männer dazu zu bewegen, nur noch ernste Musik zu hören, aber dann und wann muß es gelingen, sie aus dem normalen Alltag herauszureißen.
In weniger luftgefährdeten Gebieten hat die Freiwache abends im Bugraum gesungen, und zwar vornehmlich Seemannslieder. Es waren meist welche, die auch auf den Segelschulschiffen der Kriegsmarine vor dem Kriege gesungen wurden. Ich habe Wert darauf gelegt, denn wenn wir Seeleute nicht einmal unsere typischen Seemannslieder singen, wer soll es dann in der Marine oder in der Heimat tun, und allzuviele Marschlieder brauchen wir ja auch nicht, weil wir ja bei der Marine mehr zu See fahren als marschieren.
Über Skat- und Schachturniere habe ich schon erzählt. Wir haben auch andere Wettbewerbe aufgezogen, z. B. im Singen. Jeder mußte durch das Mikrofon ein Lied singen, und die ganze Besatzung gab dafür Zensuren wie in der Schule. Der Sieger erhielt als ersten Preis eine Freiwache, und seine Wache mußte der Kommandant gehen. Der zweite Preisträger durfte den Diesel anstellen, wenn er ein Seemann war, oder durfte auf der Brücke an Stelle des Kommandanten das Boot fahren, wenn es ein Seemann aus der Maschine war. Eine richtige Kraftschau haben wir veranstaltet, wie bei einer Olympiade mit Rundfunkreportage und dichtgedrängten Zuschauermengen. An einem Stock von 50 cm Länge hing an einem Tampen ein schweres Gewicht. Nun mußte der Stock mit dem Gewicht daran hochgehoben werden und mit den Handgelenken so lange gedreht werden, bis der Tampen vollkommen um den Stock gewickelt war. Wer das Gewicht am meisten 'rauf- und 'runterwinden konnte, der hatte gewonnen.
Ich führe dies bloß so genau aus, um zu zeigen, daß es unendlich viele Möglichkeiten an Bord gibt, um seinen Männern einmal eine frohe Stunde zu bereiten. Wir haben dann auch einen Lügenwettbewerb gemacht, und jeder mußte über alle Lautsprecher erzählen, und zwar mindestens im Stil eines Münchhausen. Es kamen wunderbare Lügengeschichten dabei heraus, und manche waren direkt druckreif.
Der Bordarzt hat die Soldaten in Gesundheitspflege unterrichtet, und damit es nun auch sitzen bleibt, haben wir einen Dichterwett-

bewerb angesetzt. Da mußte jeder einen Vier- oder Achtzeiler dichten, in denen in launiger Form einiges von dem, was der Doktor gesagt hat, zum Ausdruck gebracht wurde. Oder es stieg ein Zeichenwettbewerb. Gefordert waren Zeichnungen über drollige Begebenheiten an Bord, und wer nicht richtig zeichnen konnte, der durfte auch durch kurzen Text seine komischen Figuren erläutern. Die nette Idee, der muntere Einfall wurden höher bewertet als das zeichnerische Können. Alle Bilder kamen natürlich ins »Schaufenster«.
Ferner werden an Bord auch gern Bücher allgemeinbildenden Inhalts gelesen, die Hefte über Berufsförderungen, und vor allen Dingen werden Karten und Nachschlagewerke durchgeblättert, denn mit der Zeit tauchen die unglaublichsten Fragen auf. Da wird gefragt, ob die Kühe mehr Milch geben, wenn in der Gegend viel Radio gespielt wird? Oder ob es stimmt, daß die Löcher im Käse mit Pressluft gemacht werden? Oder behauptet, daß bei Gewitter auf See kein Donner zu hören sei! Oder geglaubt, Pferdefleisch schmecke nicht gut, weil die Pferde keine Nieren hätten und alles durch die Rippen schwitzten?
Da müssen dann Nachschlagewerke heran, um den Streit zu schlichten. Es ist klar, daß wir Wandkarten haben, in die der Verlauf unserer Fronten eingezeichnet wird. Sie hängen in der Nähe des »Schwarzen Brettes«, wo die Bordpresse angeschlagen wird, und wo auch die Rollentafel ist, die wir als Schaufenster benutzen, darin sind besonders interessante Bilder oder Kriegsschifftypen, besondere Bekanntmachungen oder Zeichnungen ausgestellt.
Gebastelt wird auch gut und gerne. Aber so einfach, wie es im Buche steht, ist es doch nicht an Bord eines U-Bootes. Denn es ist mir fast nie gelungen, Bastelmaterial tatsächlich an Bord zu bekommen, namentlich Holz, das sich zum Schnitzen eignet, ist knapp. Die Männer aus der Maschine haben es bei ihrer Bastelei schon leichter, weil sich aus den Abfällen der Werft dazu doch noch manches gebrauchen läßt.
Ich habe eine Reihe von Beispielen in lockerer Form zusammengetragen. Sie sollen lediglich anregend sein, und man kann sie je nach Temperament so oder anders verwerten. Aber fest steht, daß man sich um seine Männer sorgen und kümmern muß. Es genügt nicht nur, Befehle bekanntzugeben und bei der Nichtausführung dann und wann zu bestrafen. Disziplin und eiserne Ausbildungsarbeit in den kleinen Dingen des Alltags sind das Wichtigste für den Kommandanten, wenn er Erfolg haben will. Aber das ist eine alte Sache, und ich gehe deshalb nicht näher darauf ein.
Darüber hinaus muß verlangt werden, daß die Besatzung mit dem

Boot mitlebt, daß sie mit ihrem Kommandanten innerlich froh mitgeht. Und ich will nun an einigen Versagern, die ich erlebt habe, aufzeigen, daß es Situationen gibt, die man nicht allein durch Befehlen und Gehorchen meistern kann, sondern wo eben der Kommandant davon abhängig ist, daß alle seine Männer mit heißem Herzen daselbe wollen wie er.
100 Tage waren wir schon auf See gewesen, und alles hatte geklappt. Da müssen wir Alarmtauchen, aber wir kommen nicht runter. Ich schaue nach dem Manometer, aber das bewegt sich kaum, und ich denke: Na, das ist ja immer so, wenn man es eilig hat, dann scheint es, als ob das Boot besonders langsam sinkt. Ich lasse nach den Fehlerquellen suchen und stelle fest, daß die Entlüftung im Dieselraum nicht aufgeht. Was war passiert, nachdem es hundertmal klargegangen war?
Ein Maat hatte nach dem Auftauchen die Entlüftung mit einem Stecker probiert, diesen aber nicht wieder herausgezogen, wie es nötig ist. Beim Alarmtauchen blieb nun die Entlüftung gesichert. Der Posten, der dran stand, sah nur auf seine Signalanlage und hörte ein Knacken, und das genügte ihm zur Meldung »Entlüftung ist auf«. Es folgt der Befehl, die Entlüftung mit der Hand zu öffnen. Aber das dauert lange, und um die Situation zu klären, tauche ich auf, aber in dem Moment, wo ich das Turmluk öffne, geht die Entlüftung auf, und das Boot sackt wieder ab. Da hatte ich als Kommandant auch beinahe Mist gemacht.
Nun gehts hinunter auf Tiefe, und es gelingt nicht, die Untertriebzelle auszudrücken. Das Ventil läßt sich immer schwer bewegen, deshalb brauchen wir einen Schlüssel, der an einem Tampen gesichert war, damit er immer an Ort und Stelle ist, aber heute war er nicht da, am 100. Tage! Wir gingen auf Tiefe mit großem Untertrieb. Dann wurde gelenzt: Da merkten wir erst nach einigen Minuten, daß die Pumpen nicht richtig ansaugten. Die Männer in der Trimmecke hatten nicht richtig aufgepaßt. Als wir nach längerer Tauchfahrt die Dieselbilge lenzen wollten, ging das auch nicht klar, weil sich in dem Lenzkorb allmählich alte Hosenknöpfe und Lappen gesammelt hatten, die die Besatzung im Bugraum in die Bilge fallen gelassen hatte. Man darf nie nachlassen in der konsequenten Handhabung des Dienstes auf See.

Nach einer besonders langen Werftliegezeit hatte ich weit über ein Drittel neue Männer an Bord, und zwar gerade unter den Vorgesetzten. Der erste Dampfer, den ich auf dieser Fahrt sah, war ein besonders fetter Brocken, der hohe Fahrt lief. Nach langer Jagd kommen wir nachts in Schußposition, und ich sage zum I. WO., der seine er-

ste Fahrt macht: »Nun schießen Sie den ersten Schuß auf den vorderen Mast, den zweiten ganz ruhig auf den hinteren Mast«. Und der WO. will es besonders gut machen und sagt so ruhig und so leise: »Rohr eins los«, daß der Feuerleitmann das im Turm nicht hörte. Mir schien das auch zu leise, und ich sagte ihm: »Sie müssen beim zweiten Schuß lauter befehlen«, und das tat er dann auch, aber der Feuerleitmann hatte den Sicherungsstift von der Abfeuerung nicht entfernt, und deshalb fiel auch der zweite Schuß nicht. Er war neu an Bord, ebenso der Mech. MT., so daß auch die Verständigung durchs Sprachrohr nicht so klappte, wie es vorher eingeübt war.
Sofort lasse ich auf die beiden restlichen Rohre umschalten und schieße sie auf den Dampfer. Allerdings ist die Entfernung sehr klein geworden. Die Aale sind raus, aber nun hat uns der Dampfer gesehen und dreht auf uns zu. Es droht eine Rammung, und die Schüsse sind vorbei! Ich will hart nach Backbord abdrehen und befehle: »Hart Backbord. Steuerbordmaschine A.K. voraus, Backbordmaschine A.K. zurück!« Aber unser neuer Rudergänger legt erst einmal das Ruder nach Steuerbord, und ich muß ihn erst berichtigen, so daß das Boot nur langsam andreht. Der alte, erfahrene Dieselmaat ließ den Backborddiesel auf A.K. zurück anspringen und glaubt, daß der neue Maat am Steuerborddiesel durchdreht, weil der nun A.K. voraus läuft. Er springt hinzu und schaltet auch den Steuerborddiesel auf Rückwärtsgang um, nun stand ich da mit beiden Maschinen A.K. zurück und flacher Ruderlage. Aber es ging klar, und wir jagten den Dampfer weiter. Er drehte nun auf und fuhr die entscheidende Seemeile schneller als wir. Wenn dann die Erkenntnis da ist, du kriegst ihn nicht mehr, die ganze Sache ist vermasselt, dann ist das zum Heulen. Aber man darf nie weich werden.
Eines Tages gab es einen Riesenknall mitten in der Nacht. Wir dachten an Fliegerbomben oder sonst ein Malheur. Statt dessen war die Wand der Regelzelle geplatzt, und die Luft war mit lautem Getöse entwichen, zugleich war die Untertriebzelle beschädigt und unbrauchbar geworden. Das Manometer war einwandfrei kontrolliert worden und hatte keinen zu hohen Druck angezeigt. Man muß aber nicht nur auf den Druck schauen, der am Manometer steht, sondern man hat darauf zu achten, daß das Manometer an sich in Ordnung ist und nicht bei zehn atü klemmt. Oder wir stellen drei Tage nach dem Auslaufen fest, als endlich mal die Sonne die tiefhängenden Wolken durchbricht, daß sie zur Mittagszeit gar nicht im Süden steht, sondern im Südosten. Der Kompaß schien völlig in Ordnung, so daß der L.I, dem Kommandanten nach einiger Zeit

meldete: »Kompaß ist klar, Sonne muß falsch stehen«. — Nach mehreren genauen Ortsbestimmungen hatten wir es genau heraus, daß wir drei Tage lang einen um einige 30 Grad falschen Kurs gesteuert hatten und unangenehm nah an Minenfelder geraten waren. Aber der Kommandant ist immer selber daran schuld. Ich hatte mich nämlich nicht darum gekümmert, daß beim Auslaufen der Kreiselkompaß durch Landpeilungen verglichen wurde.

Ich habe eine Fahrt lang einen sympathischen Obersteuermann gehabt, der aber die ständige Eigenschaft hatte, für fest durchzudrehen. Wir fuhren durch ein eigenes Minengebiet, und ich sagte zu ihm: »Morgen früh um 3.00 Uhr müssen Sie anfangen, Zick-Zack zu laufen, weil es dann hell wird, und wir mit feindlichen U-Booten rechnen müssen, und morgen früh um 5.00 Uhr machen wir eine Kursänderung von 300° auf 270°«.

Morgens um 5.00 Uhr komme ich auf die Brücke und stelle fest, daß er ohne mich schon die Kursänderung gemacht hat. Was war geschehen? Er hatte um 3.00 Uhr morgens mit Zick-Zack begonnen, und war von 300° auf 270° gegangen, und als er auf diesem Kurs eine Zeitlang gefahren war, da hatte er Backbord und Steuerbord verwechselt und hat den nächsten Zack auf 240° gemacht, und nun zackten wir zwei Stunden lang im Minengebiet, weil wir ja zwei Stunden um 30° vom Wege abgewichen waren. Ein widerliches Gefühl und ärgerlich war es, wegen eines solchen Mistes in die Luft zu fliegen. Ich konnte mir nicht verkneifen, ihm zu sagen: »Wenn wir jetzt auf eine Mine laufen und hochgehen, dann trete ich Ihnen im Himmel noch ins Kreuz.« Wir haben auf der Hinterhand kehrtgemacht und sind auf denselben Kursen wieder zurückgelaufen. Was hat der Kommandant davon, wenn er in die Luft fliegt, zu denken: »Aber der andere hat Schuld!« Nein, er kümmere sich rechtzeitig um alles, schlechte Erfahrungen sind genug gemacht worden.

Alle solche Versager müssen und können im weitesten Umfange vermieden werden. Der Kommandant und seine Offiziere sind letzten Endes immer daran schuld, wenn es schief geht. Denn sie müssen wissen, daß es Situationen gibt, in denen nicht hinter jedem Soldaten ein Vorgesetzter stecken kann, wo Befehle zu spät kommen, wo es darauf ankommt, daß die Männer mit Leib und Seele mit »ihrem Boot« verbunden sind. Ich bin überzeugt, daß manches Boot durch solche Kleinigkeiten verlorengegangen ist, und daß mancher Erfolg nicht kam, weil er an solchen unwägbaren und unvorhergesehenen Störungen scheiterte.

Es ist die Pflicht des Kommandanten, Vertrauen zu seinen Männern zu haben, er muß es haben w o l l e n, auch wenn sie ihn in manchen Einzelfällen mit einer uneingeschränkten Einsatzbereitschaft an den Feind drängen, und das ist ein wichtiger Vorsprung vor den Anglo-Amerikanern.

An alle U-Boot-Kommandanten

Der Gegner ist uns in seinem Bestreben, dem U-Boot seine wichtigste Eigenschaft, die Unsichtbarkeit zu nehmen zur Zeit mal wieder durch seine Funkmeßortung um einige Längen voraus.
Eure dadurch schwierige Lage im Kampf mit der feindlichen Sicherung und Abwehr ist mir im vollen Umfange bekannt.
Seid gewiß, daß ich mit meiner ganzen Kraft als Oberbefehlshaber alle nur möglichen Maßnahmen getroffen habe und noch treffen werde, diesen Zustand so bald als möglich zu ändern.
Entwicklungs- und Erprobungsstellen innerhalb und außerhalb der Marine arbeiten daran, Eure Ausrüstung an Waffen und Geräten zu verbessern.
Ich erwarte von Euch, daß Ihr weiterhin entschlossen den Kampf mit dem Gegner aufnehmt, seinen Listen und technischen Neuerungen Eure Findigkeit, Euer Können und den harten Willen entgegensetzt, dennoch mit ihm fertig zu werden.
Im Mittelmeer und im Atlantik haben Kommandanten bewiesen, daß der Gegner auch heute überall schwache Stellen hat, und daß die feindlichen Hilfsmittel in vielen Fällen durchaus nicht so wirksam sind, wie es zuerst erscheint, wenn man entschlossen ist, trotzdem etwas zu erreichen.
Ich glaube, Euch für diesen Euren harten Kampf bald bessere Waffen geben zu können. Dönitz, Großadmiral

Chefsache
nur für persönlichen Gebrauch
des Kommandanten

(Nach Unternehmung zurück an B.d.U. Op.)

Gedanken über den Geleitzugkampf mit den im Augenblick zur Verfügung stehenden Waffen

Grundsätzlich darf man von den bisherigen Überlegungen und der bisherigen Taktik auch unter den neuen Verhältnissen nicht abgehen. Das Ziel bleibt immer letzten Endes das Rankommen an den Pulk der Schiffe und zwar nach wie vor nach Möglichkeit unbemerkt. Erst wenn dies infolge zu starker Luft nicht mehr möglich ist, muß der Kleinkampf mit der Sicherung aufgenommen werden. Anzustreben ist aber unbedingt, genau so wie früher, bevor man sich in den Kampf mit der Sicherung einläßt, ein unbemerktes, überraschendes Schlagen.

Grundsatz: Erst dann gegen Luft- und Seesicherung kämpfen, wenn ein anderes Rankommen an die Schiffe nicht möglich ist.
Das Verhalten der Boote muß also abhängig sein von der Stärke der Sicherung und diese wiederum hängt zum Teil vom Seegebiet und von dem Zeitpunkt ab, wann der Angriff erfolgt. Man kann deshalb bei den taktischen Überlegungen unterscheiden zwischen drei verschiedenen Stadien im Geleitzugkampf, erstens dem Beginn der Operation, wo der Gegner noch unvorbereitet und unaufmerksam angetroffen wird, zweitens Kampf nach Bemerktsein bei mittelstarker Luftsicherung und zum Schluß bei starker Abwehr durch Luft wie durch Seestreitkräfte.

Beginn jeder Geleitoperation

Der Angriff auf einen Geleitzug wird den Gegner am Anfang immer überraschend treffen. Meist sind die Fahrzeuge bereits acht bis zehn Tage in See, ohne vom Feinde bisher etwas gesehen zu haben. Die Aufmerksamkeit wird nachlassen, da die Gleichmäßigkeit der Seefahrt ohne Ereignisse die Ausgucks und die Bedienungsmannschaften von Ortungsgeräten mürbe macht. Außerdem wird der Geleitzug im Anfang nur mit dem allernötigsten Maß an Sicherungsstreitkräften und Luftsicherung versehen sein, da der Gegner seine Streitkräfte überall braucht.
Es muß deshalb auch in Zukunft bei den Geleitoperationen das erste und wichtigste Ziel jeden Bootes sein, so schnell wie möglich 'ranzukommen, um evtl. in der ersten Nacht für den Gegner überraschend zum Schuß zu kommen. Dies ist eine immer wiederkehrende Erfahrung, die sich manchmal verblüffend auswirkt.
Beispiel: Bei der bisher größten Geleitoperation »Raubgraf« waren insgesamt 38 Boote angesetzt, die zusammen 200 000 BRT versenkten. Von den 38 Booten kamen in der ersten Nacht acht Boote 'ran an das Geleit, und sechs davon versenkten fast die Hälfte des Gesamterfolges, ca. 100 000 BRT. In weiteren vier Tagen und Nächten wurden von der mehr als vierfachen Anzahl von Booten nur ebensoviel Schiffe versenkt wie in der ersten Nacht und zwar von Tag zu Tag weniger. Der erste Überraschungserfolg war die Folge der im Anfang noch unaufmerksamen und völlig überraschten Sicherung; das gleichmäßige Absinken der Erfolge danach ist auf die immer stärker werdende Sicherung zurückzuführen.
Das taktische Verhalten des Bootes in diesem ersten Stadium des Geleitkampfes hat sich nicht geändert. Das Boot darf sich auf keinen Fall sehen lassen. Da anzunehmen ist, daß die Luft im Anfang noch gering sein wird, muß vor jedem Flugzeuge nach Möglichkeit getaucht werden. Ist das Flugzeug zu spät gesehen worden, und das Boot kann die vorgeschriebenen A + 20 m nicht mehr erreichen, geht natürlich Sicherheit des Bootes vor. Das unbemerkte Rankommen muß in diesem Falle preisgegeben werden.
Grundsatz: Vom unbemerkten ersten Rankommen an das Geleit hängt alles ab. Deshalb dabei allerschärfster Ausguck.
Dies gilt auch ganz besonders für den Marsch in die Aufstellung

und das Stehen in der Aufstellung selbst. Erkennt der Gegner vorher durch Sichtung von anmarschierenden Booten bzw. Sichten im Streifen unsere Ansatzabsicht, so ist damit bereits der überraschende Angriff in Frage gestellt.
Um die Ortungsgefahr zu verringern, muß dabei auch am Fu.M.B. intensiv und scharf aufgepaßt werden, um vor ortenden Flugzeugen bzw. Fahrzeugen rechtzeitig gewarnt zu sein. Will das Boot beim Fühlungshalten an Mastspitzen bzw. an Rauchfahnen sich nicht zu nah an die Ortungsreichweite des Gegners ranbegeben, so kann, wie in vielen Fällen bereits geschickt ausgenutzt, mit Hilfe des Fu.M.B. ein weiter abgesetztes Fühlungshalten an der Ortung durchaus zum Erfolg führen. — Ein Boot, das sich dem Geleitzug nähert, muß sich deshalb ähnlich verhalten wie bei jedem Kampf in der Natur das angreifende Tier.
Das Boot muß sich vorsichtig langsam dem Geleitzug nähern, dabei scharf aufpassen, Fu.M.B. benutzen und sozusagen den Feind erstmal beriechen, wie es mit der Luftstärke, der Stärke der Sicherung und der Ortungsgefahr steht. Hat sich das Boot ein klares Bild gemacht, dann muß es an den schnellen überraschenden Angriff denken.

Kampf nach Bemerktsein bei mittelstarker Sicherung

Hat der Gegner die Anwesenheit von U-Booten bemerkt, entweder durch Sichten oder durch eine Torpedierung, so läuft damit noch nicht der ganze Sicherungsapparat an. Natürlich werden Sicherungs- und Luftstreitkräfte gewarnt, und die Aufmerksamkeit wird sich steigern. Aber das Hinzuziehen von weiterer Luft- und Seesicherung kann nicht schlagartig erfolgen. Im Durchschnitt dauert es mindestens einen Tag, bis neue Kräfte dazustoßen, wie alle zurückliegenden Geleitoperationen gelehrt haben.
Auch während dieses Stadiums des Kampfes ist ein völliges Preisgeben der Unentdecktheit noch nicht nötig. Gelingt es dem Boot noch außerhalb der Luftsicherung, nach vorne zu kommen, ohne dauernd tauchen zu müssen und achteraus zu sacken, so ist ein solches Vorhalten von größerem taktischen Wert, als wenn die Po-

sition des vorlaufenden U-Bootes durch Flugzeugfühlung genau bekannt ist. Das Boot hat dann den Vorteil, unbemerkt eine Tauchstelle vor dem Geleit zu finden und das Geleit anzugreifen, ohne daß die Sicherung einen Anhalt über ein angreifendes Boot bzw. sogar einen Gefahrsektor hat. Dies ist auf jeden Fall für das Boot von Vorteil und ist allein abhängig von der Anzahl der anwesenden Flugzeuge.

Kommt ein Boot nicht nach vorne, infolge der zu starken Luft, dann muß es sich für den Kampf mit der Luft- und Seesicherung entscheiden. Dieser Entschluß muß rechtzeitig gefaßt werden, nicht erst dann, wenn das Boot immer weiter achteraus sackt, sondern gleich nach klarem Erkennen der Situation, um eventuelle vorliche oder seitliche Stellung zum Geleitzug zu halten.

Dieser Entschluß ist abhängig von der Aufstellung der Luftsicherung und von der eigenen Stellung zum Geleit. Hat das Boot eine Schwerpunktbildung in der Aufstellung der Luftsicherung erkannt, so muß es nach Möglichkeit diese umgehen und den Kampf vermeiden. Die eigene Stellung zum Geleit ist deshalb von Wichtigkeit, weil sich zum Beispiel ein Boot, das klar hinter dem Geleit steht und infolge der zu starken Luft nicht nach vorne kommt, sich für den Überwasserkampf entscheiden muß, um durch Fahren an der Oberfläche Luv zu gewinnen. Ein Boot dagegen, das eine seitlich-vorliche Position bereits erreicht hat, und vor dem Geleit nicht übermäßig starke Luftsicherung antrifft, muß nach Möglichkeit diese letzte Strecke bis zur Tauchstelle unbemerkt zurücklegen, um sich nicht den unbemerkten Angriff durch ein letztes Sichten zu verscherzen.

Kampf mit starker Luft- und Seesicherung

Das letzte und schwierigste Stadium beim Geleitzugkampf für das Boot ist bei starker, zahlreicher Luft und Seesicherung, wie es in den meisten Fällen heute im Nordatlantik nach den ersten ein bis zwei Tagen der Fall sein wird, der offene Kampf gegen Luft und Zerstörer. Dieser Kampf muß dem eigentlichen Ziel der Schiffsbekämpfung vorausgehen, da das Boot sonst überhaupt nicht nach vorne in Schußposition kommt, bzw. wegen der zahlenmäßigen Stärke der Sicherungsfahrzeuge an jedem Angriff gehindert wird. Durch Abschießen von Sicherungsfahrzeugen müssen sich die Boote eine Dezimierung der Sicherung erkämpfen und für die Allgemeinheit eine Auflockerung des Sicherungssystems erreichen. Das Vernichten von einigen Zerstörern oder Korvetten am Geleitzug kann dem U-Bootrudel seine Arbeit bereits wesentlich erleichtern, einmal dadurch, daß diese Fahrzeuge im Gürtel fehlen und zum zweiten dadurch, daß beim Gegner der Verlust von Sicherungsfahrzeugen eine erhebliche moralische Wirkung haben wird. Auch unter den Zerstörerbesatzungen wird sich dies 'rumsprechen, und der Angriff auf U-Boote wird vorsichtiger werden, wenn der Zerstörer im Anlaufen der Tauchstelle bereits eine Gefahr sieht, was bisher für ihn mehr Jagdsport als eigene Gefährdung gewesen ist.

a) bei Tage: Abspielen wird sich **der Kampf gegen die Sicherung am Tage** etwa folgendermaßen. Das Boot, das nach vorne will und sich deshalb mit seinen Fla-Waffen die Flugzeuge vom Leibe halten muß, wird auf die Dauer nicht unangefochten vor Sicherungsstreitkräften sein Ziel erreichen. Das fühlungshaltende Flugzeug wird den Zerstörer 'ranholen, und das Boot muß nun den Kampf mit dem Zerstörer aufnehmen. Normalerweise wird der Zerstörer, da er vom Flugzeug die Position des Bootes erhalten hat, etwa mit Lage Null auf das Boot zustoßen. Diese Situation des anlaufenden Zerstörers muß das Boot bereits für seinen Angriff auf den Zerstörer ausnutzen. Immer dann, wenn am Tage durch die Luft Zerstörer auf die Boote angesetzt werden, bieten sich solche Schußgelegenheiten. Da der Schuß auf einen mit Lage Null anlaufenden Zerstörer der günstigte ist, wird es deshalb richtig sein, beim Erscheinen des Zerstörers an der Kimme sich noch kurz zu zeigen, um ihn zu veranlassen, dann genau auf die Tauchstelle zuzulaufen. Das getauchte Boot muß sich dann unter Wasser mit höherer Fahrt von der Tauchstelle absetzen, am günstigsten in Richtung auf den Zerstörer, da das Flugzeug sicherlich ein Ablaufen vor dem anlaufenden Zerstörer vermutet. Beim Tauchen ist ein Scheinkurs von Wichtigkeit, um das Flugzeug von dem tatsächlichen Weg des Bootes abzulenken. Das Boot muß dann, wenn es sich genügend weit von der Tauchstelle abgesetzt hat, um sich mit dem Sehrohr dem Flugzeug gegenüber nicht mehr zu verraten, langsam dem Zerstörer zum Angriff entgegenlaufen. Das getauchte Boot wird in jedem Falle am Tage noch Zeit haben, um einen vollen Drehkreis und noch eine gewisse gerade Strecke unter Wasser zurückzulegen, bevor der Zerstörer in Schußreichweite gelangt.

Weitere Angriffschancen auf Zerstörer werden sich bei zufälligem Zusammenstoßen mit einem Sicherungsfahrzeug oder einer Suchgruppe ergeben, wenn vorher kein fühlunghaltendes Flugzeug diese herangeholt hat. In solchen Fällen wird der Gegner vorher meist nichts vom U-Boot wissen. In der Hand des Bootes liegt dann die vorteilhafte Überraschungschance bei seinem Angriff. Der Zerstörer kann in diesem Falle mit jeder Lage ankommen, was für den Angriff des Bootes mit der zur Verfügung stehenden Waffe keine Schwierigkeiten bedeutet. Da das erste und unumgängliche Ziel in diesem Stadium des Geleitzugkampfes das Vernichten von Zerstörern ist, müssen sich Boote in solchen Situationen unbedingt für den Angriff entscheiden und dürfen sich nicht auf Tiefe und damit in die Defensive begeben.
Grundsatz: Jeder versenkte Zerstörer bedeutet für die angreifenden U-Boote eine Erleichterung im Erreichen des Endziels, dem Angriff auf die Schiffe.
Bei Tag-Unterwasserangriffen hängt das Verhalten von der Schußposition des Bootes ab. Besteht Aussicht, die Schiffe zu torpedieren, so geht dies vor, ohne auf die Sicherung Rücksicht zu nehmen. Kommt das Boot beim Ansatz seines Angriffs aber nur an die weit abgesetzte Seitensicherung 'ran, dann ist in jedem Falle eine Torpedierung eines Sicherungsfahrzeuges anzustreben. Ganz allgemein muß in Zukunft jede Angriffschance auf die Sicherung ausgenutzt werden, da die Boote jetzt mit der entsprechenden Waffe ausgerüstet sind. Nur dann, wenn gleichzeitig Aussicht besteht, die Schiffe zu torpedieren, hat das Beschießen des Zerstörers in den Hintergrund zu treten.

b) bei Nacht: Ungefähr die gleichen Situationen wie am Tage werden sich auch bei Nacht ergeben.
Bisher wurde bei den zurückliegenden Geleitoperationen **nachts nur ganz selten Luft** beobachtet, so daß eine wesentliche Behinderung durch die Luft nicht zu erwarten ist. Sollte eine intensive Luftaufklärung bei Nacht in der Zukunft einsetzen, so überwiegen die damit verbundenen Gefahren für das Boot den Einsatz über Wasser. Die Boote müssen in solchen Fällen versuchen, durch Umgehen der engen Luftsicherung sich im Abstand von ca. 20-30 sm erstmal nach vorne zu setzen. Hat ein Boot Sichtfühlung, so muß der Angriff unbedingt sofort angesetzt werden. Aber, wie oben schon gesagt, wird der Lufteinsatz in der nächsten Zeit noch nicht eine derartige Stärke annehmen, daß Boote nicht mehr über Wasser vorlaufen können. Die Luft wird nachts nicht von Trägern aus starten, und außerdem wird eine aus mehreren Flugzeugen beste-

hende Aufklärung immer für die einzelnen Maschinen eine Gefahr bedeuten. Aus diesem Grunde fliegen bei Anwesenheit mehrerer Flugzeuge diese meist mit gesetzten Laternen.
Das Beschießen von Zerstörern bei Nacht, die auf Grund einer Ortung das Boot anlaufen, muß in jedem Falle über Wasser erfolgen. In vielen Fällen, wenn das Boot den Zerstörer rechtzeitig anlaufen sieht, wird ein Schuß aus Lage Null gelingen. Führt dieser nicht zum Erfolg, dann kann sich das Boot immer noch, ohne tauchen zu müssen nach der Seite 'raussetzen, da Ortungsreichweite des feindlichen Zerstörers eine untere Grenze hat, die etwa zwischen 1000 und 1500 m liegt. Das Boot kann dann nach dem Heckschuß bzw. nach dem Bugschuß noch aufdrehen, um mit einem zweiten Torpedo den Zerstörer anzugreifen. Taucht das Boot dagegen, dann ist einmal die Angriffschance auf den Zerstörer zu Ende, und zum zweiten verliert es mit großer Wahrscheinlichkeit auch das Geleit.
Beim Angriff auf das Geleit ist wie am Tage auch bei Nacht das Schiff das wichtigere Ziel. Auf keinen Fall darf sich das Boot vor dem Angriff auf den Schiffspulk durch einen Zerstörerschuß verraten, wenn er nicht unumgänglich ist. Hat das Boot die Gelegenheit, gleichzeitig mit dem Bugangriff auf das Geleit einen Zerstörertorpedo aus dem Heckrohr zu schießen, so ist dies immer von Nutzen. Die Hauptsache dabei ist nur, daß die Schüsse ungefähr gleichzeitig geschossen werden.

Eine weitere Möglichkeit, einen Zerstörerschuß anzubringen, wird sich ergeben, wenn ein Boot neben der Sicherung des Geleits steht und infolge der zu starken Seitensicherung nicht an die Schiffe 'rankommt. In solchen Fällen wird ihm und den anderen Booten das Versenken helfen und Luft verschaffen.
Zusammenfassend ist zu den drei verschiedenen Stadien im Geleitzugkampf zu sagen:
Unbemerkt muß das Boot anfangen zu kämpfen. Die zunehmende Stärke der Sicherung wird auch einen anwachsenden Kampf mit der Sicherung zur Folge haben, wobei immer mehr das Unbemerktbleiben in den Hintergrund tritt, bis dann der offene Kampf mit der Sicherung den Höhepunkt des Kampfes darstellt. Gelingt es, den Booten, dabei Erfolge gegen die Sicherung zu erzielen, dann muß die Stärke des Gegners absinken und das Erringen von Erfolgen leichter werden. Der Tag wird in erster Linie für den Kampf mit der Sicherung da sein, da mit großer Wahrscheinlichkeit die Zerstörer in Verbindung mit der Luftbeobachtung das Erreichen der vorlichen Angriffsposition zu verhindern versuchen, während die Nacht

ausgenutzt worden muß, um sich die Erfolge des Tages für den Angriff auf die Schiffe zunutze zu machen.
Gleichmäßiges Verhalten aller Boote in den verschiedenen Stadien des Geleitzugkampfes ist für die Operation von besonderer Wichtigkeit.
Bleibt ein Boot im ersten Stadium bei Beginn der Operation zur Flaabwehr oben, falls es noch nicht nötig ist, so verdirbt es den anderen Booten die Chance der Überraschung. Oder taucht im letzten Stadium ein Boot noch vor Flugzeugen, so vermindert es den Gesamterfolg, da es das Ziel sein muß, daß sich alle gleichmäßig gegen Luft wehren und so die Sicherung vom Geleit abziehen.
Da sich bei Beginn des dritten Stadiums möglichst alle Boote gleichzeitig auf den Überwasserkampf gegen Luft umstellen müssen, gibt das erste Boot, das den Eindruck hat, daß ein Unterwassernachvornekommen nicht mehr möglich ist, Kurzsignal »u j t i« ab, mit der Bedeutung: »Bleibe zur Flaabwehr oben«. Das ist dann das Signal für alle Boote, oben zu bleiben und zu schießen. Ziehen dann alle Boote an demselben Strang, dann kann der Gegner sowohl mit Flugzeugen wie auch mit Sicherungsstreitkräften sich nicht um alle Boote gleichzeitig kümmern.
Bei jeder Geleitoperation in der letzten Zeit fanden Ansammlungen von mehreren Booten bis zu zehn statt. Es muß in Zukunft versucht werden, derartige Gruppen nicht aufkommen zu lassen. Ein Zusammenfahren ergibt zwar einen verstärkten Fla-Schutz, aber wesentlicher ist, daß der Gegner sich bei Erkennen derartiger Gruppierungen auf eine Richtung konzentrieren kann. Wir wollen aber einen gleichmäßigen Kampf rings um den Geleitzug herum erreichen, um das gesamte Sicherungssystem aufzulockern. Wird ein Pulk von vielen Booten von mehreren Sicherungsfahrzeugen erfaßt, so müssen all diese Boote unter Wasser und damit erst einmal den Angriff auf das Geleit aufgeben. Werden dagegen vier bis fünf einzelne Boote oder mehrere Gruppen von zwei bis drei Booten erfaßt, so bedeutet das ein Abziehen der Sicherung vom Geleit von mindestens sechs bis acht Sicherungsfahrzeugen und damit eine erhebliche Auflockerung des Sicherungssystems.

Grundsatz: Der Angriff muß von allen Seiten konzentrisch erfolgen. Deshalb keine größeren Gruppen als zwei höchstens drei Boote bilden. Zwei Boote zusammenfahrend sind ein guter Fla-Schutz, außerdem eine gegenseitige Unterstützung im Kampf gegen den Zerstörer.
Für den waffentechnischen und taktischen Kampf gegen Luft gelten im einzelnen die bereits in den »Ständigen Kriegsbefehlen«,

»Laufenden Befehlen« und »Hinweisen für die Kommandanten« niedergelegten Erfahrungen und Richtlinien. Als Grundlage für den Einsatz des Zerstörertorpedos gelten die Unterrichtungen bei der T.V.A. und die Schießvorschrift für diesen Torpedo.
Auf einzelne taktische Punkte wird im Folgenden nochmal kurz eingegangen.
Luft: Beim Verhalten gegenüber der Luft spielt die Frage der Flugzeugtypen eine wesentliche Rolle. Bevor der Feind noch unangefochten zur See fährt, wird normalerweise die Aufklärung mit **Flugbooten** geflogen und zwar vom Typ Sunderland, Catalina und Lerwick. Diese sind nicht übermäßig schnell und schwerfällig in der Bewegung, so daß diese Maschinen für die Boote die geringste Gefahr bedeuten, wie auch die bisherigen Erfahrungen hauptsächlich in der Biskaya gezeigt haben.
Tritt nach Angriffen von U-Booten stärkere Luft am Geleitzug auf, so wird diese in erster Linie aus **vier-motorigen** bestehen, wie Boeing, Stirling, Halifax, Lancaster und Liberator. Diese sind zwar schneller und wendiger als Flugboote, aber noch lange nicht so gefährlich, wie die in der Biskaya am erfolgreichsten wirkenden Zerstörerflugzeuge vom Typ Beaufighter.
In letzter Zeit wurden verschiedentlich **Trägerflugzeuge** am Geleit gemeldet. Bei den zurückliegenden Operationen wurden diese in mehreren Fällen von den Kommandanten als »müde Krähen« bezeichnet. — Es ist selbstverständlich, daß die Vernichtung eines Flugzeugträgers wegen der damit verbundenen Massierung von Flugzeugen eine äußerst wirksame Maßnahme sein würde. Hat das Boot einen Träger in Sicht, so ist dieser mit allen Mitteln anzugreifen und in jedem Falle das wichtigste Ziel.
Im Verhalten gegenüber der Luft muß nochmal auf den im Augenblick dringendsten Punkt hingewiesen werden. Es darf auf keinen Fall noch getaucht werden, wenn das Boot vor dem zu erwartenden Anflug nicht mehr auf mindestens A + 20 m kommt. Jede mittlere Tiefe ist von Übel, da mit Sicherheit der Gegner im Bekämpfen von wegtauchenden Booten mit neuen gefährlichen Bomben arbeiten wird. Der Kommandant kann seine Wachoffiziere nicht genug auf die z. Zt. größte Gefahr des Gebombtwerdens auf mittleren Tiefen hinweisen.
Bei Angriffen von zwei und mehr Flugzeugen muß der Kommandant sich überlegen, ob er oben bleibt oder taucht.
Falls er den Eindruck hat, daß er die Lage in der Hand behält und nicht durch geschicktes Fliegen des Gegners überrumpelt wird, ist, wenn es die taktischen Aussichten am Geleit erfordern, das Obenbleiben vorzuziehen. — Es ist dabei vor allen Dingen ein gut

Großadmiral Dönitz (Mitte) zu Besuch bei einer Schul-Flottille.

So kannten ihn seine U-Bootmänner.

Klaus Korth schrieb mit Wolfgang Lüth das Buch »Boot greift wieder an!«

Wolfgang Lüth, im Januar 1945 vor Fähnrichen und Oberfähnrichen der Marineschule Mürwik.

Karl Dönitz kurz vor Kriegsende.

Das letzte Foto des Großadmirals.

Wolfgang Lüth ist tot. Kameraden halten die Ehrenwache.

Die Sargträger sind angetreten.

Großadmiral Dönitz führt Frau Lüth.

Vor dem Sarg des Toten das Ordenskissen, getragen von einem Kameraden.

organisierter Brückenbetrieb nötig. Für jedes Flugzeug muß ein Mann verantwortlich gemacht werden. Bei einem Flugzeug am besten der WO und bei weiteren andere geschickte Leute. Der Kommandant muß sich aus klaren Meldungen dieses Beobachters ein laufendes Bild machen können, da er sich selbst um das Fahren des Bootes und um den Ausguck kümmern muß. Die Befehlsübermittlung spielt dabei eine große Rolle.

Ganz allgemein ist bei jedem Flugzeug in der Mitte des Atlantik zu sagen, daß es nur wenige Anflüge mit Bomben im Anfang seiner Operation durchführen kann, da ihm ein Mitnehmen großer Bombenlast auf diese riesigen Entfernungen wegen der Brennstoff-Frage nicht möglich ist. Auch im Kampf wird sich das Flugzeug so verhalten, daß es nicht mit wesentlichen Beschädigungen den Rückflug antreten muß.
Grundsatz: Der Flieger am Geleitzug geht auf keinen Fall so 'ran, wie die U-Boot-Jagdflugzeuge in der Biskaya.
Sicherung: Zum Schießen auf Zerstörer ist zu sagen, daß sich der Kommandant dabei mehr als bisher kaltblütig mit seinem Boot einsetzen muß. Er hat bei Tage nach dem Schuß immer noch genügend Zeit, die schützende Tiefe zu erreichen und bei Nacht, sich über Wasser zu verholen bzw. später zu tauchen. Wie überhaupt die Wabogefahr bisher nur eine untergeordnete Rolle im Vergleich zur Gefahr aus der Luft spielt.
Nötig ist vor allen Dingen bei Nacht, daß die Boote immer ihre Zerstörertorpedos klar zum Schuß fahren, da blitzschnelles Schießen in den meisten Situationen bei Nacht erforderlich sein wird.
Im Fahren der Torpedos wird die beste Lösung sein, vorne und achtern je einen von diesen Torpedos im Rohr zu haben und den zweiten in Schnelladestellung. So hat das Boot immer die Möglichkeit bei einem fehlgeschlagenen Angriff einen zweiten Torpedo zu schießen.
Weiter wird hier auf diese Frage nicht eingegangen, da die T.V. A. mit Hilfe eines erfahrenen U-Bootfahrers den Kommandanten den waffentechnischen Einsatz beibringt.
Als **Torpedoausrüstung** werden den Booten insgesamt zwölf Torpedos mitgegeben und zwar

4 Zaunkönig
4 G 7 A Fat I
4 T 3 (mit Pi 2) davon 2 Fat II.

Als Beladung ist anzustreben:

tags und nachts:	Rohr II und V je ein Zaunkönig, dahinter je einer in Reserve,
tags:	Rohr I, III, IV je ein T III,
nachts:	Rohr I und IV je ein Fat I Rohr III ein T 3 (Fat II).

Wegen Umladeschwierigkeiten vor dem ersten Schuß, wenn Flurplatten noch mit zwei Torpedos belegt sind, bleibt dem Kommandanten die Beladung überlassen. Der Wegfall der beiden Flurtorpedos ist nicht tragbar, da die Boote damit zu viel an Gefechtskraft verlieren würden. Auf jeden Fall muß aber sichergestellt sein, daß am Tage mindestens 1 T 3 und bei Nacht mindestens 1 Fat I im Rohr ist.

Ortung: Um gegen Überraschungsangriffe sicher zu sein, haben die Boote als Fu.M.B. den **Hagenuk-Wellenanzeiger,** der ihnen alle Ortungen auf dem bisher beobachteten Wellenbereich einschließlich Kurzortungen anzeigt. Der Gebrauch des Fu.M.B.'s zum Fühlungshalten ist bereits oben erwähnt.
Auch der Gebrauch des **Funkmeßboldes »Aphrodite«** wird dringend empfohlen. Das einzelne Boot hat mit ihm die Möglichkeit, eine ganze Gruppe von Booten vorzutäuschen, indem es z. B. mehrere Bolde bei Nacht über den Geleitzug wegtreiben läßt, um sich vor dem eigenen Angriff Luft in der Sicherung zu verschaffen. Oder will das Boot an einer bestimmten Seite angreifen und ist die Sicherung dort zu stark, so schickt es seinem Angriff eine Gruppe von verstreuten Bolden voraus, um zu erreichen, daß die Sicherung sich bei seinem Angriff mit den Bolden beschäftigt und das Boot so leichteres Arbeiten hat. (Im einzelnen siehe hier »Aphrodite«-Vorschrift!)
FT: Der Einsatz von neuen Waffen und das Auftreten von neuen taktischen Situationen erfordern im Anfang unbedingt, daß diese Dinge betreffende Meldungen noch während der Operation den anderen Booten mitgeteilt wurden. Dazu gehören Erfolge gegen Luft und Zerstörer, Mißerfolge aus bestimmten Gründen, falls diese Erkenntnisse noch während der Operation für die anderen Boote wichtig sind. Außerdem Taktik der Flugzeuge im Angriff und im Fühlungshalten, bombenleere Maschinen, Schwerpunktsbildung der Luftabwehr usw.
Um die Welle nicht zu sehr zu überlasten, muß der Kommandant sich jedesmal dabei überlegen, ob diese Dinge auch unbedingt von

Wert für die anderen sind. Ein Melden jeder Kleinigkeit an eigenen Schäden und Sonstigem darf auf keinen Fall einreißen. Sämtliche Meldungen, die nur die Führung interessieren, auf beiden Wellen absetzen.
Nicht zuviel Unerfreuliches melden, um nicht unnötig die anderen Boote zu beeindrucken, da jeder Funkspruch auf den Booten durch alle Räume wandert. Wenn nötig Sachen, von denen der einfache Soldat nichts wissen braucht, mit Offiziersfunkspruch abgeben.
Schluß: Ganz allgemein ist zu sagen, daß dieser Geleitzugkampf von den Booten mehr verlangt, was Einsatzbereitschaft, Mut und taktisches Können angeht, als früher. Die Kriegslage und das »eiserne Muß« dürfte aber jedem hierbei den letzten Pull versetzen.

Funkmeßbold »Aphrodite«

Geheime Kommandosache!

I. Zweck:
1) Der Funkmeßbold »Aphrodite« hat den Zweck, den feindlichen Funkmeßorter zu täuschen und dadurch dem Boot taktische Vorteile zu verschaffen.
II. Beschreibung:
2) Der Funkmeßbold besteht aus einem mit Wasserstoff gefüllten Ballon von 70-90 cm Durchmesser, der durch ein etwa 50 m langes Perlondrahthalteseil mit einem Telleranker verbunden ist. An dem Halteseil sind drei Aluminiumfolien von je 4 m Länge in einem Abstand von je 2 m befestigt.
III. Wirkungsweise:
3) Die vom Gegner ausgesandten Funkmeßimpulse werden von den Aluminiumfolien des Funkmeßboldes reflektiert und erzeugen in feindlichen Ortungsgerät fast die gleichen Zickzacke, wie die durch ein U-Boot reflektierten Impulse. Der feindliche Orter wird zu-

nächst ohne optische Sicht nicht unterscheiden können, wen er vor sich hat und wird wahrscheinlich auch dann noch, wenn er vom Vorhandensein des Funkmeßboldes Kenntnis hat und durch häufige Anwendung gewisse Erfahrungen gesammelt hat, leicht irregeleitet und in seinen Entschlüssen beeinträchtigt werden.

4) Der Bold hält sich etwa zwei bis acht Stunden je nach Wetterlage und gibt während dieser Zeit wirkungsvolle Reflexe.

5) Die Verankerung verhindert, daß sich der Funkmeßbold durch Steigen des Ballons oder durch schnelle Abdrift als Täuschungskörper verrät.

Bei Windstärke vier bis fünf und Seegang drei bis vier ist (nach Ostsee-Erprobungen) mit nur Treibgeschwindigkeit von vier bis acht sm zu rechnen.

6) Die Einsatzgrenze für den Funkmeßbold liegt nach bisherigen Erprobungen (in der Ostsee) bei Windstärke fünf bis sechs und Seegang vier bis fünf, da bei größeren Windstärken der Ballon ins Wasser gedrückt oder Ankertau bzw. Folien abgerissen werden.

IV. Taktischer Einsatz.

a) Allgemeines:

7) Da bisher nur Erprobungsergebnisse aus der Ostsee ohne taktische Grundlagen vorliegen, können für den Einsatz **nur Hinweise** auf Grund theoretischer Überlegungen gegeben werden. Es muß den Booten überlassen werden, auf Grund dieser Hinweise praktische Erfahrungen für nutzbringenden Einsatz zu sammeln. Erkenntnisse bei nächster Gelegenheit durch FT zur Ausnutzung durch andere Boote melden.

8) Da der verhältnismäßig große Ballon besonders für Seefahrzeuge gut sichtbar ist, soll der Einsatz des Funkmeßboldes vorläufig nur bei Nacht oder sehr schlechter Sicht (Nebel) erfolgen, um den Gegner nicht vorzeitig auf diese Täuschungsmöglichkeit aufmerksam zu machen. Auch in Landnähe ist der Einsatz nach Möglichkeit dann zu vermeiden, wenn Gefahr besteht, daß der Funkmeßbold auf Land zu treibt.

b) Einsatz auf dem Marsch:

9) Stellt ein Boot die Anwesenheit eines ortenden Gegners fest, so kann vor dem Tauchen ein Funkmeßbold gestartet werden. Es ist anzunehmen, daß der Gegner den Bold ansteuern und in unmittelbare Nähe des Boldes das U-Boot (mit Scheinwerfer) suchen wird. Der Gegner wird mit dem Bold beschäftigt; Beobachtungen, ob Flugzeuge bei Nacht durch den Bold zum Bombenwurf veranlaßt werden, sind von besonderem Wert, ein wesentlicher Vorteil für das U-Boot ist jedoch kaum zu erwarten. (Ein planmäßiger Einsatz

größerer Boldzahlen zur »Verseuchung« eines bestimmten Seegebietes (z. B. in der Biskaya) ist erst geplant, wenn Erfahrungen über die Reaktion des Gegners auf den Funkmeßbold vorliegen).

c) Einsatz im Vp.- und Aufklärungsstreifen:

10) Im Vp.- und Aufklärungsstreifen darf der Funkmeßbold nicht eingesetzt werden, da das Boot keinesfalls seine Anwesenheit verraten darf und bei Feststellung feindlicher Ortungstätigkeit sofort tauchen muß.

d) Einsatz gegen ortende Seestreitkräfte:

11) Wird das U-Boot auf Grund von Ortung von Seestreitkräften angelaufen, so kann es sich u. U. durch den Funkmeßbold vom Gegner lösen.

Nach dem Start des Boldes wird es zweckmäßig sein, zu tauchen und unter Wasser nach Luv oder quer zur Windrichtung abzulaufen. Der Zerstörer wird vermutlich den Funkmeßbold weiter orten und verfolgen, wofür u. U. die Horchbeobachtung einen guten Anhalt gibt.

Hat das Boot je nach Sichtverhältnissen einen ausreichenden Abstand vom Funkmeßbold erreicht, so kann es auftauchen und über Wasser ablaufen bzw. an den Geleitzug heranlaufen.

12) Läuft der Zerstörer auf großer Entfernung an, so kann das Boot u. U. auch über Wasser ablaufen und sich durch langsames Abstaffeln aus der Zielrichtung Zerstörer- und Funkmeßbold vom Gegner lösen. Hierbei ist es wichtig, zunächst die Entfernung Verfolger — Bold und Verfolger — U-Boot etwa gleich zu halten, da ein Entfernungsunterschied eher erkennbar ist als eine geringe Seitenabweichung. Der Zerstörer muß hierbei gut beobachtet werden. Hat er klar auf den Bold angesteuert, so kann das Boot härter abdrehen, ohne jedoch sofort seine ganze Breitseite zu zeigen. Ist dieser Erfolg der Täuschung nicht rechtzeitig erkennbar, so muß getaucht werden und gem. Ziff. 11 verfahren werden.

c) Einsatz am Geleitzug:

13) Ist die Anwesenheit von Flugzeugen am Geleitzug festgestellt, so können mit einem Zeitabstand von **mindestens** fünf Minuten mehrere Bolde gestartet werden. Auf Grund der Geschwindigkeit der Flugzeuge und der größeren Reichweite ihrer Ortungsgeräte, kann damit gerechnet werden, daß diese Bolde nach einer gewissen Zeit durch die Flugzeugortung erfaßt werden, auch wenn beim Start selbst keine Ortung oder optische Sichtung des Flugzeuges vorlag.

Das Flugzeug wird sich voraussichtlich eine gewisse Zeit mit den Bolden beschäftigen und in dieser Zeit das U-Boot nicht erfassen und anfliegen.

14) Da der Funkmeßbold **vom Flugzeug aus** selbst bei geringen Flughöhen auch bei Tage schlecht optisch festzustellen ist, kann er in besonderen Fällen außerhalb der optischen Sichtweite des Geleitzuges auch bei Tage gegen die Luftsicherung eingesetzt werden (dabei Windrichtung beachten, daß Funkmeßbold nicht bei Tage in den Geleitzug hineintreibt.)
15) Steht das Boot bei Nacht vor dem Geleitzug, so kann es bei entsprechenden Windverhältnissen ein oder mehrere Bolde (mit ausreichenden Zeitabständen) so starten, daß sie beim weiteren Vormarsch des Geleitzuges an einer Seite in nicht allzu großer Entfernung erscheinen. Es ist möglich, daß sich die an dieser Seite aufgestellte Sicherung dann mit den Bolden beschäftigt und das Boot ungestört anlaufen und angreifen kann.
16) Werden Bolde vor dem Geleitzug so gestartet, daß sie zu beiden Seiten des Geleitzuges vorbeitreiben, so wird vielleicht ein erheblicher Teil der Sicherung mit diesen Bolden beschäftigt und in achterliche Position geraten, zumindest aber Verwirrung und Unsicherheit der Sicherungsstreitkräfte hervorgerufen.

V. Auswertung der Erfahrungen:

17) Die Boote müssen versuchen, an Hand obiger Hinweise und auf Grund eigener Überlegungen geeignete Verfahren zu erproben. Kurzberichte durch FT, eingehende Schilderung angewandter Verfahren und erzielter Erfolge (gegebenenfalls mit Skizze) nach Einlaufen.

U-Bootslage September 1943

Nach Abschluß der Operationen der U-Boote im Mittelatlantik stellt sich die »Lage« in den einzelnen Operationsgebieten nach den Meldungen der U-Boote wie folgt dar:

1)Nordamerikanische Küste, Florida-Straße, Golf von Mexiko:

Eingesetzt waren:	U 66	**Verloren gingen:**	Im Op.-Gebiet
	U 190		kein Boot.
	U 527		
	U 84		
	U 566		
	U 230		

Erfolge:	U 84	1 Schiff	6 000 BRT
	U 66	2 Schiffe	15 000 BRT
	U 566	1 Zerstörer.	

Ferner wurden von U 566 und U 230 je eine Minensperre vor der Chesapeake-Bay geworfen.

Lage: Im gesamten Gebiet der nordamerikanischen Küste von CA 50 über Floridastraße bis in den Golf von Mexiko starke Tagluft, nach Bemerktwerden Nachtluft mit Ortung. An der Küste entlanglaufende Geleitzüge durch Luft und Luftschiffe Tag und Nacht dauergesichert. Außerhalb der 100 m Linie im wesentlichen nur wenige schnelle Einzelfahrer. Angriffschancen insgesamt wegen zu starker Luftabwehr gering.

2) Karibik:

Eingesetzt waren:	U 84	**Verloren gingen:**		—
	U 732			—
	U 415			—
	U 615			U 615
	U 634			—
	U 572			U 572
	U 759			U 759
	U 359			U 359

Erfolge:	U 732	1 Frachter	7 000 BRT
		2 Schiffe	torp.
	U 615	1 Tanker	6 000 BRT
	U 759	2 Schiffe	13 000 BRT.

Lage: Im gesamten Gebiet der Karibik und besonders in den einzelnen Passagen (Windward, Mona, Anegada) starke bzw. sehr starke Luftüberwachung, die nach Bemerktwerden in Dauerluft überging. Geleitzugverkehr nach wie vor über Trinidad — Curacao — Windward-Passage. Einzelverkehr schneller Schiffe durch Luft und See gesichert. Im Gebiet von Trinidad mehrmals Kleingeleite. Westlich und nordwestlich von Curacao wurden Tankergruppen gesichtet. Überall Ortung bei Tag und Nacht, besonders starke Ortung im Gebiet von Trinidad, Angriffschancen wegen Luft-Dauerüberwachung, teilweise schlechter Sicht, ferner starker Beanspruchung der Besatzung durch Hitze und feuchte Luft gering. Demgegenüber Abwehraussichten der gegnerischen Luft groß. Dies zeigt sich in den starken Verlusten. Vier Boote = 50%.

3) Nordbrasilianische Küste:

Eingesetzt waren:	U 653	**Verloren gingen:**	—
	U 510		—
	U 406		—
	U 590		U 590
	U 662		U 662
	U 185		—

Erfolge:	U 590	1 Schiff	4 000 BRT
	U 510	4 Schiffe	22 000 BRT
	U 185	6 Schiffe	40 000 BRT

Lage: Entlang der Küste von Trinidad bis Natal im wesentlichen Luftüberwachung mit großen Land- und Seemaschinen. Starke Luft nach Bemerktwerden mit und ohne Ortung. Verkehr bis auf wenige schnelle Einzelfahrer nur in Geleitzügen. Angriffsgelegenheiten daher verhältnismäßig gering. Angriffsaussichten bei Erfassung eines Geleitzuges jedoch sehr günstig, da Geleitzugsicherung selbst ungeübt und leicht zu überwinden.
In beiden Fällen, in denen Boote auf Geleitzüge trafen, wurden sehr gute Erfolge erzielt und zwar von U 510 am 8.7. in EP 40 drei Schiffe mit 21 000 BRT, von U 185 am 7.7. in FC 70 fünf Schiffe mit 35 000 BRT. Die Verstärkung des feindlichen Lufteinsatzes zwang in den letzten Wochen die Boote, sich von der Küste abzusetzen und sich aus dem Bereich des Geleitzugweges dicht unter der Küste zu entfernen. Von diesem Augenblick an wurden keine Erfolge mehr erzielt.

4) Brasilienküste von Natal bis Rio:

Eingesetzt waren:	U 513	**Verloren gingen:**	U 513
	U 199		U 199
	U 172		—
	U 598		U 598
	U 591		U 591
	U 604		U 604

Erfolge:	U 513	4 Schiffe	16 000 BRT
	U 199	2 Schiffe	17 000 BRT
	U 172	4 Schiffe	26 000 BRT

Lage: Wie aus den Verlusten zu ersehen ist, hat sich die brasilianische Küste als ein sehr schweres und gefährliches Op.-Gebiet gezeigt. Bis auf einen Fall eines Angriffs durch Seestreitkräfte (Waboverfolgung U 604) trat die Abwehr im wesentlichen in Gestalt schneller Tagbomber unter der Küste und schwerer Land- und Seemaschinen bis 400 sm außerhalb der Küste in Erscheinung. Mit Ausnahme von U 604, das wegen seiner bei Luftangriff und einer Waboverfolgung erhaltenen Schäden aufgegeben und versenkt werden mußte, sind die übrigen Boote wohl mit einiger Sicherheit Flugzeugangriffen zum Opfer gefallen.
Die Angriffsaussichten waren hinsichtlich der Dichte des

Feindverkehrs als günstig anzusehen. Vor Rio de Janeiro und Bahia mittlerer Verkehr, der stoßweise je nach dem Auftreten der Boote im allgemeinen jedoch dicht unter der Küste gesteuert wurde. Das Auftreten der Boote zwang zur Verlegung der Verkehrsroute schneller Einzelfrachter bis weit in den Südatlantik hinein. Hier zeigte U 172 besonderen Spürsinn, dem es gelang, auf der Linie FD 50, FK 60, FR 10, GC 10 (4 bis 500 sm von Land entfernt) nicht weniger als vier dieser Schiffe zu versenken.

5) Dakar — Freetown — Guineaküste:

Eingesetzt waren:	U 306	**Verloren gingen:**	—
	U 333		—
	U 571		—
	U 600		—
	U 618		—
	U 757		—
	U 468		U 468 fraglich
	U 257		—
	U 358		—
	U 382		—
	U 508		—

Erfolge:	U 618	1 Frachter	7 000 BRT Freetown
	U 757	1 Frachter	5 000 BRT Freetown
	U 508	3 Schiffe	25 000 BRT Guineaküste
	U 306	4 Schiffe	27 000 BRT Dakar

Lage: Verkehr lief in größeren Geleitzügen dicht unter dem Schutz der Küste zwischen Freetown und Dakar in beiden Richtungen. Es gelang nicht, den Absprungspunkt der Freetown-Kapstadt-Geleitzüge an der Liberiaküste nach See zu, bzw. die Route der von Kapstadt kommenden Geleitzüge bereits im freien Seeraum südlich der Nigeriaküste zu erfassen. Ebenso mißlang ein Ansatz im Vorpostenstreifen in EU 90 auf den Freetown-Lagos-Geleitverkehr.
Möglicherweise ist in diesen Gebieten seit dem 30. Mai ei-

ne Verminderung des Verkehrs eingetreten, die bereits eine Auswirkung der Freimachung des Mittelmeeres für den England-Indien-Verkehr sein kann.
Die Abwehrlage war entsprechend dem geringen Verkehr auch nur von geringer Wirkung. Mittlerer Lufteinsatz mit und ohne Ortung im Nahbereich der Küste und bis 200 sm nach See, jedoch keine Seeüberwachung.
Die hohe Zahl der in den genannten Gebieten eingesetzten Boote entsprach nicht dem ursprünglichen Einsatzplan, sondern entstand aus der Zwangslage, nach dem Ausfall von eigenen Tankern den Booten ein für ihren Brennstoffbestand erreichbares Op.-Gebiet zuweisen zu müssen. Eine weitere Besetzung dieses Gebietes erscheint zunächst unzweckmäßig, gelegentliche Besetzung wird zur Bindung der dort vorhandenen Abwehrkräfte erforderlich sein.

6) Kapstadt — Madagaskar-Raum:

Eingesetzt waren:	U 177	**Verloren gingen:**	—
	U 178		—
	U 181		—
	U 196		—
	U 197		U 197
	U 198		—

Erfolge:	U 177	7 Schiffe	45 000 BRT
	U 178	6 Schiffe	30 000 BRT
	U 181	10 Schiffe	44 500 BRT
	U 196	3 Schiffe	26 000 BRT
	U 198	7 Schiffe	42 500 BRT
	U 197	3 Schiffe	25 000 BRT

Lage: Die südostafrikanische Küste sowie das Gebiet von Madagaskar bis nach Mauritius haben sich als das erfolgreichste Op.-Gebiet der letzten Zeit gezeigt. Neben einem unter der Küste laufenden Geleitverkehr wurde Einzelverkehr abgesetzt von Land auf folgender Route angetroffen: KP 80-KQ 80-60, KR 10, KF 90 und KG 50. Während im freien Seeraum keinerlei Abwehr aufgetreten ist, war dicht unter der gesamten südafrikanischen Küste überall mit mittlerer bis starker Luft zu rechnen. Besonders in dem Gebiet von Lou-

renco Marques bis Durban meldeten die Boote starke Dauerluft. Starker Lufteinsatz wurde ferner gemeldet an der portugisisch-ostafrikanischen Küste vor und nördlich von Mozambique.
Z.Zt. sind alle Boote auf Rückmarsch. Eine weitere Besetzung wird erfolgen, sobald möglich.

Gesamtbetrachtung:

I. a) Die Ubootsoperationen in den Gebieten des Mittelatlantiks mußten wegen fehlender Ergänzungsmöglichkeit wesentlich früher beendet werden als geplant.
Die Absicht war, alle Boote bereits auf dem Ausmarsch weit im Süden reichlich zu versorgen. Dies wurde jedoch durch den Verlust des U-Tankers U 463 im Mai, von U 487 im Juli sowie durch die zweimalige Rückkehr von U 462 (Rückmarsch aus Biskaya wegen Flieboschäden) zunichte gemacht. Die Ausnützung von mehreren Typ IX C-Booten für Ergänzungszwecke gestattete lediglich die Versorgung einiger weniger Boote.
Als Ersatz für die ausgefallene Versorgung auf dem Ausmarsch wurde eine reichliche Versorgung auf dem Rückmarsch, auf Versorgungsplätzen nahe bei den einzelnen Op.-Gebieten beabsichtigt.

Es sollten ergänzt werden:
Durch U 459 alle Boote in der Karibik in Qu. DE 50,
durch U 462 alle Boote zwischen Trinidad und Natal in EH20,
U 461 Reserve.

Auch diese Planung scheiterte am Ausfall der U-Tanker U 459, U 461, U 462 und später U 489. Alle Kampfboote erhielten daher Befehl, entsprechend eigener Brennstoff- und Proviantlage den Rückmarsch anzutreten, ohne mit Ergänzung zu rechnen.

b) Die Verkürzung der eigentlichen »Operationszeiten« hat sich sehr ungünstig ausgewirkt. Die Erfahrungen des letzten Jahres haben gezeigt, daß in den südlichen Operationsgebieten fast jedes Boot **nur einmal** eine Angriffs-und Erfolgschance hat, nämlich — wenn es einen Geleitzug erfaßt. Diese Chance ist bei der gegebenen Verkehrsdichte und der Weite der den Booten zugeteilten Angriffsräume gering und wurde oft erst nach vier- bis fünfwöchigem Herumstehen und Suchen geboten. Die Verkürzung der Operationszeit auf unter drei Wochen bedeutete also für viele Boote den Ausfall der einzigen Chance und damit das Ausbleiben von Erfolgen.

c) Der Versuch einiger Boote, den Verkehr dicht vor den Haupthäfen und in den einzelnen Passagen der Karibik zu erfassen, mußte wegen des zahlreichen, mit guten Ortungsgeräten ausgerüsteten Feindflug meist nach wenigen Tagen aufgegeben werden. Feststellung der Boote führte zu starkem, feindlichen Dauerlufteinsatz und vermutlich auch zur Umleitung des Verkehrs um die gemeldeten Ubootsstandorte. Typisch hierfür war der erfolglose Versuch, den an der Küste laufenden Freetown-Lagos-Verkehr zu erfassen.
Es ist anzunehmen, daß die Metoxstrahlung vom Gegner weitgehend zur Auffindung und zur überraschenden Bekämpfung der Boote ausgenutzt wurde und eine wesentliche Ursache für die hohen Verluste gewesen ist. (Meldung mehrerer Boote über Anflüge feindlicher Flugzeuge bei Nacht ohne vorherige Feststellung von Ortung.) Nachdem diese Verlustursache festgestellt und durch Einführung des Wellenzeigers wenigstens vorläufig beseitigt ist, wird auch in diesen Gebieten der Kampf unter neuen Voraussetzungen wieder aufgenommen werden können, mit VII C-Booten nur, soweit Versorgung bereitgestellt werden kann.

II. Wie schon im KTB. vom 5. August gesagt, hat — insgesamt gesehen — der Einsatz der Uboote in den südlichen Operationsgebieten nicht den erwarteten Erfolg, jedoch unerwartet hohe Verluste gebracht. Bei der Planung dieses Ansatzes blieb der Führung jedoch kein anderer Ausweg, als dieses Gebiet zu besetzen. Die Ergebnisse des Monats Mai hatten gezeigt, daß es wegen zu hoher Verluste nicht möglich war, weiterhin im Nordatlantik zu kämpfen. Wenn überhaupt der Ubootskrieg bis zur Einführung neuer Waffen und Geräte weitergeführt werden sollte, konnte der Einsatz aller auslaufenden VII-C- und IX-C-Boote nur in den genannten Gebieten erfolgen.
Schneller als vorgesehen mußte der Krieg in diesen Gebieten wieder aufgegeben werden. Selbst wenn der erreichte Erfolg im Vergleich zu den Verlusten als gering anzusehen

ist, muß festgestellt werden, daß der Ubootseinsatz zu einer starken Bindung der Abwehrstreitkräfte im gesamten Mittelatlantik geführt und die feindlichen Luftstreitkräfte stark beansprucht hat. Hiermit ist das — bei dem augenblicklichen Kräfteverhältnis Ubootskampfkraft zur Abwehr — erreichbare Kampfergebnis, wenn auch unter großen Opfern, erzielt worden.
Alle in Zukunft in diesem Gebiet eintreffenden Boote werden mit neuem Fu.M.B. (Hagenuk) und verstärkten Fla-Waffen (Vierling und Zwilling) ausgerüstet sein. Die Anwendung des Hagenuk-Wellenzeigers wird die Feststellung von Ubooten durch den Gegner erschweren, die Überraschungsgefahr aus der Luft mindern und ein freizügigeres Operieren bei Nacht ermöglichen.

Der Fronteinsatz des G7 ES-»Falke« und »Zaunkönig«

A. Allgemeines:

Die Entwicklung des G7 ES wurde in der zweiten Hälfte des Jahres 1942 beschleunigt vorangetrieben, mit dem Ziel, den vom BdU immer wieder geforderten »Zerstörerknacker« in die Front zu bringen. Der Weg zu diesem führte zunächst zu dem G7 ES-»Falke«, der wegen seiner geringen v_t und der fehlenden Abstandspistole nur gegen langsame, tiefgehende Ziele, einsetzbar war.

B. G7 ES-»Falke«.

1) **Angaben über den Torpedo:** v_t = 20 sm, Aufschlagpistole, Laufstrecke je nach Heizzustand 5000 bis 7000 m einsetz-

bar gegen tiefgehende Fahrzeuge mit v_g 7 bis 13 sm von Lage 0 bis 180 Grad. Seegangs- und Tiefenlaufbeschränkungen. (nicht mehr als Seegang 5, nicht flacher als 3 m). Kein Einsatz in den Tropen.

2) Eine **erste Fronterprobung** wurde mit »Falke« im Februar/März 1943 auf 6 Booten mit je 2 Torpedos im Nordatlantik durchgeführt. Die Ausbildung der Offiziere und der Torp.Mech.Mt. fand in einem zweitägigen Lehrgang bei der TVA Gotenhafen statt. Mangelnde Rohrsteckersicherheit der Pistole beschränkte den Einsatz auf das Heckrohr. Der gleiche Grund führte im Verlauf des Fronteinsatzes dazu, diesen praktisch abzubrechen. Immerhin wurden von den 12 eingesetzten Torpedos 3 geschossen, und zwar 2 Schüsse von U 221 (Trojer), 1 Schuß von U 382 (Juli) mit folgendem Ergebnis: 1 Treffer bei Seegang 6 bis 7 auf 5000 t-Frachter, versenkt. 1 Treffer auf Frachter ohne nähere Beobachtung, 1 Fehlschuß infolge Einstellfehler. Die Einsatzmöglichkeit in der Front war damit grundsätzlich erwiesen. Außerdem wurden wesentliche Erkenntnisse für die Weiterentwicklung gewonnen. Für den weiteren Einsatz des »Falke« wurde die Vergrößerung der Sperrstrecke (Sperrung der S-Apparatur) von der bestehenden 720 m auf 1000 m sowie die absolute Rohrsicherheit der Pistole gefordert.

3) Zum **allgemeinen Fronteinsatz** gelangte der »Falke« mit den geforderten Verbesserungen ab 1.7.43 von den Weststützpunkten aus. Weiterer Einsatz war im Mittelmeer (ab 1.9.43) beabsichtigt. Der ursprünglich erst zu einem späteren Zeitpunkt vorgesehene, unter dem Druck der Kampflage aber erheblich beschleunigte und vorgezogene Fronteinsatz des verbesserten G7 ES-Zerstörerknacker ließ es nur noch zu einer Ausrüstung von 5 Booten mit »Falke« kommen. Ergebnisse von diesen liegen nicht vor. Weiterer »Falke«-Einsatz mußte aus dem erwähnten Grunde aufgegeben werden.

C. G7 ES-»Zaunkönig«

1) **Allgemeines:** Mit der Frontbereitschaft des G7 ES-»Zaunkönig« (Zerstörerknacker) war zunächst bei normalem Ablauf der Erprobungen nicht vor Anfang 1944 zu rechnen. Die Verhältnisse zwangen aber bereits im Mai 1943 dazu, den Booten in ihrem immer schwieriger werdenden Kampf gegen die Geleitzüge im Nordatlantik so schnell wie mög-

lich eine Abwehrwaffe gegen die feindliche Sicherung zu geben.
Ob.d.M. befahl daher zunächst die Fronterstellung des »Zaunkönig« zum 1.10.43, später (am 13.7.) bereits zum 1.8.43. Dies bedeutete einerseits die Inkaufnahme eines großen Risikos infolge Fehlens eines normalen Erprobungsablaufes, andererseits den stärksten Eingriff in andere Fertigungen kriegswichtiger Kampfmittel nicht nur der Marine, sondern auch der anderen Wehrmachtteile. Letzteres war nur möglich infolge der engen, persönlichen Verbindung zwischen dem Ob.d.M. und dem Reichsminister für Bewaffnung und Munition. Das tatsächliche Klarsein von 80 Torpedos am 1.8.43 in den Weststützpunkten zur Ausrüstung von 20 Booten stellte eine hervorragende Leistung aller beteiligten Dienststellen dar.

2) **Daten des Torpedos:** v_t = 24,5 sm, Abstands- und Aufschlagpistole, Laufstrecke geheizt 5700 m, ungeheizt 5000 m, einsetzbar gegen alle Fahrzeuge mit einer v_g zwischen 10 und 18 sm aus allen Lagen.
Gewisse Einschränkungen bei Einsatz über Seegang 6. Die geringe Sperrstrecke von 400 m war notwendig, um die Mindestschußentfernung möglichst klein zu halten, verlangt aber von dem schießenden Boot die starke Bindung, wegen der Eigengefährdung nach dem Schuß Alarmtauchen durchzuführen oder nur bei Heckschuß mit einem bestimmten Fahrtstufenprogramm abzulaufen. Von der Abstandspistole her war beim ersten Einsatz ein gewisser, aber tragbarer Prozentsatz von Selbstzündern zu erwarten, desgleichen von der Apparatur ein etwa bei 10% liegender Satz von Steuerversagern.

3) Der »Zaunkönig« gelangte zum **ersten Fronteinsatz** in der Zeit vom 20. bis 24.9.43. Bei einer Geleitzugschlacht im Nordatlantik waren 17 mit »Zaunkönig« ausgerüstete Boote beteiligt. Ausrüstung je Boot 4 Torpedos (je 2 in Bug-und Heckraum). Der Einsatz wurde ein voller Erfolg. Mit 24 Schüssen wurden 13 sichere und 3 wahrscheinliche Treffer erzielt (54%). Von 7 Fehlschüssen waren 4 geklärt durch Überschreiten der Einsatzgrenzen. Dazu trat ein Rohrversager (Rohrläufer) auf. Durch »Zaunkönig« wurden versenkt: 12 Zerstörer und 1 Frachter, wahrscheinlich versenkt 3 Zerstörer.

Der Sarg wird auf die Lafette gehoben.

Der Gedenkstein für Wolfgang Lüth, nach dem Kriege von seinen Kameraden der Marineschule Flensburg-Mürwik errichtet.

Nach Kriegsschluß: Groß-
admiral a.D. Karl Dönitz
bei seinen Kameraden.

Das Marineehrenmal Laboe bei Kiel: Gedenkstätte auch der U-Boot-Waffe des Zweiten Weltkrieges.

Die Schüsse wurden überwiegend aus Lage Null auf Entfernung um 30 hm geschossen. Nachteilig ist für die Boote der Zwang, nach dem Schuß tauchen zu müssen. Die kurze Sperrstrecke wäre bei der überwiegenden Mehrzahl der Schüsse wegen ausreichender Schußentfernung nicht notwendig gewesen. Die Forderung nach einer wahlweise einzustellenden Sperrstrecke muß deshalb baldigst erfüllt werden. Außer der vorhandenen muß eine solche vorgesehen werden, die den Booten in jedem Falle das Obenbleiben ohne Gefährdung ermöglicht (etwa 800 m).

4) Der **weitere Einsatz** des »Zaunkönig« sieht die fortlaufende Ausrüstung aller Westboote, ab 21.9.43 aller Mittelmeerboote, ab 3.10.43 aller aus der Heimat auslaufenden Frontboote vor.

Auszug aus der Anweisung an englische Flieger für die U-Bootsbekämpfung

ASV = engl. Funkmeßgerät (Aircraft to surface Vessel)

ASV-Kontakt.

1) Jeder verdächtige Kontakt in der Nähe von Überwasserstreitkräften muß **sofort** sowohl durch Funktelegrafie als auch durch Funksprechverkehr gemeldet werden.

2) In Sichtweite von Überwasserkräften haben die Flugzeuge U-Boote wie folgt zu melden:

a) Eine Serie von Neigungen in Richtung des U-Bootes.
b) Kreisen über dem U-Boot in geringer Höhe.
c) Rauchflöße, Leuchtflöße oder Seekennzeichen abwerfen.
d) Gelbes Leuchtsignal feuern.

3) Flugzeuge in der Nähe eines Konvois (Mindestgrenze 8 Meilen) dürfen keine Leuchtfallschirme werfen, um verdächtige ASV-Kontakte bei Nacht zu beleuchten. Sie haben den Geleitzugführer über die Position des Kontaktes durch Funksprechverkehr in Kenntnis zu setzen und den Gebrauch von Leuchtfallschirmen anzuregen. Wenn jedoch Überwasserfahrzeuge bereits Beleuchtung im Falle eines Angriffs benutzt haben, so ist es den Flugzeugen erlaubt, Leuchtfallschirme einzusetzen.

Angriffsmethode

4) Wesentlich ist die Schnelligkeit des Angriffs. Ein Angriff auf den durch das tauchende U-Boot hinterlassenen Strudel oder auf einen Ölstreifen ist zu spät. Das U-Boot wird dort nicht mehr sein.

5) Folgende Taktik ist beim Angriff auszuüben:

a) Höhe verlieren und den Anflug so schnell wie möglich ausführen.
b) Der Angriff kann aus jeder Richtung erfolgen.
c) Normalhöhe für Abwurf von Wasserbomben soll 50 Fuß und für A/S-Bomben, wenn mitgeführt, 400 Fuß sein.
d) Wenn U-Boot an der Oberfläche gesichtet und innerhalb 30 Sekunden des Tauchens angegriffen wird, so sollen 6 Wasserbomben (wenn mitgeführt) im Abstand von 36 Fuß abgeworfen werden. Wenn U-Boot nicht innerhalb 30 Sekunden des Tauchens angegriffen wird, so sind nur 2 Wasserbomben abzuwerfen.
e) Beim Angriff ist zu beachten, daß der Mittelpunkt des Auslösungshebels (Stick) mit dem Zentrum des U-Bootes zusammenfällt. Um das zu bewerkstelligen, muß die geschätzte Geschwindigkeit des U-Bootes sowie die Vorwärtsbewegung der Wasserbomben nach dem Auffallen auf das Wasser (40 Fuß) in Erwägung gezogen werden. Ausführung s. nächster Paragraph.

Berücksichtigung vom Fallzeit und Bewegung des Zieles

6) Die Zeit vom Abwurf der Wasserbomben in Höhe von 50 Fuß bis zur Detonation beträgt ungefähr 5 Sekunden (2 Sekunden in der Luft und 3 Sekunden im Wasser).

7) Wenn das U-Boot im Begriff des Alarmtauchens ist, so beträgt seine Geschwindigkeit 6 Knoten (10 Fuß in der Sekunde). Deshalb ist beim Angriff auf das U-Boot, wenn ein Teil seines Rumpfes noch sichtbar ist, der Mittelpunkt des Auslösehebels (stick) 5 x 10 = 50 Fuß auf den vorderen Teil des Kommandoturms zur Zeit des Bombenabwurfs zu zielen.

8) Wenn das U-Boot getaucht ist, bevor die Wasserbomben abgeworfen sind, muß der Auslösungshebel so gezielt werden, um mit einem Punkte einer gewissen Entfernung vor dem Strudel zusammenzufallen. Der Strudel wird durch den vorderen Teil des Kommandoturmes bewirkt. Die Entfernung liegt natürlich zwischen dem letzten Verschwinden der Wasserbomben und der Zeit ihrer Detonation. Wenn man annimmt, daß die Geschwindigkeit des U-Bootes 6 Knoten beträgt, so sind die Entfernungen in Tafel I gezeigt.

Tafel I

Zeit (Sturzflug bis Bombenabwurf)	5	10	15	20	25	30	Sekunden
Entfernung (von Strudel bis zum Zielpunkt)	100	150	200	250	300	350	Fuß

9) Wenn nur das Periscop gesichtet wird, so ist die Geschwindigkeit des U-Bootes wahrscheinlich nur 2 Knoten = 3,3 Fuß in der Sekunde: Daher soll der Auslösungshebel 5 x 3,3 Fuß vor dem Periscop zur Zeit des Bombenabwurfs gezielt werden.

Anmerkung: In jedem Falle muß die Bahn der Wasserbomben unter Wasser eine zusätzliche Berücksichtigung erfahren.

10) Wenn das Flugzeug später als 30 Sekunden nach Tauchen des U-Bootes erscheint, so ist ein erfolgreicher Angriff höchst unwahrscheinlich. Der Pilot muß nach eigenem Ermessen entscheiden, ob er angreifen will oder nicht. Unter normalen Umständen wird er es nicht tun, aber er hat anzugreifen, wenn das U-Boot sich einem Konvoi oder anderen Überwasserfahrzeugen nähert.

11) Auf Ölstreifen dürfen Angriffe nur gemacht werden, wenn sie besonders befohlen sind.

Verhalten nach dem Angriff

12 a) **Geleitdienst:**
An dem Strudel ist ein Seekennzeichen abzuwerfen, das Gebiet ist eine halbe Stunde lang abzusuchen.

b) **Bei Abwesenheit von Überwasserstreitkräften**
Abwartendes Verhalten ist anzuwenden.

c) **Bei Anwesenheit von Überseestreitkräften**
Siehe Abschnitt C.

Flughöhen

13 a) **Tagsüber**

I. **Bei Geleitdienst oder in Zusammenarbeit mit Überwasserstreitkräften**
Flugzeuge bei Konvoigeleit haben zwischen 800 bis 1500 Fuß zu fliegen.

II. **U-Boot-Jagd**
Bei wolkenlosem Himmel oder bei einer Bewölkung in Höhe von 5000 Fuß ist die Höhe der Patrouille 4 bis 5000 Fuß. Wenn Bewölkung nicht mehr als 5/10 unter 5000 Fuß ist, so ist über den Wolken, aber nicht über 5000 Fuß zu patrouillieren. Wenn die Bewölkung nicht mehr als 5/10 und unter 5000 Fuß ist, so ist die Wolkendecke so weit als möglich auszunutzen, soweit dies mit der Sicherheit der Navigation vereinbart ist.

b) **Während der Nacht**
Flugzeuge haben zwischen 1000 bis 1500 Fuß zu fliegen.

Geleit bei Konvois und Überwasserstreitkräften

14) Die wichtigste Aufgabe der Geleitflugzeuge ist, U-Boote

zum Tauchen zu zwingen und sie an der Sichtung von Überwasserstreitkräften zu hindern. Selbst wenn alle Waffenmittel erschöpft sind, wird ein Scheinangriff dieses Ziel erreichen.

15) Gewöhnlich wird den Konvois und Seestreitkräften gleichzeitig mit einem Flugzeug Anti-U-Boot-Geleit beigegeben.

Patrouillen

16) **H.M.-Schiffe**

a) **Bei großer Geschwindigkeit**
Kreisen in Höchstentfernung von 5 oder 6 Meilen.

b) **Bei geringer Geschwindigkeit**
Wie oben, aber gelegentlich nach achtern zurückfallen.

Konvois

17 a) **Tagsüber**
Alle Geschwindigkeiten. Wie für H.M.Schiffe, s. oben, mit einer gelegentlichen Schwenkung nach achtern (alle 2 Stunden).

b) **Bei Nacht**

I. **Weniger als 15 Knoten**
Ein 5-Meilen Kreis (nicht mehr), verschieden in Richtung und Radius um den Konvoi herum.
Aus Nachrichten geht hervor, daß U-Boote Vorteile aus regelmäßigen Patrouillen ziehen, um nach dem Abflug des Flugzeuges aufzutauchen.

II. **Mehr als 15 Knoten**
Der Bereich innerhalb eines 5-Meilen Radius ist abzusuchen. Jede halbe Stunde ist eine Kurve nach achtern zu fliegen.

U-Bootsjagd in Zusammenarbeit mit Überwasserstreitkräften

18 a) Überwasserstreitkräfte und Flugzeuge haben sich zur festgesetzten Zeit in der Anfangsposition zu treffen.

b) Das Flugzeug soll gewöhnlich 7 Meilen voraus auf einer Front von 20 Meilen patrouillieren, wenn die Marschgeschwindigkeit geringer als 10 Knoten ist, wird das Flugzeug von vorne bis zu einer Tiefe von 15 Meilen von den Überwasserstreitkräften absuchen.

Verhalten bei Tage, wenn Flugzeug sichtet oder Kontakt hat

19) Das Flugzeug wird:

a) angreifen, wenn möglich;

b) eine Feindmeldung absetzen;

c) die Position des U-Bootes durch Rauchflöße kennzeichnen und dieses bis zur Ankunft eines Überwasserfahrzeuges fortsetzen;

d) bei der Ankunft von Überwasserkräften ist eine Patrouille bis zu einer Tiefe von 10 Meilen von den Schiffen auszuführen, um zu verhindern, daß das U-Boot von der Oberfläche verschwindet.

Verhalten bei Nacht, wenn Flugzeug gesichtet oder Kontakt hat

20) Wenn der Kontakt als U-Boot bestätigt ist, so wird das Flugzeug

a) einen Angriff mit Wasserbomben unternehmen, wenn notwendig Beleuchtung anwenden;

b) eine Feindmeldung absetzen;

c) Leuchtschirme werfen, bis die Überwasserstreitkräfte innerhalb von 5 Meilen von der geschätzten Position des U-Bootes sind;

d) Flammenflöße werfen bis die Überwasserkräfte ankommen;

e) bei Ankunft der Überwasserstreitkräfte eine Patrouille bis zu einer Tiefe von 10 Meilen vom Schiff ausführen, um zu verhindern, daß das U-Boot von der Oberfläche verschwindet.

21) Das Ablösungsflugzeug wird den Bereich zwischen 10 und 20 Meilen nach achtern eines jeden Schiffes der Überwasserkräfte eine halbe Stunde lang absuchen, bevor es die Patrouille übernimmt.

Ratschläge für Piloten und Navigatoren

1) Das ASV-Gerät ist keine Vorrichtung, um Navigatoren »mit einer Schlinge zu fangen«. Seine hauptsächliche Funktion ist das Auffinden von Überwasserfahrzeugen. Aber wenn es richtig gehandhabt wird, kann es eine nützliche Hilfe für die Navigation sein.
2) Ihr S.E.-Beobachter hat nur 3 oder 4 Wochen Unterricht vor Beginn der Ausübung gehabt, und er benötigt noch alle Hilfe, die Du ihm geben kannst.
3) Brüll' ihn nicht an, wenn er Dich auf eine Jagd führt, die sich als falscher Alarm herausstellt. Ein Felsen sieht einem Schiff auf der Röhre gleich — oder wenn nichts zu sehen ist, so mag es ein U-Boot gewesen sein, das plötzlich getaucht ist.
4) Wenn er Land meldet, das Du selbst sehen kannst, so sei nicht sarkastisch — denk daran, daß er nicht gleichzeitig auf das Gerät und aus dem Fenster blicken kann. Auf jeden Fall handelt er nach den gegebenen Anweisungen.
5) Wenn Du bei Tage fliegst, sieh zu, daß Dein Beobachter am Gerät bleibt, und laß ihn alle Echos melden — es wird eine gute Übung für ihn sein und wird auch dazu beitragen, Dein Vertrauen in das ASV-Gerät zu vertiefen — während Du die Begrenzungen des Gerätes verstehen lernst.
6) Sei nicht dagegen, fünf Minuten auf Suche nach einem verdächtigen Flecken zu verbringen — Du kannst das ebenso gut tun, wie eine normale Patrouille fliegen und noch nichts sichten.
7) Arbeite gelegentlich selbst am ASV-Gerät — Du wirst so die Schwierigkeiten Deines Beobachters besser verstehen lernen, und es mag Dir eines Tages selbst zustatten kommen.
8) Frage die S.I.-Station nach allem, was Du gerne über das ASV-Gerät wissen möchtest.
9) Eine gelegentliche Anerkennung für eine besondere gute Leistung am ASV-Gerät würde Deinem Beobachter bestimmt nicht schaden.

Weitere Fu.M.B.-Erfahrungen der Front-U-Boote März/April 1943

A. **Beobachtungsergebnisse:**

Letztes Monatsdrittel März und Monat April.

a) **Bereich um 120 cm:**

12 Beobachtungen, davon 1 Vertikal.
Mittel-, Nordatlantik, Biskaya, an Geleitzügen
Objektbeobachtungen: in einem Fall nach dem Tauchen Dieselgeräusche gehört (fdl. U-Boot?) 120 cm.
1 Fall anschl. Waboverfolgung (Zerstörer?) 125 cm.
1 Fall Flugzeugangriff 125 cm.

b) **Bereich um 130 cm:**

32 Beobachtungen, davon 11 Vertikal.
Mittel-, Nordatlantik, Mittelmeer, Biskaya, an Geleitzügen und Gegnerküsten
Objektbeobachtungen: im Mittelmeer mehrfach Landstellen großer Energie gepeilt — 132 und 134 cm.
1 Fall Sichtung S-Boot 134 cm.
1 Fall Sichtung Zerstörer 134 cm.
1 Fall Horchpeilung Zerstörer 133 cm.
1 Fall Flugzeugangriff, Fliebos 132 cm.

c) **Bereich um 140 cm:**

155 Beobachtungen, davon 8 Vertikal.
Mittel-, Nordatlantik, Mittelmeer, Biskaya, an Geleitzügen und Gegnerküsten

Objektbeobachtungen: im Mittelmeer mehrfach Landstellen gepeilt: 137, 140 (Oran), 141 cm.
1 Fall im Mittelmeer Gegner-U.K.-Verkehr 140 cm
13 Fälle Zerstörer, Bewacher oder Korvette erkannt 136 bis 143 cm.
1 Fall Gegner-U-Boot gesichtet 140 cm.
1 Fall Flugzeugangriff 140 cm.
1 Fall Lazarettschiff vermutet 140 cm.

d) **Bereich um 150 cm:**
109 Beobachtungen, davon 21 Vertikal.
Mittel-, Nordatlantik, Mittelmeer, Biskaya, an Geleitzügen und Gegnerküsten
Objektbeobachungen: im Mittelmeer und Nordschottland mehrfach Landstellen gepeilt: (Arabergolf 155, 158 cm, Appolonia, Tobruk 147 cm, Ras Aamer 147 cm, Copinsay (Nordschottland) 150 cm, weitere Landgeräte im Mittelmeer 147 bis 149 cm.
1 Fall Zerstörer gesehen 150 cm.

e) **Bereich um 160 cm:**
71 Beobachtungen, davon 5 Vertikal.
Mittel-, Nordatlantik, Mittelmeer, Biskaya, an Geleitzügen und Gegnerküsten.
Objektbeobachtungen: im Mittelmeer mehrere Landstellen 165 bis 168 cm (Cap Tenes 163 cm)
1 Fall Schnellboot gesichtet, 164 cm.
1 Fall U-Boot gesichtet, 156 cm.

f) **Bereich um 170 cm:**
421 Beobachtungen, davon 14 Vertikal.
Mittel-, Nordatlantik, Mittelmeer, Biskaya, an Geleitzügen und Gegnerküsten.
Objektbeobachtungen: Mittelmeer mehrere Landstellen (Oran und Cap Lindles 168 cm)
8 Fälle schwere Fliebo-Angriffe, teilweise bis zu 15 Minuten nach dem Tauchen! 167 bis 172 cm.
1 Fall Zerstörer gesichtet, anschl. Waboverfolgung 168 cm.

g) **Bereich um 180 cm:**
33 Beobachtungen, davon 1 Vertikal.
Atlantikgeleite, Biskaya, Nordsee, vor Neufundland
Objektbeobachtungen: keine

h) **Bereich um 200 cm:**
21 Beobachtungen, davon 4 Vertikal.
Gebiet um England, Nordatlantik
Objektbeobachtungen:
1 Fall Zerstörer in der Nähe 195 cm.
1 Fall Landstelle vermutet 210 cm.

i) **Bereich um 225 cm:**
10 Beobachtungen, davon 4 Vertikal.
Island- und Neufundlandgebiet, Mittelatlantik
Objektbeobachtungen: keine

j) **Bereich um 250 cm:**
17 Beobachtungen, davon 10 Vertikal.
Nord- und Mittelatlantik
Objektbeobachtungen:
1 Fall Flugzeug gesichtet (?) 240 cm.
2 Fälle Oberwellen von Rundfunksendern vermutet.

Besondere Beobachtungen:

Abweichungen einzelner Beobachtungen von den normalen Frequenzen sind bereits in der vorstehenden Übersicht aufgeführt worden.

Außer diesen sind unter anderem inzwischen bei Cap Verde (westafr. Küste) Landgeräte von 140, 170 und 176 cm, unter der brasilianischen Küste solche von 110 cm festgestellt worden. Bei Cap Ivi (Mittelmeer) steht ein Gerät von 270 cm. Dies ist so stark, daß es auf eine Entfernung von 60 sm (nach einer anderen Meldung 110 sm!) noch gut zu hören ist, während beim Abstand von etwa 12 sm die Energie bereits den gesamten Fu.M.B.-Empfänger blockiert. Die Boote selbst sind bei diesem Abstand jedoch in keinem Fall erfaßt worden.

Für die im Berichtszeitraum ausgewerteten feindlichen Ortungen ergibt sich das in der Anlage 4) beigefügte Bild.

Angaben der Boote!

Auf die, durch die bekannten Mängel der Metox-Empfänger usw. bedingte, teilweise Ungenauigkeit der Frequenzangaben bzw. Angaben, ob horizontal- oder vertikal-polarisierte Strahlung vorliegt, wird nochmals hingewiesen. Letztere Angaben leiden besonders darunter, daß das Horizontalkabel der Behelfs-Fu.M.B.-Anlage weit störanfälliger als das entsprechende Vertikalkabel ist und deshalb leicht Fehlbeobachtungen entstehen. Im übrigen wird auf den entsprechenden Abschnitt des letzten Berichtes verwiesen.

Eigene Entwicklung

Unterrichtung über Standorte eigener Funkmeßgeräte an Norwegen- und Biskayaküste teilweise überholt!

Ähnlich wie beim Gegner ist inzwischen auch bei uns die Entwicklung von den anfänglich benutzten, festen Frequenzen abgegangen, so daß eine eindeutige Erkennung deutscher Geräte aufgrund der Kenntnis deren Standorte und Frequenzen heute bereits nicht mehr in allen Fällen möglich ist. In der Weiterentwicklung werden sowohl bei uns, wie beim Gegner Geräte mit stark veränderlichen Frequenzen zu erwarten sein, um Störmaßnahmen ausweichen zu können.

Erkennung deutscher Geräte

Zur Zeit wird die Möglichkeit geprüft, ob den Booten aufgrund der ziemlich einheitlichen Impulsfrequenzen (500 Hz) deutscher Geräte eine Unterscheidungsmöglichkeit ohne großen technischen Aufwand zwischen deutschen und Gegnergeräten in die Hand gegeben werden kann (evtl. Stimmgabeln), um zu vermeiden, daß die Boote vor den eigenen Stützpunkten vor eigenen Funkmeßgeräten unnötig tauchen.

Empfänger verblockt

3 Boote melden Ortungstöne über die gesamte Skala, eins dieser Boote wurde dabei von einem Flugzeug angegriffen. Ob es sich hierbei um Empfängerstörungen, übergroße Energien der Gegnergeräte oder etwas anderes handelt, ist unbestimmt.

Störsender des Gegners

Ein Boot vermutet Störsender des Gegners am Geleitzug. Solange auf unserer Seite nicht selbst mit Funkmeßgeräten gearbeitet wird, ist beim Gegner mit solchen Geräten wohl kaum zu rechnen. Die Nachteile für ihn (Peilmöglichkeit mit Fu.M.B.-Geräten auf große Entfernungen und damit Unterstützung deutscher U-Boote beim Suchen von Geleitzügen), sind dabei zu groß.

B. **Technische Erfahrung:**
Erwärmung der Geräte
Über den neuen Grandin-Empfänger liegt bisher eine Meldung über zu große Erwärmung vor.
Die im letzten Bericht angeführte Möglichkeit, die Bootslüftung über die Zuluftrosette im Horchraum und einen Metallschlauch zur Kühlung des Geräts zu verwenden, hat sich nicht in allen Gebieten bewährt, da die Lüftung im allgemeinen über Wasser selten angestellt ist. Am besten scheint in dieser Hinsicht immer noch der (gut entstörte) Kammerlüfter zu sein. Ein Boot schlägt eine Aufhängung dieses Lüfters direkt über dem Empfänger in der Weise vor, daß die Lüfterachse senkrecht auf den oberen Teil des Metox-Gehäuses zeigt.

Knackgeräusche und tote Löcher im Empfänger
Die bereits im letzten Bericht erwähnten, durch das Lahmwerden der Federscheibe auf der Drehko-Achse entstehenden »toten Löcher« und Knackgeräusche sind am Metox weiter in vielen Fällen aufgetreten. Einige Boote konnten die Fehlerquelle trotz Hinweis durch F.T. nicht erkennen.
Bei neuen »Grandin« ab Nr. 031, beim Metox ab Nr. 1446 treten diese Störungen nicht mehr auf. Auf den Booten z.Zt. vorhandene Geräte werden nach Rückkehr in den Werften durch Anbringung eines Sicherungsringes und einer Messingscheibe auf der Drehko-Achse vorläufig aptiert.

Wieder Ortungen außerhalb Skalenbereich!

Lückenabstimmung!
Auch die ominösen Beobachtungen »außerhalb des Skalenbereichs« sind wieder mehrfach aufgetreten. (Erklärung hierzu siehe Fu.M.B.-Bericht vom März). Ebenso stellen einige Boote eine Lücke der Funkmeßortung im Empfänger fest! Diese besondere Art von »Lücke« ist durch den Aufbau des Empfängers bedingt. Die Ablesung der genauen Frequenz muß möglichst **in ihr erfolgen,** soweit dafür genügend Zeit bleibt!

Magisches Auge

Empfindlichkeit
Einzelne Boote melden, daß das Magische Auge wohl alle Störungen anzeigt, bei richtigen hörbaren Ortungen, die nur mit sehr lei-

ser Energie einfallen, aber noch nicht oder kaum reagiert. Dazu bleibt zu sagen, daß das Magische Auge im sonoren Bereich dem menschlichen Ohr an Empfindlichkeit etwas unterlegen ist. Bei Frequenzen am Rande der Hörbarkeit wird nun das Magische Auge zwar nicht empfindlicher, aber dadurch, daß dort die Aufnahmefähigkeit des Ohres sehr schnell abnimmt, hat es dort dann doch ein erhebliches Plus.
Das im letzten Bericht vorgeschlagene Prüfen der durch das Magische Auge angezeigten Ortungen durch kurzes Herausziehen der Antenne (falls bei den kurzzeitigen Ortungen überhaupt dazu Zeit bleibt) unterbindet nur die im Empfänger selbst entstehenden »Verstärkungsmaximas«. Störungen, die über die Antennenkabel aus elektronischen Maschinen und Geräten in Zentrale und Turm in den Empfänger gelangen, lassen sich nur durch sorgfältigstes Durchfahren aller in Frage kommenden Störquellen vor dem Auslaufen feststellen.
Bei den Berichten über »unhörbare Ortungen« ist jeweils mit anzuführen, ob eine Störung solcher Art aufgrund der durchgeführten Prüfung in Frage kommen kann.
Die beste Prüfmöglichkeit ist ein kurzes Hereinnehmen der Antenne.

Ortungen horizontal und vertikal
Meldungen mehrerer Boote über Ortungen, die sowohl horizontal wie vertikal dieselbe Lautstärken aufwiesen, sind möglicherweise auf die teilweise Beschädigung eines ihrer Antennenkabel zurückzuführen. Eine andere Deutungsmöglichkeit wäre die, daß der Gegner irgendwelche Schrägdipole verwendet. Welche Vor- oder Nachteil sich daraus für ihn ergeben, ist hier nicht zu übersehen. (Auch Umlaufdipole, wie bei einigen eigenen Landgeräten, sind möglich.)

Isolationswiderstände

Antennenkabel
Ein Boot meldet schlechten Isolationswiderstand der Antennenkabel von 25 000 Ohm! Derart hohe Frequenzen, wie sie beim Funkmeßdienst Verwendung finden, unterliegen nicht denselben Gesetzen wie normaler Starkstrom. Im Allgemeinen werden sogar Isolationswiderstände von wenigen Hundert Ohm ausreichen, um noch genügend Energie zum Empfänger zu transportieren.

Betreuung der Boote durch Flottillen
Bei allen derartigen Fällen von offensichtlichen Fehlbeobachtun-

gen der Boote wird den Flottillen zur Pflicht gemacht, Unterrichtung usw. sicherzustellen. Die Berichte der Boote selbst sind genau wie die Nachrichtenberichterstattung mit Zusätzen über erfolgte Unterrichtung bzw. getroffene Maßnahmen zu versehen. Beispielsweise ist in Fällen, in denen das Boot während der gesamten Unternehmung nur Ortungen auf neuartigen Frequenzen (mehrfach berichtet) aufgenommen hat, die Frequenzgenauigkeit des Empfängers zu prüfen, in Fällen, in denen von Booten während gesamter Unternehmung nur, oder doch überwiegend Vertikalortung festgestellt wurde, das Horizontalkabel zu prüfen usw.

Runddipole

Die Ausrüstung mit Runddipolen ist im Gange. Bisher liegen 2 Berichte vor, die von einer guten Bewährung der Anlage sprechen.

»Stäbchenpeilerei«

Grobe Richtungsbestimmung ist bei der Behelfs-Fu.M.B.-Anlage — wie bekannt — mit Hilfe von 2 Eisenstäbchen möglich. Einige Boote haben sich zur besseren Ausnutzung dieser Peilmöglichkeit Kopfhörerschnüre längs des Antennenkabels gelegt und am Antennenschaft eine Steckdose angebracht.

Ausnutzung der Stabantenne als Fu.M.B.-Antenne

Von U 663 liegt ein Vorschlag vor über Benutzung der Stabantenne als Fu.M.B.-Antenne. Da eine derartige Lösung im Hinblick auf die laufenden Beschädigungen der Fu.M.B.-Behelfsantenne ganz erhebliche Vorteile bieten würde, wurden sorgfältige Erprobungen bei N.E.K. zusammen mit Vertretern des Komm.Adm. der U-Boote vorgenommen.

Die — mit englischen Nachbaugeräten — durchgeführten Erprobungen ergaben aber, besonders im wichtigsten Horizontalbereich, eine derartige Lautstärkeverschlechterung (4:1), daß eine Einsatzmöglichkeit der Stabantenne nur als äußerste Notlösung vertretbar ist.

Die Mitarbeit aller Fu.M.B.-Männer, die sich durch Vorschläge und eigene sorgfältige Berichterstattung an der Weiterentwicklung der Geräte und Verbesserungsmöglichkeit der eigenen Abwehr beteiligt haben, wird anerkannt.

ANLAGEN

Die Boote:

U 9 — Typ II B — Einhüllen-Küstenboot (Einbaum)
Werft: Krupp Germaniawerft, Kiel
Größe: 279/328/414 m^3
Länge: 42,70/28,20 m
Durchmesser: 4,08/4,00 m
Tiefgang: 3,90/8,60 m
Leistung: 700/360 PS
Geschwindigkeit: 13,0/7,0 kn
Seeausdauer: 3100 sm bei 8 kn/35 sm bei 4 kn u. W.
Tauchtiefe: 80 (150)m/25-35"
Treiböl: 21,05 t
Bewaffnung: 3 BTR (5 T oder 18 Minen)
Artillerie: 1-2 cm FlaMW (ab 1942 4-2 cm in Doppellafette)
Besatzung: 3/22

U 138 — Typ II D — Einhüllen-Küstenboot (Einbaum)
Werft: Deutsche Werke Kiel
Größe: 314/364/460 m^3
Länge: 43,97/29,80 m
Durchmesser: 4,92/4,00 m
Tiefgang: 3,93/8,40 m
Leistung: 700/410 PS
Geschwindigkeit: 12,7/7,4 kn
Seeausdauer: 5650 sm bei 8 kn über/56 sm u. W.
Tauchtiefe: 80 (150) m 25"
Treiböl: 38,30/36 t
Bewaffnung: 3 BTR (5 T oder 18 Minen)
Artillerie: 1-2 cm FlaMW (ab 1942, 4-2 cm in II)
Besatzung: 3/22

U 43 — Typ IX A — Zweihüllenboot (Hochseeboot)
Werft: Deschimag AG Weser, Bremen
Größe: 1032/1153/1408 m^3
Länge: 76,50/58,75 m
Durchmesser: 6,51/4,40 m
Tiefgang: 4,70/9,40 m
Leistung: 4400/1000 PS
Geschwindigkeit: 18,2/7,7 kn
Seeausdauer: 10 500 sm bei 10 kn/65 bei 4 kn
Tauchtiefe: 100 (200) m 35"
Treiböl: 121-154/53,3 t
Bewaffnung: 4 BTR, 2 HTR (22 T oder 66 Minen)
Artillerie: 1-10,5 cm Buggeschütz, 1-3,7 cm und 1-2 cm-FlaMW
Besatzung: 4/44

U 181 — Typ IX D 2 — Zweihüllenboot für weite ozeanische Verwendung
Werft: Deschimag AG Weser, Bremen
Größe: 1616/1804/2150 m^3
Länge: 87,58/68,50 m
Durchmesser: 7,50/4,40 m
Tiefgang: 5,35/10,20 m
Leistung: 5400/1100 PS
Geschwindigkeit: 19,2/6,9 kn
Seeausdauer: 8500 sm bei 19,2 kn/57 sm bei 4 kn, dieselelektrisch: 31 500 sm bei 10 kn/h
Tauchtiefe: 100 (200) m 35"
Treiböl: 413-441/182 t
Bewaffnung: 4 BTR, 2 HTR (24 T oder 72 Minen)
Artillerie: 1-10,5 cm Buggeschütz, 1-3,7 cm und 1-2 cm-FlaMW, bzw. 2-2 cm in II)
Besatzung: 4/51 bzw. 7/57

Die Versenkungserfolge

Versenkt wurden:

mit U 9:	8 Schiffe mit insgesamt	17.221 BRT
mit U 138:	5 Schiffe mit insgesamt	39.971 BRT
mit U 43:	13 Schiffe mit insgesamt	68.877 BRT
mit U 181:	22 Schiffe mit insgesamt	104.712 BRT

Torpediert wurden:

mit U 138:	2 Schiffe mit insgesamt	11.555 BRT
mit U 43:	1 Schiff mit insgesamt	10.350 BRT

Gesamtzahl der Versenkungen:

48 Schiffe mit insgesamt	230.781 BRT

Gesamtzahl der Torpedierungen:

3 Schiffe mit insgesamt	21.905 BRT

Die Einzelversenkungen, Schiffsnamen, Tonnage, Standorte

18.01.40	23.59	swD	»Flandria«	1.179 BRT	54.00N/03.40E
19.01.40	01.45	swD	»Patria«	1.188 BRT	54.00N/03.30E
11.02.40	18.20	esD	»Linda«	1.213 BRT	58.51N/01.54E
20.04.40	12.48	brD	Zerstörer	----	
5.40	-----	brDT	»San Tiburcio«	5.995 BRT	330° Tarbett Ness
9.05.40	00.14	frSS	»Doris«	552 ts	53.40N/04.00E
11.05.40	00.49	esD	»Viiu«	1.908 BRT	Westhinder Buoy
11.05.40	14.00	brD	»Tringa«	1.930 BRT	51.29N/02.25E
23.05.40	12.45	dtD	»Sigurds Faulbaums«	3.256 BRT	31.29N/02.38E
20.09.40	21.20	brDT	»New Sevilla«	13.801 BRT	55.48N/07.22W
20.09.40	21.23	paD	»Boka«	5.560 BRT	55.54N/07.24W
20.09.40	21.36	brD	»City of Simla«	10.138 BRT	55.55N/08.20W
21.09.40	02.27	brD	»Empire Adventure«	5.145 BRT	Islay
13.10.40	15.32	nwD	»Dagrun« = = =	4.562 BRT	----- -----
15.10.40	05.10	brD	»Bonheur«	5.327 BRT	57.10N/08.36W
15.10.40	05.15	brMT	»British Glory« = = =	6.993 BRT	57.10N/08.36W
2.12.40	09.01	brM	»Pacific President«	7.113 BRT	56.04N/18.45W
2.12.40	09.41	brMT	»Victor Ross«	12.247 BRT	56.04N/18.30W
6.12.40	22.48	nwD	»Skrim«	1.902 BRT	Nordatlantik
13.12.40	20.47	brM	»Orari« = = =	10.350 BRT	49.50N/20.55W
6.06.41	20.24	nlD	»Yselhaven«	4.802 BRT	49.25N/40.54W
17.06.41	03.15	brM	»Catrine«	2.727 BRT	49.300N/16.00W
15.05.41	04.15	unb.	Raaschoner	800 BRT	----- -----
29.11.41	04.11	brD	»Thornliebank«	5.569 BRT	41.50N/29.28W
30.11.41	19.26	brD	»Ashby«	4.868 BRT	36.54N/29.51W
2.12.41	09.24	amDT	»Astral«	7.542 BRT	35.40N/24.00W
12.01.42	08.02	swM	»Yngaren«	5.246 BRT	57.00N/26.00W
14.01.42	02.54	grD	»Maro«	3.838 BRT	Nordatlantik
14.01.42	03.04	paD	»Chepo«	5.582 BRT	58.30N/19.40W
14.01.42	04.53	brD	»Empire Surf«	6.641 BRT	58.42N/19.18W
8.11.42	20.55	paD	»Plaudit«	5.060 BRT	36.00S/26.32E
10.11.42	08.27	mwD	»K.G. Meldahl«	3.799 BRT	34.59S/29.45E
13.11.42	08.01	amD	»Excello«	4.969 BRT	32.23S/30.07E
3.11.42	-----	amMS	»East Indian«	8.159 BRT	37.23S/13.34E
19.11.42	21.25	nwD	»Gunda«	2.241 BRT	25.40S/35.53E
20.11.42	01.24	grD	»Corinthiakos«	3.562 BRT	25.42S/33.27E
22.11.42	00.33	amD	»Alcoa Pathfinder«	6.797 BRT	26.45S/33.10E
24.11.42	07.37	grD	»Mount Helmos«	6.481 BRT	26.38S/34.59E
24.11.42	20.34	brD	»Dorington Court«	5.281 BRT	27.00S/34.45E
28.11.42	22.50	grD	»Cleanthis«	4.153 BRT	24.29S/35.44E
30.11.42	05.11	grD	»Evanthia«	3.551 BRT	25.13S/34.00E

2.12.42	17.40 paD	»Amaryllis«	4.328 BRT	28.14S/33.24E
11.04.43	----- brD	»Empire Whimbrel«	5.983 BRT	02.31N/19.18W
11.05.43	04.08 brD	»Tinhow«	5.232 BRT	25.15S/33.30E
20.05.43	mitt. swD	»Sicilia«	1.633 BRT	24.31S/35.12E
7.06.43	früh saD	»Harrier«	193 BRT	29.00S/34.00E
2.07.43	23.15 brD	»Hoihow«	2.798 BRT	19.30S/55.30E
15.07.43	----- brD	»Empire Lake«	2.852 BRT	21.27S/51.47E
16.07.43	12.00 brD	»Port Franklin«	7.135 BRT	22.36S/51.22E
4.08.43	----- brD	»Dalfram«	4.558 BRT	20.53S/56.43E
7.08.43	----- brD	»Uvuma«	4.419 BRT	20.18S/57.14E
11.08.43	----- brD	»Clan Macarthur«	10.528 BRT	23.00S/53.11E

= = = = Schiff wurde torpediert.

Abkürzungsverzeichnis

Aal	— Torpedo
AK	— äußerste Kraft
amD	— amerikanischer Dampfer
amDT	— amerikanischer Dampftanker
amMT	— amerikanischer Motortanker
BA	— Berndt von Arnim (Zerstörer)
B.d.U.	— Befehlshaber der U-Boote
brD	— britischer Dampfer
Brg.	— Breisgau
brMT	— britischer Motortanker
BRT	— Bruttoregistertonnen
BTR	— Bugtorpedorohre
cbm	— Kubikmeter
cm	— Zentimeter
Crew	— Jahrgang (Besatzung)
ders.	— derselbe
dies.	— dieselben
Dez.	— Dezember
d.Res.	— der Reserve
E-Maschine	— Elektromaschine
esD	— estnischer Dampfer
ES	— Erkennungssignal
FAT	— Feder-Apparate-Torpedo
FKapt.	— Fregattenkapitän
FlaMW	— Flakmaschinenwaffen
Fliebos	— Fliegerbomben
FlotAdm.	— Flottillenadmiral
frSS	— französisches U-Boot
FT	— Funkentelegraphie
Fu.M.B.	— Funkmeßgerät
GA	— Großadmiral
Gefr.	— Gefreiter
He	— Heinkel
HTR	— Hecktorpedorohre
Ing.	— Ingenieur
I.WO	— erster Wachoffizier

Jan.	— Januar
Jumbos	— Dieselmaschinen
Kptlt.	— Kapitänleutnant
Kpt.z.S.	— Kapitän zur See
KKpt.	— Korvettenkapitän
kn	— Knoten
km	— Kilometer
KTB	— Kriegstagebuch
LI	— Leitender Ingenieur
Lt.z.S.	— Leutnant zur See
m	— Meter
m^3	— Kubikmeter
N	— Nord
nlD	— niederländischer Dampfer
NO	— Nordost
Nov.	— November
Obgefr.	— Obergefreiter
Oblt.z.S.	— Oberleutnant zur See
Okt.	— Oktober
Op	— Operationsabteilung
paD	— panamesischer Dampfer
RAF	— Royal Air Force
RK	— Ritterkreuz
S	— Süden
S-Boot	— Schnellboot
saD	— südafrikanischer Dampfer
Sept.	— September
sm	— Seemeile
TWO	— Torpedowaffen-Offizier
UK-Verkehr	— Ultrakurzwellen-Verkehr
Vp	— Vorpostenboot
Z	— Zerstörer
»Zaunkönig«	— auch Zerstörerknacker (Torpedo)

Quellenangabe

B.d.U. Op.:	Gedanken über den Geleitzugkampf mit den im Augenblick zur Verfügung stehenden Waffen, RM 87/28
dies.:	Die U-Bootslage Oktober 1943, RM 87/30
dies.:	Der Zerstörerknacker G7 ES »Zaunkönig«, RM 87/31
dies.:	An alle U-Boot-Kommandanten Gkdos 2555 A, RM/87/27
dies.:	Auszug aus der Anweisung an englische Flieger für die U-Bootsbekämpfung, RM/87/27
Ernstson, Paul:	Zum Gedenken an Wolfgang Lüth, ZS 1967
Gildenschaftliche Blätter:	In memoriam Wolfgang Lüth, 12. Jgg., Folge 2 1967
Hein, Gerhard, OTL:	Wolfgang Lüth, wie ich ihn sah, i.MS
Heinsius, Dr. Paul:	Zum 14. Mai 1945, Kapitän z.S. Wolfgang Lüth, i.MS
Lüth, Wolfgang:	Menschenführung auf einem U-Boot - Einzelheiten aus der menschlichen Führung einer U-Bootsbesatzung auf Feindfahrt, Original-Vortrag, Weimar 17.12.1943
ders. und Korth, Claus:	Boot greift wieder an, Berlin 1944
OKM, 2. Skl/ B.d.U. Op.:	Operationsbefehl »Monsun« vom 10.6.1943
dies.:	Operationsbefehl »Atlantik« Nr. 55 vom 7. Mai 1943
Peter, Charly:	Wolfgang Lüth als Kommandeur und Kamerad, i.MS
Schuhart, Otto:	Worte am Gedenkstein für Wolfgang Lüth, i.MS
Wangenheim, v. FlottAdm.:	Rede zum Volkstrauertag am 17.11.1957

Der besondere Dank des Autors gilt dem Bundesarchiv/Militärarchiv in Freiburg i.Brg. und dessen Leiter, Herrn Archivdirektor Dr. Maierhöfer, der Marineschule Mürwik, besonders dem Leiter des Wehrgeschichtlichen Ausbildungszentrums, Herrn Eberhard Schmidt und der Bibliotheksleiterin, Frau Kossack.